普通话水平测试培训教程

朱晓红　郭　娟　主编

北京理工大学出版社
BEIJING INSTITUTE OF TECHNOLOGY PRESS

内容简介

普通话水平测试（PSC）属于国家标准参照性考试，测试内容全部以口头方式进行。

《普通话水平测试培训教程》从语音、词汇、语法、朗读、说话、应试技巧等方面进行了知识讲授，以大量的趣味性和实用性的训练材料对应试者进行有针对性的训练，以提高应试者的学习效率和应试能力。

图书在版编目（CIP）数据

普通话水平测试培训教程 / 朱晓红，郭娟主编．—北京：北京理工大学出版社，2023.8 重印

ISBN 978-7-5682-4906-5

Ⅰ．①普… Ⅱ．①朱… ②郭… Ⅲ．①普通话－水平考试－教材 Ⅳ．① H102

中国版本图书馆 CIP 数据核字（2017）第 246311 号

出版发行 / 北京理工大学出版社有限责任公司
社　　址 / 北京市海淀区中关村南大街 5 号
邮　　编 / 100081
电　　话 /（010）68914775（总编室）
（010）82562903（教材售后服务热线）
（010）68944723（其他图书服务热线）
网　　址 / http：//www.bitpress.com.cn
经　　销 / 全国各地新华书店
印　　刷 / 定州市新华印刷有限公司
开　　本 / 787 毫米 ×1092 毫米　1/16
印　　张 / 15.25
字　　数 / 343 千字
版　　次 / 2023 年 8 月第 1 版第 4 次印刷
定　　价 / 40.00 元

责任编辑 / 刘永兵
文案编辑 / 刘永兵
责任校对 / 周瑞红
责任印制 / 边心超

前言

《普通话水平测试培训教程》是针对各级各类学校和社会人员编写的一本普通话水平测试训练用教材。本书严格按照《普通话水平测试大纲》的标准编写，针对测试要求，结合教学实际，与普通话水平测试紧密联系。

《普通话水平测试培训教程》主要侧重于普通话的口头训练，通过训练掌握普通话的声母辨正、韵母辨正、声调辨正、语调和朗读、口语表达等。为配合以上训练编写的大量的正音练习，是本书的主体部分。每一小节后面的练习则是把普通话测试篇目中的必读文章进行细化，从而达到“点”与“面”的结合。

本书以突出“训练”和注重“实用”为主要特色。

突出“训练”主要表现为：教材的每一节后面都安排有拓展练习，有大量的单音节、双音节、多音节正音训练；有精心筛选的具有代表性的绕口令、幽默短文、谜语、现代诗文、古典诗词以及歌剧、京剧、歌词等语言材料。

突出“实用”主要表现为：全书所有内容都是从练好口语发音这一实际出发的。本书的目的是强化训练，不是细化理论知识。本着理论知识以够用为原则，对传统教材中关于语音的社会性、音位理论等问题都未涉及，专业性太强的名词术语也涉及较少，但是在口语训练、教学方法方面却下了很多功夫。

从编写目的上讲，本书是推广普通话，提升读者普通话水平，并对其实施实践性口语训练的教材，也是各级各类学校进行普通话教学的教材。

本书知识讲授简明扼要，重点、难点训练突出，训练材料丰富充实，注重知识点和训练材料的科学性、趣味性和实用性，针对普通话水平测试中的突出问题进行训练，使读者从语音、词汇、语法、朗读、说话、应试技巧等方面得到训练和指导。

本书主编朱晓红、郭娟，是具有多年普通话教学、培训和测试实践工作经验的教师，对普通话的教学要求、教学内容和测试工作非常熟悉。

由于水平所限，本书难免有欠妥之处，恳请各位专家、同行批评指正。

编　者

目录

第一章 绪论

第一节 推广普通话的重要性

语言是最重要的交际工具和信息载体。我国历史悠久，人口众多，两千多年封建社会的生产和生活方式使得人们的社会交流相对滞塞，这是形成复杂分歧的方言的原因之一。而当现代中国成为一个人际交往越来越频繁、越来越深刻的言语共同体时，复杂分歧的方言就成为社会交际的“鸿沟”，于是就需要一种足以打破方言分歧的语言形式来满足跨地域的社会交际，这种语言形式就是共同语，普通话作为一个历史的产物就应运而生了。

早在1956年2月6日，国务院就颁布了《关于推广普通话的指示》，经过半个多世纪的推广，特别是改革开放以来社会的飞速发展，普通话在我国的社会生活中发挥着越来越重要的作用，并已取得崇高的法定地位。普通话的法定地位首先是通过1982年修订的《中华人民共和国宪法》而得以确立。我国宪法的第十九条规定：“国家推广全国通用的普通话。”在宪法这样的国家根本大法中对官方语言的一种变体作出这样的规定，在整个人类文明史上是极其罕见的，普通话也由此获得一种崇高的法定地位。2000年10月31日全国人大通过的《中华人民共和国国家通用语言文字法》则通过专门法的形式使普通话的法定地位进一步得到具体化。随之，全国各地在此基础上相继颁布了相应的地方法规。从法律的角度来说，普通话是“国家通用语言”；而从社会语言学的角度来说，普通话则是汉语的共同语和标准语。

随着改革开放和社会主义市场经济的发展，社会对普及普通话的需求日益迫切。推广普及普通话，营造良好的语言环境，有利于消除语言隔阂，有利于促进人员交流和社会交往，有利于维护国家统一，增强中华民族凝聚力，对社会主义经济、政治、文化建设和社会发展具有重要意义。

一、什么是普通话

什么是普通话？很多同学都很茫然。电视上说的就是普通话，北方的同学说的就是普通话……这些答案都不准确。

普通话是从现代汉语演化而来的。1995 年 10 月在现代汉语规范问题学术会议上将现代汉民族共同语定名为“普通话”，并确定了普通话的定义，即：“以北京语音为标准音，以北方话为基础方言，以典范的现代白话文著作为语法规范的现代标准汉语。”从规范化的角度说，普通话就是汉民族的标准语。

“以北京语音为标准音”，指的是北京语音系统，包括北京语音的声母、韵母、声调的结合规律、音变规律等。

“以北方话为基础方言”，即当对同一事物或现象各方言用不同词语来表达时，我们应该使用北方话的词语。“以北方话为基础方言”，并不是说北方话的所有词语都能进入普通话。如果一种事物在北方话里有几种不同的说法，普通话一般吸收历史比较长、使用地区比较广、词义比较明确的词；舍弃使用时间短、使用地区窄、词义不太明确的词。“以北方话为基础方言”，同时还包括从各个方面吸收有特殊表现力的词汇，如从古代汉语里继承现在还有生命力的词汇，从外国语中吸收一些汉语所需要的词汇，并且从各种方言里吸收许多有特殊表现力的词汇。这样使普通话的词汇更加丰富多彩。

普通话“以典范的现代白话文著作为语法规范”。语法是词、短语、句子等语言单位的结构规律。就语法而言，汉语各方言区的语法大体一致，相对于语音、词汇来讲，共性更多一点，但仍存在一定的差异。这些差异表现在语法的方方面面，如构词法、虚词的用法、语序等。

普通话包括了语音、词汇、语法三方面的标准。作为现代汉民族共同语的“普通话”要求作到语音、词汇、语法三方面的规范。

二、怎样学好普通话

普通话并不难学，但是有许多地方的人说起普通话始终欠火候。虽然学了许多年，但是普通话发音总是不标准，总有那么股地方味儿，如四川人说普通话被大家称为“川普话”。普通话发音是以北京语音为标准的，而我们各个地方的人从小所说的却是本地方言，很多年的语言习惯不可能在短时间内就纠正过来，这里给大家介绍几个学好普通话的小窍门。

（一）克服心理障碍

一个游泳教练花了一个星期给学员讲游泳的理论知识，等到要下水实践的时候有的人却因为怕水而不敢下游泳池。大家想想，这个人能学会游泳么？答案显而易见。

许多同学在学习普通话时害怕自己因生硬别扭的发音出丑，或是畏惧长时间训练的困难，这些心理障碍常常使学习进步缓慢。我们需要及时调节我们的心理状态，放下心理包袱，大胆地开口讲。任何学习都有一个从拙笨到熟练的过程，学习普通话也不例外，要尽早达到熟练程度，只有下苦功夫克服困难，战胜畏惧心理，才能成为学习的胜利者。

总之，调整好心理状态，克服心理障碍，是学好普通话的重要前提。

（二）创造良好的语言环境

任何语言都离不开具体的语言环境。在学习普通话的过程中，我们一定要克服本地方言环境的负面影响，尽可能为自己创造一个有利的普通话环境。做到这一点的关键在于大家的主动性。如果我们有了学好普通话的迫切要求，自然就容易对普通话产生特别的兴趣和高度的自觉性，自觉寻找各种可以接触普通话的机会，对普通话学习的强烈愿望还可以促使自己自觉地运用普通话进行阅读和思维，这样做会有力地促进普通话口语表达。

（三）找准学习方法

多听：听广播、电视上的标准发音。
多说：与别人交流，互相学习，取长补短。
多读：读课文，找语感。
找规律：找方言与普通话的异同点，从中找对应规律，提高学习效率。

三、汉语拼音方案

（一）字母表

字母	名称	字母	名称	字母	名称	字母	名称
Aa	ㄚ	Bb	ㄅㄝ	Cc	ㄘㄝ	Dd	ㄉㄝ
Ee	ㄜ	Ff	ㄝㄈ	Gg	ㄍㄝ	Hh	ㄏㄚ
Ii	ㄧ	Jj	ㄐㄧㄝ	Kk	ㄎㄝ	Ll	ㄝㄌ
Mm	ㄝㄇ	Nn	ㄋㄝ	Oo	ㄛ	Pp	ㄆㄝ
Qq	ㄑㄧㄡ	Rr	ㄚㄦ	Ss	ㄝㄙ	Tt	ㄊㄝ
Uu	ㄨ	Vv	ㄪㄝ	Ww	ㄨㄚ	Xx	ㄒㄧ
Yy	ㄧㄚ	Zz	ㄗㄝ				

（二）声母表

b	p	m	f	d	t	n
ㄅ玻	ㄆ坡	ㄇ摸	ㄈ佛	ㄉ得	ㄊ特	ㄋ讷
l	g	k	h	j	q	x
ㄌ勒	ㄍ哥	ㄎ科	ㄏ喝	ㄐ基	ㄑ欺	ㄒ希
zh	ch	sh	r	z	c	s
ㄓ知	ㄔ蚩	ㄕ诗	ㄖ日	ㄗ资	ㄘ雌	ㄙ思

（三）韵母表

	i ㄧ 衣	u ㄨ 乌	ü ㄩ 迂
a ㄚ 啊	ia ㄧㄚ 呀	ua ㄨㄚ 蛙	
o ㄛ 喔		uo ㄨㄛ 窝	
e ㄜ 鹅	ie ㄧㄝ 耶		üe ㄩㄝ约
ai ㄞ 哀		uai ㄨㄞ 歪	
ei ㄟ 诶		uei ㄨㄟ 威	
ao ㄠ 熬	iao ㄧㄠ 腰		
ou ㄡ 欧	iou ㄡ 忧		
an ㄢ 安	ian ㄧㄢ 烟	uan ㄨㄢ 弯	üan ㄩㄢ 冤
en ㄣ 恩	in ㄧㄣ 因	uen ㄨㄣ 温	ün ㄩㄣ 晕
ang ㄤ 昂	iang ㄧㄤ 央	uang ㄨㄤ 汪	
eng ㄥ 亨的韵母	ing ㄧㄥ 英	ueng ㄨㄥ 翁	
ong ㄨㄥ轰的韵母	iong ㄩㄥ 雍		

（1）“知、蚩、诗、日、资、雌、思”等字的韵母用 i。

（2）韵母儿写成 er，用作韵尾的时候写成 r。

（3）韵母ㄝ单用的时候写成 ê。

（4）i 行的韵母，前面没有声母的时候，写成 yi（衣），ya（呀），ye（耶），yao（腰），you（忧），yan（烟），yin（因），yang（央），ying（英），yong（雍）。u 行的韵母，前面没有声母的时候，写成 wu（乌），wa（蛙），wo（窝），wai（歪），wei（威），wan（弯），wen（温），wang（汪），weng（翁）。ü 行的韵母跟声母 j、q、x 拼的时候，写成 ju（居），qu（区），xu（虚）。ü 上两点也省略；但是跟声母 l、n 拼的时候，仍然分别写成 lü（吕）、nü（女）。

（5）iou、uei、uen 前面加声母的时候，写成 iu、ui、un，例如 niu（牛）、gui（归）、lun（论）。

（四）声调符号

阴平	阳平	上声	去声
ˉ	ˊ	ˇ	ˋ

声调符号标在音节的主要母音上。轻声不标。

例如：

妈 mā	麻 má	马 mǎ	骂 mà	吗 ma
阴平	阳平	上声	去声	轻声

（五）隔音符号

a、o、e 开头的音节连接在其他音节后面的时候，如果音节的界限发生混淆，用隔音符号（'）隔开，例如 pi'ao（皮袄）。

第二节　普通话水平测试概述

一、什么是普通话水平测试？

普通话水平测试（PUTONGHUA SHUIPING CESHI，PSC）是属于国家标准参照性考试，是对应试人运用普通话的规范程度、熟练程度的口语考试。全部测试内容均以口头方式进行。普通话水平等级分为三级六等，即一、二、三级，每个级别再分出甲乙两个等次；一级甲等为最高，三级乙等为最低。普通话水平测试不是口才的评定，而是对应试人掌握和运用普通话所达到的规范程度、熟练程度的测查和评定，是应试人的汉语标准语测试。应试人在运用普通话口语进行表达过程中所表现的语音、词汇、语法的规范程度，是评定其所达到的水平等级的重要依据。

二、普通话水平测试的内容和范围

普通话水平测试的内容包括普通话语音、词汇和语法三部分。

普通话水平测试的范围是国家测试机构编制的《普通话水平测试用普通话词语表》《普通话水平测试用普通话与方言词语对照表》《普通话水平测试用普通话与方言常见语法差异对照表》《普通话水平测试用朗读作品》《普通话水平测试用话题》。具体包括四部分内容：

（一）读单音节字词

共100个音节，不含轻声、儿化音节，限时3.5分钟，共10分。这100个音节中，70%选自《普通话水平测试用普通话词语表》的“表一”，30%选自“表二”。此项测试的目的是测查应试人声母、韵母、声调读音的标准程度。

（二）读多音节词语

共100个音节，其中含双音节词语45~47个，三音节词语2个，四音节词语1个，限时2.5分钟，共20分。这100个音节中，70%选自《普通话水平测试用普通话词语表》的“表一”，30%选自“表二”。此项测试的目的是测查应试人声母、韵母、声调和变调、轻声、儿化读音的标准程度。

（三）朗读短文

短文1篇，共400个音节，限时4分钟，共30分。短文从《普通话水平测试用朗读作品》中选取，此项测试的目的是测查应试人使用普通话朗读书面作品的水平。在测试声母、韵母、声调读音的标准程度的同时，重点测查连读音变、停连、语调以及流畅程度。评分以朗读作品的前400个音节为限，即读到画“//”的句子时截止。

（四）命题说话

命题说话限时3分钟，共40分。说话的话题从《普通话水平测试用话题》中选取。由应试人根据选取的话题，单向连续说一段话。此项测试的目的是测查应试人在无文字凭借的情况下说普通话的水平，重点测查语音标准程度、词汇语法规范程度、自然流畅程度与文字归纳准确度。

三、普通话水平测试的等级标准

普通话水平等级分为三级六等，即一、二、三级，每个级别再分出甲乙两个等次；一级甲等为最高，三级乙等为最低。

一级甲等：97分及以上。朗读和自由交谈时，语音标准，语汇、语法正确无误，语调自然，表达流畅。测试总失分率在3%以内。

一级乙等：92 分及以上，但不足 97 分。朗读和自由交谈时，语音标准，语汇、语法正确无误，语调自然，表达流畅。偶有字音、字调失误。测试总失分率在 8%以内。

二级甲等：87 分及以上，但不足 92 分。朗读和自由交谈时，声韵调发音基本标准，语调自然，表达流畅。少数难点音（平翘舌音、前后鼻尾音、边鼻音等）有时出现失误。语汇、语法极少有误。测试总失分率在 13%以内。

二级乙等：80 分及以上，但不足 87 分。朗读和自由交谈时，个别调值不准，声韵母发音有不到位现象。难点音失误较多（平翘舌音、前后鼻尾音、边鼻音、fu—hu 、z—zh—j 、送气不送气、i—ü 不分，保留浊塞音、浊塞擦音、丢介音、复韵母单音化等）。方言语调不明显，有使用方言词、方言语法的情况。测试总失分率在 20%以内。

三级甲等：70 分及以上，但不足 80 分。朗读和自由交谈时，声韵母发音失误较多，难点音超出常见范围，声调调值多不准。方言语调较明显。语汇、语法有失误。测试总失分率在 30%以内。

三级乙等：60 分及以上，但不足 70 分。朗读和自由交谈时，声韵调发音失误多，方音特征突出。方言语调明显。语汇、语法失误较多。外地人听其谈话有听不懂的情况。测试总失分率在 40%以内。

四、普通话水平测试的对象

根据教育部 2003 年 5 月发布的第 16 号部长令，应接受普通话水平测试的人员为：

（1）教师和申请教师资格的人员；

（2）广播电台、电视台的播音员、节目主持人；

（3）影视话剧演员；

（4）国家机关工作人员；

（5）师范类专业、播音与主持艺术专业，影视话剧表演专业以及其他与口语表达密切相关专业的学生；

（6）行业主管部门规定的其他应该接受测试的人员；

（7）社会其他自愿申请接受测试的人员。

五、普通话水平测试的等级要求

1954 年 1 月 1 日后出生的下列人员应接受普通话水平测试并达到规定的等级：师范院校的教师和毕业生，普通话水平不得低于二级甲等，其中普通话语音教师和口语教师必须达到一级乙等；普教系统的教师以及职业中学与口语表达密切相关专业的毕业生，普通话水平不得低于二级甲等；非师范院校的理科教师以及与口语表达密切相关专业的毕业生，普通话水平不得低于二级乙等；报考教师资格的人员，普通话水平不得低于二级；国家级和省级电台、电视台的播音员、节目主持人应达到一级甲等，其他电台、电视台的播音员、节目主持人的达标要求由国家新闻出版广电总局另行规定；电影、话剧、广播剧、电视剧等表演、配音人员，播音、主持人专业和电影、话剧表演专业的教师和毕业生，普通话水平必须达到一级；国家公务员普通话水平应达到三级甲等；其他应当接受普通话水平测试的人员（如律师、导游员、乘务员、讲解员、营业员及其他公共服务行业人员等），其达标等级可根据其相关部门和国家、省语委的规定执行。

六、计算机辅助普通话水平测试评分办法

四川省根据《计算机辅助普通话水平测试评分试行办法》（教语用司函〔2009〕5号）的要求，结合四川省计算机辅助普通话水平测试实际，制定了本省计算机辅助普通话水平测试评分办法。

读单音节词、读多音节词语、朗读短文三项由国家语言文字工作部门认定的计算机辅助普通话水平测试系统评定分数。

命题说话项由测评员评定分数。

(1) 语音标准程度，共25分。分六档：

一档：语音标准，或极少有错误。扣0分、1分、2分（没有语音错误，扣0分；错误1~2次，扣1分；错误3~4次，扣2分）。

二档：语音错误在10次以下，有方音但不明显。扣3分、4分（语音错误5~7次，有方音但不明显，扣3分；语音错误8~9次，有方音但不明显，扣4分）。

三档：语音错误在10次以下，但方音明显；或语音错误10~15次，有方音但不明显。扣5分、6分（语音错误5~7次，但方音明显，扣5分；语音错误8~9次，但方音明显，扣6分；语音错误10~15次，有方音但不明显，扣5~6分）。

四档：语音错误10~15次，方音比较明显。扣7分、8分。

五档：语音错误超过15次，方音明显。扣9分、10分、11分（语音错误16~30次，但方音明显，扣9分、10分、11分）。

六档：语音错误多，方音重。扣12分、13分、14分（语音错误超过30次，方音重，扣12分、13分、14分）。

语音错误（包括同一个音节反复出错），按出现次数累计。

(2) 词汇、语法规范程度，共10分。分三档：

一档：词汇、语法规范。扣0分。

二档：词汇、语法偶有不规范的情况。扣1分、2分。

三档：词汇、语法屡有不规范的情况。扣3分、4分。

(3) 自然流畅程度，共5分。分三档：

一档：语言自然流畅，扣0分。

二档：语言基本流畅，口语化较差，类似背稿子的情况有所表现，扣0.5分；明显的，扣1分。

三档：语言不连贯，语调生硬，程度一般的，扣2分；程度严重的，扣3分。

(4) 说话缺时扣分，不足3分钟，视程度扣1~6分。

缺时1分钟以内（含1分钟），扣1~3分（缺时15秒以内不扣分；缺时16~30秒，扣1分；缺时31~45秒，扣2分；缺时46秒~1分钟，扣3分）。

缺时1分钟以上，扣4~6分（缺时1分1秒~1分30秒，扣4分；缺时1分31秒~2分，扣5分；缺时2分1秒~2分29秒，扣6分）。

说话时间不足30秒（含30秒），该项为0分。

（5）离题、内容雷同，视程度扣4分、5分、6分。

“离题”是指应试人所说内容完全不符合或基本不符合规定的话题。完全离题，扣6分；基本离题，视程度扣4～5分。

“内容雷同”是指变相使用《普通话水平测试实施纲要》中的60篇朗读短文的，扣6分；其他内容雷同的情况，视程度扣4～5分。

此项可重复扣分，最多扣6分。

（6）无效话语，累计占时酌情扣1～6分。

“无效话语”是指应试人的话语与要测查的语言特征无关，无评判效度，如语句不断重复、口头禅、数数字、简单重复等。

无效话语累计占时1分钟以内（含1分钟），扣1分、2分、3分；累计占时1分钟以上，扣4分、5分、6分；即每20秒扣1分。有效话语不满30秒（含30秒），本测试项成绩记为0分。

七、普通话水平测试流程

（1）凡申请接受普通话水平测试的人员，首先到报名处报名。报名时须带本人一寸证件照一张，学生持有效学生证及二代身份证，交纳测试费25元；教师持教师资格证及二代身份证，交纳测试费30元；其他人员持二代身份证，交纳测试费50元。未带照片或身份证者不能报名参加测试。

（2）报名后抽取测试朗读篇目一篇（不包括字、词部分），其下面列有两个说话题目，说话题目二选一，说话时间按3分钟准备。

（3）抽题后在候考室准备，待工作人员叫名后进场应试。

（4）测试时按照读字词、词语、短文和说话的顺序依次完成。

（5）测试完毕应试者离开考室。

（6）领证。

注：若测试成绩达到一级甲等送审条件者，将另外安排时间录音，录音文件报送北京国家语委普通话培训测试中心复审。

八、普通话水平测试试卷

普通话水平测试试卷依照《普通话水平测试大纲》编制，包括四个部分：

（1）读单音节字词。主要考查应试人普通话声母、韵母和声调的发音

（2）读多音节词语。除考查应试人声母、韵母和声调的发音外，还要考查上声变调、儿化韵、轻声和多音节词语的读音。

（3）朗读短文。考查应试人用普通话朗读书面材料的水平，重点考查语音、连续音变（上声、“一”、“不”等）、语调（语气）等项目。

（4）命题说话。考查应试人在没有文字凭借的情况下，说普通话的能力和所能达到的规范程度。

附：普通话水平测试试卷

普通话水平测试试卷

一、读单音节字词（100 个音节，共 10 分，限时 3.5 分钟）

搔 枕 瘫 舔 判 抬 洒 邹 肾 怕

漱 旁 粟 淹 索 剜 宋 勺 税 狂

卵 拽 屯 罪 翁 驴 续 非 训 霜

剧 葱 司 铡 涩 她 绉 武 碑 掌

劝 缺 选 军 米 跌 油 刮 学 刺

群 胸 晌 惹 摸 各 车 海 梨 地

决 二 扭 醋 置 坡 夜 口 盖 玫

恨 某 嚷 哼 肯 撑 而 聊 电 穷

留 鸟 昏 嫁 捏 淋 掐 酿 锌 晾

鸣 耍 灵 夸 福 跺 乘 偌 踹 皴

二、读多音节词语（共 20 分，限时 2.5 分钟）

人民	所有	聪明	声音	诚恳
影子	压迫	窗户	内容	外面
虽然	耳朵	抄写	勇敢	墨水儿
下课	聊天儿	品种	存在	头发
沼泽	敞开	饱满	胸膛	地毯
磋商	寡妇	疲倦	划分	玩意儿
饲养	取代	月光	卑怯	硫黄
迸裂	疆域	要目	眩晕	痉挛
勋爵	嘟囔	绸缎	财会	婀娜
叱咤	蔷薇	桎梏	帷幄	粗犷

三、朗读短文（400 个音节，共 30 分，限时 4 分钟）

四、命题说话（共 40 分，限时 3 分钟）

第二章

普通话语音系统

普通话的语音系统包括声母、韵母、声调、音节以及变调、轻声、儿化、语气词“啊”的音变。

第一节　普通话语音知识

一、语音的性质

语音是由人的发音器官发出来的具有一定意义的声音。

语音具有三种属性：物理属性、生理属性、社会属性。

（一）物理属性

语音作为一种物质材料，同自然界的其他声音一样，具有物理属性。一切声音都是由物体振动而产生的。

声音有四种声学特征：

（1）音高——声音的高低，决定于发音体振动的频率。

（2）音长——声音的长短，决定于发音体振动时间的长短。

（3）音强——声音的强弱，决定于发音体振动时振动幅度的大小。

（4）音色——声音的个性和特色，受发音体的差异、共鸣器的形状和发音方法不同的影响。

（二）生理属性

（1）语音是由人的发音器官发出来的声音。

（2）掌握人体的发音器官。

（三）社会属性

语音是一种社会现象。语音传递信息的功能、什么声音表达什么意义是社会所决定的。各种语言或方言都有各自独特的语音系统。

社会属性是语音的本质属性。

二、语音的单位

（一）音素

音素是从音色角度划分出来的最小的语音单位。音素可以分成两类：元音和辅音。

（1）元音：气流通过声道不受阻碍；发音器官的各部分均衡地保持紧张；气流较弱；声带颤动。

普通话的元音有 10 个：ɑ、o、e、i、u、ü、ê、-i［ʅ］、-i［ɿ］、er。

（2）辅音：气流通过声道受到阻碍；发音器官只有成阻部位紧张；气流较强；声带一般不颤动。

普通话有 21 个辅音：b、p、m、f、d、t、n、l、g、k、h、j、q、x、z、c、s、zh、ch、sh、r。

（二）音位

音位是具有辨义作用的音类，是大于音素、小于音节的语音单位。《汉语拼音方案》就是一套记录普通话音位的方案。

一般而言，一个音位里有若干个音位变体。

例如，普通话中：

/ɑ/音位一般有四个条件变体：［a、A、ɑ、ɛ］；如，傲然 àorán、炎夏 yánxià。

/u/音位大致有两个自由变体：［u、w］；如，慰问。

/上声/调位大致有三个条件变体：［214、21、35］；如：喝水 55-214、水泥 21-35、水果 35-214。

（三）音节

音节是语音的最基本单位。音节是由音素构成的，汉语的一个音节可以只有一个音素，也可以有两个或三个音素，最多可以有四个音素。

发音时：有关发音的肌肉明显紧张一次。

听辨时：听觉上最容易分辨的语音片段。

如：春暖花开 chūnnuǎn huākāi

三、汉语语音的记录

（一）国际音标

国际音标可以记录世界各种语言和方言的语音，一般用方括号表示。

(二)《汉语拼音方案》

主要记录汉语普通话语音。

第二节　普通话声母

一、发音器官

普通话声母共22个，除零声母外，其余21个都由辅音充当。

辅音声母要正确发音，必须清楚发音的部位。以前大家学声母的时候只是学到了一个发音，对发音部位这个说法还比较生疏，其实发音部位就是发音时发音器官对气流形成阻碍的位置。

下面的图解可以帮助大家了解我们的口腔。

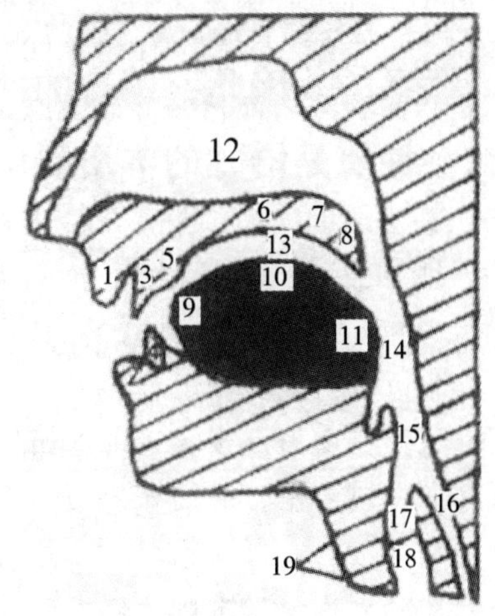

发音器官示意图

1. 上唇	6. 硬腭	11. 舌根	16. 食道
2. 下唇	7. 软腭	12. 鼻腔	17. 气管
3. 上齿	8. 小舌	13. 口腔	18. 声带
4. 下齿	9. 舌尖	14. 咽头	19. 喉头
5. 齿龈	10. 舌面	15. 会厌	

二、声母的发音部位

声母是音节开头的辅音，普通话共有21个辅音声母。

根据不同的发音部位，21个声母可以分为7类：

双唇音 3 个：b、p、m（上唇和下唇构成阻碍）。

唇齿音 1 个：f（上齿和下唇构成阻碍）。

舌尖前音 3 个：z、c、s（舌尖与上齿背构成阻碍）。

舌尖中音 4 个：d、t、n、l（舌尖与上齿龈构成阻碍）。

舌尖后音 4 个：zh、ch、sh、r（舌尖与硬腭前沿构成阻碍）。

舌面音 3 个：j、q、x（舌面前与硬腭前部构成阻碍）。

舌根音 3 个：g、k、h（舌根与软腭构成阻碍）。

（一）双唇音声母——b、p、m

发音要领：发音时，发音部位的着力点应集中在双唇中央 1/3 处，使字音清晰有力度。注意一定不要抿唇、裹唇，以免字音闷暗不清楚。

练习：

（1）霸 搏 板 奔 帮 比 背 布 崩 悲 边 丙 埠 碧 扮 暴 百 倍
盆 坡 砰 拍 蓬 品 铺 爬 破 偏 撇 票 跑 鹏 频 叵 普 抛
每 某 买 慢 门 梦 忙 面 母 明 满 灭 冒 庙 马 迈 抹 美

（2）本部 板报 包办 辨别 标榜 病变 播报 奔波 臂膀
澎湃 批判 乒乓 拼盘 偏颇 评品 爬坡 匹配 皮袍
买卖 美满 美妙 盲目 弥漫 面目 面貌 麻木 渺茫

（3）别具一格 宾至如归 悲欢离合 百发百中 波澜壮阔 博学多才 包罗万象
抛头露面 旁征博引 蓬头垢面 披星戴月 疲于奔命 迫在眉睫 迫不及待
妙手回春 名落孙山 明知故犯 名存实亡 漠不关心 目中无人 名不副实

（4）绕口令训练：

八百标兵奔北坡，炮兵并排北边跑，炮兵怕把标兵碰，标兵怕碰炮兵炮。

炮兵攻打八面坡，炮兵排排炮弹齐发射。步兵逼近八面坡，歼敌八千八百八十多。

白庙外蹲一只白猫，白庙里有一顶白帽。白庙外的白猫看见了白帽，叼着白庙里的白帽跑出了白庙。

粉红女发奋缝飞凤，女粉红反缝方法繁，飞凤仿佛发放芬芳，方法非凡反复防范，反缝方法防范飞凤，反复翻缝飞凤奋飞。

吃葡萄不吐葡萄皮，不吃葡萄倒吐葡萄皮儿。

（二）舌尖音声母——z、c、s d、t、n、l zh、ch、sh、r

发音要领——舌尖顶住或者接近齿背、齿龈、硬腭。

练习：

（1）单音节字词训练：

z	咨	宗	奏	租	嘴	尊	昨	籽	粽	揍
c	词	聪	凑	粗	攒	催	村	搓	瓷	猝
s	撒	塞	伞	扫	僧	瑟	桑	飒	洒	赛

d　搭　得　低　嘟　呆　刀　担　当　灯　冬
T　它　特　踢　突　胎　掏　摊　淌　疼　通
n　哪　呢　昵　奴　奶　闹　难　囊　能　农
l　拉　了　里　路　拦　唠　朗　玲　利　咙
zh　炸　照　针　蒸　涨　缀　遮　植　赚　抓
ch　翅　察　澈　嘲　唱　窗　诚　酬　厨　揣
sh　沙　晒　衫　商　捎　摄　渗　声　师　受
r　然　嚷　绕　惹　任　汝　软　瑞　日　荣

（2）混合训练：

姿色　资深　综述　测试　参差　苍生　飒爽　瑟缩　夙仇　素材
打退　坦荡　调料　锻炼　电流　电路　电脑　电能　电钮　努力
终身　值日　周岁　粥少僧多　住宿　正宗　春蚕　推辞　辽宁

（3）绕口令训练：

谭家谭老汉，挑担到蛋摊，买了半担蛋，挑担到炭摊。
买了半担炭，满担是蛋炭，老汉忙回赶，回家蛋炒饭。
进门跨门槛，脚下绊一绊，跌了谭老汉，破了半担蛋。
翻了半担炭，脏了木门槛，老汉看一看，急得满头汗。
连说怎么办，蛋炭完了蛋，老汉怎吃蛋炒饭。

蓝教练是女教练，
吕教练是男教练，
蓝教练不是男教练，
吕教练不是女教练。
蓝南是男篮主力，
吕楠是女篮主力，
吕教练在男篮训练蓝南，
蓝教练在女篮训练吕楠。

（三）舌面音——j、q、x、g、k、h

发音要领——舌面前（或后）与硬腭前（或软腭）构成阻碍。

练习：

（1）单音节字词训练：

j　纪、架、兼、蒋、浇、结、晋、敬、窘、绢
q　棋、洽、铅、窍、妾、沁、倾、琼、秋、娶
x　溪、匣、嫌、祥、晓、泄、鑫、杏、眩、巡
g　丐、橄、罡、篙、阁、跟、耕、垢、贾、拐
k　卡、凯、亢、铐、苛、恳、控、抠、跨、框
h　海、韩、夯、毫、荷、恨、恒、弘、糊、患

（2）绕口令训练：

氢气球，气球轻，轻轻气球轻擎起，擎起气球心欢喜。

哥挎瓜筐过宽沟，光顾过沟瓜滚沟，隔沟够瓜瓜筐扣，瓜滚筐空哥怪沟。

九月九，九个酒鬼去喝酒。九个酒杯九杯酒，九个酒鬼喝九口。喝罢九口酒，又倒九杯酒。九个酒鬼端起酒，咕咚咕咚又九口。九杯酒，酒九口，喝得九个酒鬼醉了酒。

三、辅音声母辨正练习

（一）鼻音 n 和边音 l 的字音辨正

在这一节中，首先要讨论的是鼻音 n 和边音 l 的字音辨正，因为在四川所有的地区都分不清楚这二者的字音，例如："难"（nán）与"兰"（lán）、"男女"（nánnǚ）与"褴褛"（lánlǚ），大家可以读一读，找找它们的区别。

1. n 与 l 的发音区别

（1）发音要领：

n：舌尖轻轻抵在上齿背构成阻碍；l：舌尖靠硬腭部位阻碍。发音部位与发音方法如下图所示：

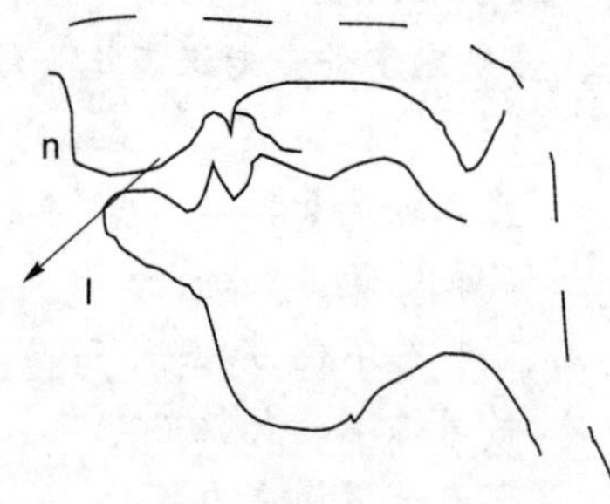

（2）n 声母和 l 声母发音、辨音练习：

n 声母音节练习：

n——na	n——ne	n——ni
n——nu	n——nü	an——na
en——ne	yin——ni	an——nao

l 声母音节练习：

ga——la	ga——le	ga——lai
ga——lao	ga——lei	ga——lou
ga——lan	ga——lang	ga——lian
ga——liang	ga——lin	ga——ling

n 声母字音发音练习：

奶奶	牛奶	恼怒	能耐	男女
农奴	泥泞	年年	玲珑	拿捏
扭捏	牛腩	南宁	袅娜	忸怩

l 声母字音发音练习：

来历　理论　力量　联络　留恋　流浪　罗列

轮流　历来　伶俐　浏览　连累　拉拢　牢笼

褴褛　来路　勒令　凌乱　缭乱　林立　流露

对比练习：

水流——水牛　留恋——留念　旅客——女客

拉手——拿手　无赖——无奈　新粮——新娘

蓝天——南天　老子——脑子　犁地——泥地

鲢鱼——鲇鱼　大路——大怒　小刘——小牛

2．n 声母字音与 l 声母字音综合练习

（1）混合训练：

喇叭　牢固　恋爱　灵感　旅行　难免　难友　安宁

宁肯　懒惰　劳累　累赘　累积　鲁莽　露骨　露馅儿

重量　测量　咱俩　伎俩　拟定　绚丽　农奴　拿手

了如指掌　琳琅满目　弄虚作假　排忧解难

淋漓尽致　恼羞成怒　能者多劳　年轻力壮

屡见不鲜　难以预料　南来北往　落花流水

笼中之鸟　连篇累牍　来龙去脉　力挽狂澜

另起炉灶　伶牙俐齿　揽权纳贿　雷霆之怒

（2）绕口令训练：

男男女女夸小妞，夸那小妞有能耐。念书务农不畏难，走南闯北也在行。小妞有能耐，全靠好心的倪奶奶。倪奶奶，胜亲娘，不虐待，不溺爱，叮咛只为早成才。成了才，暖心怀。

新脑筋，老脑筋。新脑筋不学习就会变成老脑筋，老脑筋勤学习就会变成新脑筋。

牛棚里有四辆四轮大马车，你喜欢拉哪两辆就拉哪两辆。

你能不能把柳树下的老奶牛，拉到南山下牛奶站来，挤了牛奶拿到柳林村，送给岭南乡托儿所的刘奶奶。

老农恼怒问老龙，老龙恼怒问老农。农怒龙恼农更怒，龙恼农怒龙怕农。

哪辆牛车轧坏了路？两个农夫正恼怒。努力拿泥来补路，树林里不好拉泥土，又不能拦人走南路

（二）zh、ch、sh 与 z、c、s 的字音辨正

在这一节中，首先要讨论的是 zh、ch、sh 与 z、c、s 的字音辨正，因为在南方大多数地区没有声母 zh、ch、sh、r 的字音，往往将 zh、ch、sh 声母的字音普遍读成 z、c、s 声母的字音，将 r 读成舌尖前、浊、擦音。例如："弛"（chí）"词"（cí）、"诗人"（shīrén）与"私人"（sīrén），大家可以读一读，找找它们的区别。

zh、ch、sh 与 z、c、s 的发音区别：

（1）发音要领：

zh、ch、sh、r：舌尖轻轻抵在硬腭前沿，构成阻碍；z、c、s：舌尖轻轻抵在上齿背，构成阻碍。发音部位与发音方法如下图所示：

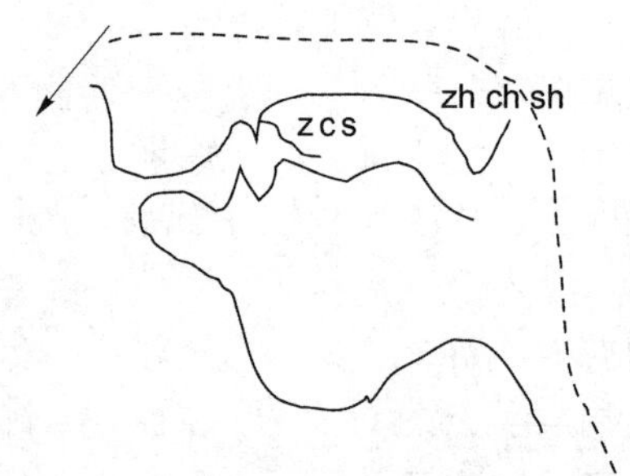

(2) zh 组声母字与 z 组声母字发音、辨音练习：

单音节字词对比练习：

闸——杂　　插——擦　　纱——撒
哲——则　　澈——厕　　摘——栽
池——词　　是——寺　　柴——才
找——早　　超——操　　少——扫
山——三　　身——森　　张——脏
主——组　　睡——岁　　疏——苏

双音节字词对比练习：

资源——支援　　阻力——主力　　大字——大致
自理——治理　　仿造——仿照　　杂技——札记
宝藏——保障　　自序——秩序　　赞歌——战歌
自愿——志愿　　造就——照旧　　自学——治学
综合——中和　　邮资——油脂　　鱼刺——鱼翅
粗糙——出操　　不曾——不成　　辞藻——池沼
新村——新春　　从来——重来　　粗布——初步
擦手——插手　　祠堂——池塘　　词序——持续
桑叶——商业　　肃立——树立　　搜集——收集

(3) zh 组声母字与 z 组声母字字音综合练习：

混合训练：

寨　赛　宅　灾　哉　贼　仄　召
刊载　准则　遵守　资产　周岁　草丛　散步
自力更生　自始至终　层出不穷　半身不遂　错综复杂
似是而非　随心所欲　志大才疏　成竹在胸　风驰电掣

绕口令训练：四十个字和词，组成一首 ci、si 的绕口令。

桃子李子柿子和榛子，栽满院子村子和寨子。
刀子斧子锤子和尺子，做出桌子椅子和箱子。
蚕丝生丝熟丝和缫丝，制成粗丝细丝人造丝。
名词动词数词和量词，组成诗词唱词绕口词。

石、斯、施、史四老师，天天和我在一起。
石老师教我大公无私，斯老师给我精神粮食；
施老师叫我遇事三思，史老师送我知识钥匙。
我感谢石、斯、施、史四老师。

四是四，十是十，十四是十四，四十是四十，谁能说准四、十、十四、四十、四十四，谁来试一试。

三山撑四水，四水绕三山，三山四水春长在，四水三山总是春。

时事学习看报纸，报纸登的是时事。常看报纸要多思，心里装着天下事。

(三) f与h的字音辨正

在这一节中，首先要讨论的是f与h的字音辨正，因为在西南绝大多数地区不能区分声母f、h与韵母u构成的字音，例如："花"（huā）与"发"（fā）、"公费"（gōngfèi）与"工会"（gōnghuì），大家可以读一读，找找它们的区别。

f与h的发音区别：

(1) 发音要领：

f：上齿与下唇构成阻碍；h：舌面后与软腭构成阻碍。发音部位与发音方法如下图所示：

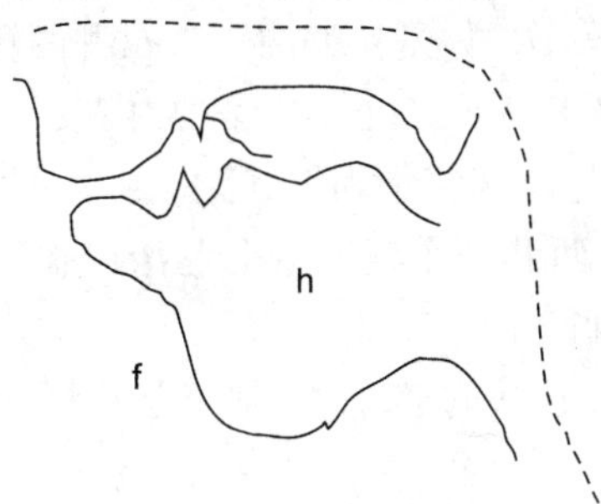

(2) f声母和h声母发音、辨音练习：

混合训练：

发——花　番——欢　方——荒　非——灰
分——昏　风——轰　夫——乎　会——费
公费——工会　传呼——船夫　俯视——虎视
放荡——晃动　翻阅——欢悦　烘干——风干
花市——发誓　发凡——花环　互利——富丽
附注——互助　犯病——患病　复句——沪剧
风华正茂　飞扬跋扈　风云变化　返老还童
防患未然　奋发图强　胡作非为　呼风唤雨
回光返照　飞黄腾达　狐假虎威　翻云覆雨

绕口令训练：

粉红墙上画凤凰，凤凰画在粉红墙。红凤凰，粉凤凰，红粉凤凰，花凤凰。

纺织厂里有混纺布，红混纺布，粉混纺布，红粉混纺布，粉红混纺布。

姐姐叫海花，弟弟叫海娃。海花去种花，海娃去种瓜。海花教海娃种花，海娃教海花种瓜。海花和海娃，学会了种花和种瓜。

（四）普通话声母综合练习

1. 绕口令练习

b—p：补破皮褥子不如不补破皮褥子。（《补皮褥子》）

b—p：吃葡萄不吐葡萄皮儿，不吃葡萄倒吐葡萄皮儿。（《葡萄皮儿》）

d：会炖我的炖冻豆腐，来炖我的炖冻豆腐，不会炖我的炖冻豆腐，就别炖我的炖冻豆腐。要是混充会炖我的炖冻豆腐，炖坏了我的炖冻豆腐，那就吃不成我的炖冻豆腐。（《炖冻豆腐》）

l：六十六岁刘老六，修了六十六座走马楼，楼上摆了六十六瓶苏合油，门前栽了六十六棵垂杨柳，柳上拴了六十六个大马猴。忽然一阵狂风起，吹倒了六十六座走马楼，打翻了六十六瓶苏合油，压倒了六十六棵垂杨柳，吓跑了六十六个大马猴，气死了六十六岁刘老六。（《六十六岁刘老六》）

d—t：大兔子，大肚子，大肚子的大兔子，要咬大兔子的大肚子。（《大兔子和大肚子》）

n—l：门口有四辆四轮大马车，你爱拉哪两辆来拉哪两辆。（《四辆四轮大马车》）

h：华华有两朵黄花，红红有两朵红花。华华要红花，红红要黄花。华华送给红红一朵黄花，红红送给华华一朵红花。（《华华和红红》）

j、q、x：七巷一个漆匠，西巷一个锡匠，七巷漆匠偷了西巷锡匠的锡，西巷锡匠偷了七巷漆匠的漆。（《漆匠和锡匠》）

g—k：哥挎瓜筐过宽沟，赶快过沟看怪狗。光看怪狗瓜筐扣，瓜滚筐空哥怪狗。（《哥挎瓜筐过宽沟》）

h—f：一堆粪，一堆灰，灰混粪，粪混灰。（《一堆粪》）

z—zh：隔着窗户撕字纸，一次撕下横字纸，一次撕下竖字纸，是字纸撕字纸，不是字纸，不要胡乱撕一地纸。（《撕字纸》）

s—sh：三山撑四水，四水绕三山，三山四水春常在，四水三山四时春。（《三山撑四水》）

z、c、s—j、x 司机买雌鸡，仔细看雌鸡，四只小雌鸡，叽叽好欢喜，司机笑嘻嘻。（《司机买雌鸡》）

zh、ch、sh：大车拉小车，小车拉小石头，石头掉下来，砸了小脚指头。（《大车拉小车》）

r：夏日无日日亦热，冬日有日日亦寒，春日日出天渐暖，晒衣晒被晒褥单，秋日天高复云淡，遥看红日迫西山。（《说日》）

s、sh：公园有四排石狮子，每排是十四只大石狮子，每只大石狮子背上是一只小石狮子，每只大石狮子脚边是四只小石狮子，史老师领四十四个学生去数石狮子，你说共数出多少只大石狮子和多少只小石狮子？《数狮子》

2. 拓展练习

（1）小故事：

施氏食狮史

石室诗士施氏，嗜狮，誓食十狮。氏时时适市视狮。十时，适十狮市。是时，适施氏适市。氏视是十狮，恃矢势。使是十狮逝世。氏拾是十狮尸，适石室。石室湿，氏使侍拭石室。石室拭，氏始试食是十狮尸。食时，始识是十狮尸，实十石狮尸。试释是事。

Shī　Shì　shí　shī　shǐ

Shíshì shīshì Shī Shì, shì shī, shì shí shí shī. Shì shíshí shì shì shì shī. shíshí, shìshíshī shì shì. Shì shí, shì Shī Shì shì shì. Shì shì shìshíshī, shì shì shì, shī shìshíshī shìshì. Shì shí shìshíshī shī, shì shíshì. Shíshì shī, Shì shǐ shì shì shíshì. Shíshì shì, Shì shí shì shí shìshíshī. Shí shí, shǐ shì shìshíshī, shíshíshī shī. Shì shì shì shì.

（2）小幽默：

用 10 到 20 个字给推广普通话做个广告策划。

方言诚可贵，外语价更高。若为普通话，二者皆可抛。

做普通人，讲普通话。

学好普通话，走遍天下都不怕。

世界上最遥远的距离，不是生与死的距离，也不是天各一方。而是你说方言我什么也听不明白。——请说普通话！

悟空你要说普通话，要不然观音姐姐会怪你的！

学习普通话！我们一直在努力！

（3）歌曲：

中国话

扁担宽板凳长
扁担想绑在板凳上
扁担宽板凳长
扁担想绑在板凳上
伦敦玛莉莲买了件旗袍送妈妈
莫斯科的夫司基爱上牛肉面疙瘩
各种颜色的皮肤各种颜色的头发
嘴里念的说的开始流行中国话
多少年我们苦练英文发音和文法
这几年换他们卷着舌头学平上去入的变化
平平仄仄平平仄（仄仄平平仄仄平）
好聪明的中国人好优美的中国话
扁担宽板凳长
扁担想绑在板凳上
板凳不让扁担绑在板凳上
扁担偏要绑在板凳上
板凳偏偏不让扁担绑在那板凳上

到底扁担宽还是板凳长
哥哥弟弟坡前坐
坡上卧着一只鹅
坡下流着一条河
哥哥说宽宽的河
弟弟说白白的鹅
鹅要过河河要渡鹅
不知是那鹅过河
还是河渡鹅
全世界都在学中国话孔夫子的话越来越国际化
全世界都在讲中国话我们说的话让世界都认真听话

纽约苏珊娜开了间禅风 lounge bar
柏林来的沃夫冈拿胡琴配着电吉他
各种颜色的皮肤各种颜色的头发
嘴里念的说的开始流行中国话
有个小孩叫小布
上街打醋又买布
买了布打了醋
回头看见鹰抓兔
放下布搁下醋
上前去追鹰和兔
飞了鹰跑了兔
洒了醋湿了布
嘴说腿腿说嘴
嘴说腿爱跑腿
腿说嘴爱卖嘴
光动嘴不动腿
光动腿不动嘴
不如不长腿和嘴
到底是那嘴说腿还是腿说嘴

（4）朗读练习：

捐　诚

我在加拿大学习期间遇到过两次募捐，那情景至今使我难以忘怀。

一天，我在渥太华的街上被两个男孩子拦住去路。他们十来岁，穿得整整齐齐，每人头上戴着个做工精巧、色彩鲜艳的纸帽，上面写着“为帮助患小儿麻痹的伙伴募捐”。其中的一个不由分说就坐在小凳上给我擦起皮鞋来，另一个则彬彬有礼地发问：“小姐，您是哪国人？喜欢渥太华吗？”“小姐，在你们国家有没有小孩儿患小儿麻痹？谁给他们医疗费？”一连串的问题，使我这个有生以来头一次在众目睽睽之下让别人擦鞋的异乡人，从近乎狼狈的窘态中解脱出来。我们像朋友一样聊起天儿来……

几个月之后，也是在街上。一些十字路口处和车站坐着几位老人。他们满头银发，身穿各种老式军装，上面布满了大大小小形形色色的徽章、奖章，每人手捧一大束鲜花，有水仙、石竹、玫瑰及叫不出名字的，一色雪白。匆匆过往的行人纷纷止步，把钱投进这些老人身旁的白色木箱内，然后向他们微微鞠躬，从他们手中接过一朵花。我看了一会儿，有人投一两元，有人投几百元，还有人掏出支票填好后投进木箱。那些老军人毫不注意人们捐多少钱，一直不停地向人们低声道谢。同行的朋友告诉我，这是为纪念第二次世界大战中参战的勇士，募捐救济残废军人和烈士遗孀，每年一次。认捐的人可谓踊跃，而且秩序井然，气氛庄严。有些地方，人们还耐心地排着队。我想，这是因为他们都知道：正是这些老人的流血牺牲换来了包括他们信仰自由在内的许许多多。

我两次把那微不足道的一点儿钱捧给他们，只想对他们说声“谢谢”。

(5) 方音辨正：

n：那 nà
难以 nányǐ
男孩子 nánháizi
您 nín
哪国人 nǎguórén
你们 nǐmen
木箱内 mùxiāngnèi
纪念 jìniàn
每年 měinián
耐心 nàixīn
l：十来岁 shíláisuì
聊天 liáotiān
老式 lǎoshì
烈士 lièshì
流血 liúxuè
h：近乎 jìnhū
或 huò
鲜花 xiānhuā
填好 tiánhǎo
和 hé
换来 huànlái
f：分说 fēnshuō
发问 fāwèn
纷纷 fēnfēn
气氛 qìfèn
地方 dìfang
至今 zhìjīn
拦住 lánzhù
zh：整整 zhěngzhěng
纸帽 zhǐmào
这个 zhègè
众目睽睽 zhòngmùkuíkuí
之下 zhīxià
军装 jūnzhuāng
徽章 huīzhāng
止步 zhǐbù
支票 zhīpiào
注意 zhùyì
秩序 zhìxù
庄严 zhuāngyán
知道 zhīdao
正是 zhèngshì
只想 zhǐxiǎng
ch：穿的 chuānde
出来 chūlai
处 chù
车站 chēzhàn
sh：使 shǐ
街上 jiēshang
是 shì
谁 shuí
有生 yǒushēng
十字路口 shízìlùkǒu
身穿 shēnchuān
水仙 shuǐxiān
石竹 shízhú
多少 duōshǎo
低声 dīshēng
勇士 yǒngshì
牺牲 xīshēng
r：别人 biérén
z：在 zài
做工 zuògōng
坐在 zuòzài
擦鞋 cāxié
匆匆 cōngcōng
告诉 gàosù

韵母

e：的 de
两个 liǎnggè
戴着 dàizhe
色彩 sècǎi
则 zé
有礼地 yǒulǐde

各种 gèzhǒng	朋友 péngyou	形形色色 xíngxíngsèsè
布满了 bùmǎnle	手捧 shǒupěng	行人 xíngrén
可谓 kěwèi	ing：情景 qíngjǐng	井然 jǐngrán
eng：小凳上 xiǎodèngshang	精巧 jīngqiǎo	

第三节　普通话韵母

一、韵母的发音

普通话的韵母有 39 个。

1. 单韵母

a、o、e、ê、i、u、ü、er（卷舌元音）、-i［ʅ］、-i［ɿ］（单韵母发音要领：口形、舌位、开口度始终不变。例如发韵母 o，圆唇就要一直到发音结束，不能中途转变口形，展唇如 i）。

2. 复韵母

ai、ei、ao、ou、ia、ie、uo、ua、üe、iao、iou、uai、uei。

3. 鼻韵母

（1）前鼻韵母：an、en、in、ün、ian、uan、üan、uen（前鼻韵母的发音要领：发完音舌尖归到 n 的位置）；

（2）后鼻韵母：ang、eng、ing、ong、iang、uang、ueng、iong。

二、韵母的发音练习

1. 词语练习

a：发达　大厦　打靶　马达　哪怕　喇叭　爸爸　妈妈
o：薄膜　泼墨　磨破　摩托　伯伯　婆婆
e：客车　合格　特色　隔阂　可乐　折射　这个　隔热
ê：欸
i：积极　记忆　笔记　集体　利益　力气　地理　激励
u：朴素　互助　瀑布　疏忽　辜负　补助　图书　突出
ü：语句　序曲　聚居　须臾　区域　雨具　絮语
er：而且　偶尔　二胡　耳朵　诱饵
－i（前）：自私　私自　字词　自此
－i（后）：事实　实施　史诗　诗史
ai：白菜　爱戴　海带　开采　拍卖　买卖　灾害　采摘
ei：配备　美味　北纬　蓓蕾　黑煤　妹妹
ao：早操　高潮　逃跑　懊恼　骚扰　操劳　高傲　号召

ou：收购　漏斗　丑陋　口头　喉头　欧洲　守候　兜售

ia：假牙　加压　压价　架下　家鸭　恰恰

ie：贴切　结业　铁屑　谢谢　姐姐　爷爷

ua：画画　花袜　耍滑　挂花　娃娃　呱呱

uo：国货　骆驼　硕果　脱落　懦弱　过错　说过

üe：雀跃　约略　缺月　雪月　决绝

iao：巧妙　萧条　逍遥　吊销　调料　疗效　渺小　叫嚣

iou：优秀　牛油　绣球　求救　悠久　久留　留有　秋游

uai：外快　怀揣　摔坏　乖乖

uei：水位　归队　推诿　坠毁　回味　荟萃　畏罪

an：参战　谈判　展览　烂漫　坦然　难看　完满　感叹

en：认真　振奋　身份　深圳　根本　人参　沉闷　愤恨

in：拼音　信心　辛勤　引进　近邻　民心　金银　濒临

ün：均匀　军训　群运　逡巡　芸芸　循循

ian：艰险　简便　前天　浅显　田间　检验　鲜艳　变迁

uan：婉转　专款　转换　酸软　贯穿　传唤　专断

üan：轩辕　源泉　圆圈　全权　源远　涓涓

uen：温顺　昆仑　论文　温存　困顿　温润　谆谆　春笋

ang：沧桑　帮忙　上当　商场　钢厂　苍茫　当场　张榜

eng：风声　丰盛　更正　奉承　鹏程　生成　声称　省城　升腾　承蒙　风筝

ing：经营　命令　明星　叮咛　姓名　清净　倾听　蜻蜓　清明　评定　惊醒　轻盈

ong：轰动　共同　隆重　冲动　空洞　通融　从容　总共

iang：想象　响亮　向阳　洋相　两样　将养　强项　踉跄

uang：状况　狂妄　矿床　双簧

ueng：老翁　瓮安　蕹菜

iong：汹涌　穷凶　炯炯　熊熊

2. 绕口令练习

a：门前有八匹大伊犁马，你爱拉哪匹马拉哪匹马。(《伊犁马》)

e：坡上立着一只鹅，坡下就是一条河。宽宽的河，肥肥的鹅，鹅要过河，河要渡鹅。不知是鹅过河，还是河渡鹅。(《鹅》)

i：一二三，三二一，一二三四五六七。七个阿姨来摘果，七个花篮儿手中提。七棵树上结七样儿，苹果、桃儿、石榴、柿子，李子、栗子、梨。(《七棵树上结七样儿》)

u：鼓上画只虎，破了拿布补。不知布补鼓，还是布补虎。(《鼓上画只虎》)

i—ü：这天天下雨，体育局穿绿雨衣的女小吕，去找穿绿运动衣的女老李。穿绿雨衣的女小吕，没找到穿绿运动衣的女老李，穿绿运动衣的女老李，也没见着穿绿雨衣的女小吕。(《女小吕和女老李》)

er：要说“尔”专说“尔”；马尔代夫，喀布尔；阿尔巴尼亚，扎伊尔；卡塔尔，尼泊尔；贝尔格莱德，安道尔；萨尔瓦多，伯尔尼；利伯维尔，班珠尔；厄瓜多尔，塞舌尔；哈密尔顿，尼日尔；圣彼埃尔，巴斯特尔；塞内加尔的达喀尔，阿尔及利亚的阿尔及尔。

-i（前）：一个大嫂子，一个大小子。大嫂子跟大小子比包饺子，看是大嫂子包的饺子好，还是大小子包的饺子好，再看大嫂子包的饺子少，还是大小子包的饺子少。大嫂子包的饺子又小又好又不少，大小子包的饺子又小又少又不好。（《大嫂子和大小子》）

-i（后）：知之为知之，不知为不知，不以不知为知之，不以知之为不知，唯此才能求真知。（《知之为知之》）

ai：买白菜，搭海带，不买海带就别买大白菜。买卖改，不搭卖，不买海带也能买到大白菜。（《白菜和海带》）

ei：贝贝飞纸飞机，菲菲要贝贝的纸飞机，贝贝不给菲菲自己的纸飞机，贝贝教菲菲自己做能飞的纸飞机。（《贝贝和菲菲》）

ai—ei：大妹和小妹，一起去收麦。大妹割大麦，小妹割小麦。大妹帮小妹挑小麦，小妹帮大妹挑大麦。大妹小妹收完麦，噼噼啪啪齐打麦。（《大妹和小妹》）

ao：隔着墙头扔草帽，也不知草帽套老头儿，也不知老头儿套草帽。（《扔草帽》）

ou：忽听门外人咬狗，拿起门来开开手；拾起狗来打砖头，又被砖头咬了手；从来不说颠倒话，口袋驮着骡子走。（《忽听门外人咬狗》）

an：出前门，往正南，有个面铺面冲南，门口挂着蓝布棉门帘。摘了它的蓝布棉门帘，棉铺面冲南，给它挂上蓝布棉门帘，面铺还是面冲南。（《蓝布棉门帘》）

en：小陈去卖针，小沈去卖盆。俩人挑着担，一起出了门。小陈喊卖针，小沈喊卖盆。也不知是谁卖针，也不知是谁卖盆。（《小陈和小沈》）

ang：海水长，长长长，长长长消。（《海水长》）

eng：郑政捧着盏台灯，彭澎扛着架屏风，彭澎让郑政扛屏风，郑政让彭澎捧台灯。（《台灯和屏风》）

ang—an：张康当董事长，詹丹当厂长，张康帮助詹丹，詹丹帮助张康。（《张康和詹丹》）

eng—en：陈庄程庄都有城，陈庄城通程庄城。陈庄城和程庄城，两庄城墙都有门。陈庄城进程庄人，陈庄人进程庄城。请问陈程两庄城，两庄城门都进人，哪个城进陈庄人，程庄人进哪个城？（《陈庄城和程庄城》）

ang—eng：长城长，城墙长，长长长城长城墙，城墙长长城长长。（《长城长》）

ia：天上飘着一片霞，水上漂着一群鸭。霞是五彩霞，鸭是麻花鸭。麻花鸭游进五彩霞，五彩霞挽住麻花鸭。乐坏了鸭，拍碎了霞，分不清是鸭还是霞。（《鸭和霞》）

ie：姐姐借刀切茄子，去把儿去叶儿斜切丝，切好茄子烧茄子，炒茄子、蒸茄子，还有一碗焖茄子。（《茄子》）

iao：水上漂着一只表，表上落着一只鸟。鸟看表，表瞪鸟，鸟不认识表，表也不认识鸟。（《鸟看表》）

iou：一葫芦酒，九两六。一葫芦油，六两九。六两九的油，要换九两六的酒，九两六的酒，不换六两九的油。（《酒换油》）

ian：半边莲，莲半边，半边莲长在山涧边。半边天路过山涧边，发现这片半边莲。半边天拿来一把镰，割了半筐半边莲。半筐半边莲，送给边防连。（《半边莲》）

in：你也勤来我也勤，生产同心土变金。工人农民亲兄弟，心心相印团结紧。（《土变金》）

iang：杨家养了一只羊，蒋家修了一道墙。杨家的羊撞倒了蒋家的墙，蒋家的墙压死了杨家的羊。杨家要蒋家赔杨家的羊，蒋家要杨家赔蒋家的墙。（《杨家养了一只羊》）

ing：天上七颗星，树上七只鹰，梁上七个钉，台上七盏灯。拿扇扇了灯，用手拔了钉，举枪打了鹰，乌云盖了星。(《天上七颗星》)

ua：一个胖娃娃，画了三个大花活蛤蟆；三个胖娃娃，画不出一个大花活蛤蟆。画不出一个大花活蛤蟆的三个胖娃娃，真不如画了三个大花活蛤蟆的一个胖娃娃。(《画蛤蟆》)

uo（o）：狼打柴，狗烧火，猫儿上炕捏窝窝，雀儿飞来蒸饽饽。(《狼打柴狗烧火》)

uai：槐树槐，槐树槐，槐树底下搭戏台，人家的姑娘都来了，我家的姑娘还不来。说着说着就来了，骑着驴，打着伞，歪着脑袋上戏台。(《槐树槐》)

uei：威威、伟伟和卫卫，拿着水杯去接水。威威让伟伟，伟伟让卫卫，卫卫让威威，没人先接水。一二三，排好队，一个一个来接水。(《接水》)

uang：王庄卖筐，匡庄卖网，王庄卖筐不卖网，匡庄卖网不卖筐，你要买筐别去匡庄去王庄，你要买网别去王庄去匡庄。(《王庄和匡庄》)

ueng：老翁卖酒老翁买，老翁买酒老翁卖。(《老翁和老翁》)

ong：冲冲栽了十畦葱，松松栽了十棵松。冲冲说栽松不如栽葱，松松说栽葱不如栽松。是栽松不如栽葱，还是栽葱不如栽松？(《栽葱和栽松》)

uan—uang：那边划来一艘船，这边漂去一张床，船床河中互相撞，不知船撞床，还是床撞船。(《船和床》)

uan—an：大帆船，小帆船，竖起桅杆撑起船。风吹帆，帆引船，帆船顺风转海湾。(《帆船》)

uen—en：孙伦打靶真叫准，半蹲射击特别神，本是半路出家人，摸爬滚打练成神。(《孙伦打靶》)

üe：真绝，真绝，真叫绝，皓月当空下大雪，麻雀游泳不飞跃，鹊巢鸠占鹊喜悦。(《真绝》)

ün：军车运来一堆裙，一色军用绿色裙。军训女生一大群，换下花裙换绿裙。(《换裙子》)

üan：圆圈圆，圈圆圈，圆圆娟娟画圆圈。娟娟画的圈连圈，圆圆画的圈套圈。娟娟圆圆比圆圈，看看谁的圆圈圆。(《画圆圈》)

iong：小涌勇敢学游泳，勇敢游泳是英雄。(《学游泳)

三、易读错韵母训练

1. “o”韵母的训练

o：舌面、后、中、圆唇元音

（1）“o”韵母字词练习：

剥　破　佛　伯　颇　抹　薄　默

膜　卧　沫　钵　蕃　叵　摩　沃

（2）“o”韵母绕口令练习：

墨与馍

老伯伯卖墨，老婆婆卖馍。

老婆婆卖馍买墨，老伯伯卖墨买馍。

墨换馍老伯伯有馍，馍换墨老婆婆有墨。

2. “e” 与 “e” 的训练

e：舌面、后、半高、不圆唇元音

（1）“e” 字词练习：

德　特　乐　设　割　搁　革

遮　哲　扯　涩　舍　课　仄

（2）“e” 韵母绕口令练习：

阁上一窝鸽

阁上一窝鸽，鸽渴叫咯咯。
哥哥登阁搁水给鸽喝，
鸽子喝水不渴不咯咯。

ê：舌面、前、中、不圆唇元音

这个音素在普通话中只与 i、ü 一起构成复韵母 ie、üe，单念只有一个“欸”（ai）字。

3. “u” 的训练

u：舌面、后、高、圆唇元音

（1）“u” 韵母字词练习：

素　镀　赌　徒　屠　秃　奴　怒　卢

仆　露　孤　骨　故　枯　库　牧

（2）“u” 韵母绕口令练习：

山上五棵树

山上五棵树，架上五壶醋，林中五只鹿，箱里五条裤。
伐了山上的树，搬下架上的醋，射死林中的鹿，取出箱中的裤。

胡老五和吴小虎

胡家胡同有一个胡老五，
吴家胡同有一个吴小虎，
五月二十五的五点二十五，
胡老五走出胡家胡同来找吴小虎，
吴小虎在吴家胡同迎接胡老五。

4. “i” 与 “ie” 的训练

i：舌面、前、高、不圆唇元音

（1）“i” 与 “ie” 韵母字词练习：

洗　移　滴　积　帝　递　踢　题　剃　骑

溺　理　基　敌　别　跌　街　接　结　姐

且　写　些　谢　夜　也　叶　业　页　灭

爹　跌　蝶　铁　贴　捏　列　烈　裂　劣

截　届　怯　协　斜　歇　卸　冶　掖

（2）“i”与“ie”韵母绕口令练习：

王七上街去买席

清早起来雨稀稀，王七上街去买席。
骑着毛驴跑得急，捎带卖蛋又贩梨。
一跑跑到小桥西，毛驴一下跌了蹄。
打了蛋，撒了梨，跑了驴，急得王七眼泪滴，又哭鸡蛋又骂驴。

四、韵母辨正

（一）分辨前鼻音尾韵母和后鼻音尾韵母

有些方言两种鼻音尾韵母不分，这种混同现象多数表现为 en—eng、in—ing 不分，an—ang、ian—iang、uan—uang 混同的较少。

发准 n、ng 这两个鼻音，如图：

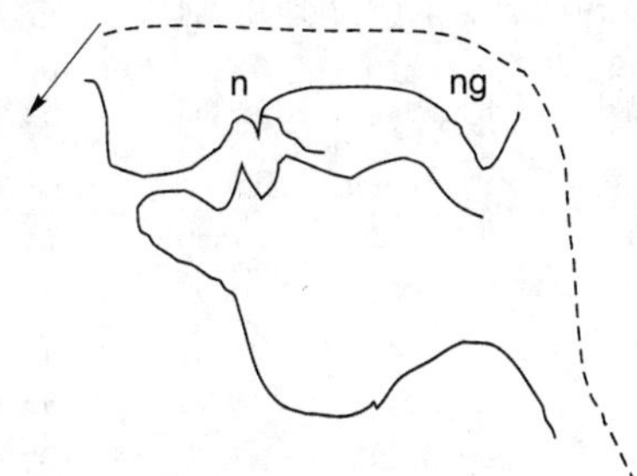

1. 分清韵母 in、en 与韵母 ing、eng 的字音

韵母 in、en 与韵母 ing、eng 的字词练习

因（yīn）——英（yīng）	笨（bèn）——蹦（bèng）
彬（bīn）——冰（bīng）	盆（pén）——鹏（péng）
频（pín）——平（píng）	份（fèn）——凤（fèng）
民（mín）——鸣（míng）	嫩（nèn）——能（néng）
您（nín）——凝（níng）	痕（hén）——横（héng）
勤（qín）——情（qíng）	岑（cén）——曾（céng）
新（xīn）——星（xīng）	森（sēn）——僧（sēng）
民心——明星	经营——金银
禁止——静止	清净——亲近
请示——寝室	幸福——信服
心情——辛勤	绅士——声势

省事——审视　　　　正式——阵势

市镇——市政　　　　人参——人声

2. 韵母 in、en 与韵母 ing、eng 的字音综合训练

（1）认读双音节词语、注意分辨字音的韵母：

长针——长征　　　　引子——影子

忠臣——忠诚　　　　开饭——开放

人民——人名　　　　鲜花——香花

天坛——天堂　　　　木船——木床

白盐——白杨　　　　惋惜——往惜

红心——红星　　　　亲近——清静

深思——生丝　　　　陈旧——成就

（2）认读练习：

ing 韵母字音练习：

bǎ bǐng 把柄	nuǎn píng 暖瓶	píng mù 屏幕	mǐng dǐng 酩酊	jīng jù 京剧	jīng yàn 经验	yíng kuī 盈亏	líng yǔ 囹圄
bì jìng 毕竟	nǐng gài r 拧盖'儿	gōng jìng 恭敬	qī líng 欺凌	líng tīng 聆听	jǐng chá 警察	yǐn qíng 引擎	xīn yǐng 新颖
gōng tíng 宫廷	tíng dùn 停顿	xuè xīng 血腥	jiǎ xīng xīng 假惺惺	yīng sù 罂粟	yíng yǎng 营养	yíng rào 萦绕	qīng tíng 蜻蜓
líng shòu 零售	nián líng 年龄	shān lǐng 山岭	lǐng dǎo 领导	míng yù 名誉	míng jì 铭记	míng mù 瞑目	
zhēng níng 狰狞	dīng níng 叮咛	fú píng 浮萍	qīng chén 清晨	jīng què 精确	qǐng jià 请假	yǎn jīng 眼睛	
qīng tīng 倾听	gào qìng 告罄	pīng tíng 娉婷	xìng bié 性别	xíng róng 形容	jīng jí 荆棘	jīng jīng yè yè 兢兢业业	
róng yīng 荣膺	lìng wài 另外	níng gù 凝固	qìng zhù 庆祝	fǎn xǐng 反省	xǐng 擤	qiáng yìng 强硬	

eng 韵母字音练习：

chéng shì 城市	chéng dù 程度	zhěng qí 整齐	zhěng jiù 拯救	děng jí 等级	dèng yǎn 瞪眼	zhèng shì 正视
chéng qīng 澄清	shān fēng 山峰	xiāng féng 相逢	fēng xiǎn 风险	gěng yè 哽咽	hēng tōng 亨通	kēng dào 坑道
měng gǔ 蒙古	zhà měng 蚱蜢	péng yǒu 朋友	wài shēng 外甥	téng xiě 誊写	zēng zǔ 曾祖	sēng lǚ 僧侣
fēng yú 丰腴	fèng huáng 凤凰	héng xīng 恒星	kēng qiāng 铿锵	fěng cì 讽刺	héng gèn 横亘	pēng rèn 烹饪
méng yá 萌芽	tóng méng 同盟	mēng piàn 蒙骗	péng zhàng 膨胀	quán héng 权衡	zèng sòng 赠送	mó ceng 磨蹭
yàn zhèng 验证	chéng zhèn 城镇	chéng xiàng 丞相	fēng kuáng 疯狂	féng rèn 缝纫	fèng xì 缝隙	gěng gài 梗概
péng sōng 蓬松	pèng zhuàng 碰撞	gēng xīn 更新	bēng kuì 崩溃	shèng rèn 胜任	zhěng dùn 整顿	qiān shèng zhī guó 千乘之国

（3）综合练习

ing + ing　倾情　倾听　清静　酩酊　零星　菱形　灵性　情景　情境　性情

in + in　秦晋　亲信　辛勤　近亲　拼音　信心　薪金　贫民　临近　邻近

in + ing　新型　新星　拼命　金锭　钦定　心境　近景　临行　临幸　尽情
ing + in　清贫　清新　轻信　倾心　挺进　听信　领进　陵寝　青筋　省亲
eng + eng　整风　争锋　正逢　风筝　横行　生成　声称　省城　升腾　鹏程
en + en　身份　审慎　振奋　深圳　门神　本分　愤懑　深沉　人们　称身
en + eng　仁政　人声　尘封　分成　人证　神圣　人生　奔腾　认证　真诚
eng + en　生分　成分　省份　生粉　生辰　升沉　风尘　烹饪　冷门　横亘

（4）绕口令、诗词朗读：

en—eng—ing—ong

东洞庭，西洞庭，洞庭山上一根藤，青青藤条挂金铃。风起藤动金铃响，风定藤定铃不鸣。

en—eng

老彭拿着一个盆，跨过老陈住的棚；盆碰棚，棚碰盆，棚倒盆碎棚压盆。

en—eng

陈是陈，程是程，姓陈不能说成姓程，姓程也不能说成姓陈。禾旁是程，耳朵是陈。程陈不分，就会认错人。

in—ing

小青和小琴，小琴手很勤，小青人很精，手勤人精，琴勤青精，你学小琴还是小青？

in—ing

同姓不能念成通信，通信也不能念成同姓。同姓可以互相通信，通信可不一定同姓。

京剧叫京剧。警句叫警句。京剧不能叫警句；警句不能叫京剧，更不能叫金剧。

（5）对话练习：

小陈：哟！小程，你的头怎么了？

小程：昨天打球不小心碰伤了，缝了三针。

小陈：真想不到！一定要小心哪，千万别感染了！

小程：是啊，现在天气很热，最容易感染。我现在去打消炎针。

小陈：要不要我陪你？

小程：我自己可以，谢谢你。

认读下列词语，注意念准零声母音节 weng 的字音：

渔翁　　蓊郁　　蕹菜　　瓮中捉鳖

（二）分辨 o 和 e、e 和 uo 的字音

有些方言 o—e、e—uo 不分。

1. 区别方法

o、e 的发音情况大致相同，区别在于 o 发音时唇形圆，e 发音时唇形不圆，可以用唇形变化的办法来练习，掌握这两个韵母的发音方法。

o 只跟唇音声母拼合，e 不跟唇音声母拼合。

弄清哪些字的韵母是 e，哪些跟唇音声母拼合。

2. e 韵母、o 韵母和 uo 韵母字音综合练习

（1）词语对比认读：

开课——开阔　　恭贺——供货
河水——活水　　惶惑——黄鹤
合力——活力　　褐色——货色
格式——国事　　客人——阔人

（2）绕口令练习：

①分清 e 和 uo：

大哥有大锅，二哥有二锅。大哥要换二哥的二锅，二哥不换大哥的大锅。

②分清 e、uo、o：

太阳从西往东落，听我唱个颠倒歌。天上打雷没有响，地下石头滚上坡。江里骆驼会下蛋，山上鲤鱼搭成窝；腊月酷热直流汗，六月爆冷打哆嗦。姐在房中手梳头，门外口袋驮骆驼。

村东有条清水河，河岸是个小山坡。大伙儿坡上挖红薯，闹闹嚷嚷笑呵呵。忽听河里一声响，河水溅起一丈多，谁不小心掉下河？一个姑娘回答我：不是有人掉下河，是个红薯滚下坡。

打南坡走来个老婆婆，两手托着两笸箩。左手托着的笸箩装的是菠萝，右手托着的笸箩装的是萝卜。你说说，是老婆婆左手托着的笸箩装的菠萝多，还是老婆婆右手托的笸箩装的萝卜多？说得对送你一笸箩菠萝，说不对不给菠萝也不给萝卜，罚你替老婆婆把装菠萝的笸箩和装萝卜的笸箩送到大北坡。

（三）分清齐齿呼韵母和撮口呼韵母字音，分辨 i 和 ü

有些方言没有撮口呼韵母，i 和 ü 都念成 i。

区别方法：不习惯发 ü 的人，可用唇形变化的办法来练习：先展开嘴唇发 i，舌位不动，慢慢把嘴唇拢圆，就能发出 ü 来了。

练习：

急剧——雨衣　　小姨——小鱼
崎岖——利率　　白银——白云
意见——预见　　通信——通讯
前面——全面　　潜水——泉水

学会 ü 的发音，还要进一步记住哪些字韵母是 i 和 i 开头的，哪些字韵母是 ü 和 u 开头的。

1. 齐齿呼韵母和撮口呼韵母字音辨正练习

分期——分区　　防御——防疫
起义——曲艺　　意见——预见
犹豫——游艺　　季节——拒绝
办理——伴侣　　局限——极限
里程——旅程　　遗传——渔船
金银——均匀　　严峻——严禁
事件——试卷　　眼见——远见

全心全意　　循序渐进　　运用自如　　源远流长
悬而未决　　浴血奋战　　月圆月缺　　与日俱增

2. 齐齿呼韵母和撮口呼韵母绕口令练习

我去七区吃了七次鱼。

清早起来雨稀稀，王七上街去买席，骑着毛驴跑得急，捎带卖蛋又贩梨。一跑跑到小桥西，毛驴一下失了蹄，打了蛋，撒了梨，跑了驴，急得王七眼泪滴，又哭鸡蛋又骂驴。

老李去卖鱼，老吕去牵驴。老李要用老吕的驴去驮鱼，老吕说老李要用我的驴去驮鱼，就得给鱼，要不给我鱼，就别想用我老吕的驴去驮鱼。二人争来又争去，都误了去赶集。

五、拓展练习

（一）体会歌词的押韵

素胚勾勒出青花笔锋浓转淡
瓶身描绘的牡丹一如你初妆
冉冉檀香透过窗心事我了然
宣纸上走笔至此搁一半
釉色渲染仕女图韵味被私藏
而你嫣然地一笑如含苞待放
你的美一缕飘散
去到我去不了的地方

天青色等烟雨
而我在等你
炊烟袅袅升起
隔江千万里
在瓶底书汉隶仿前朝的飘逸
就当我为遇见你伏笔
天青色等烟雨
而我在等你
月色被打捞起
晕开了结局
如传世的青花瓷自顾自美丽
你眼带笑意
色白花青的锦鲤跃然于碗底
临摹宋体落款时却惦记着你
你隐藏在窑里烧千年的秘密
极细腻犹如绣花针落地
帘外芭蕉惹骤雨
门环惹铜绿
而我路过那江南小镇惹了你

在泼墨山水画里
你从墨色深处被隐去

（二）补充下面的成语接龙

méndānghùduì（　　　　）　　对酒当歌（　　　　）
gēwǔshēngpíng（　　　　）　　平白无故（　　　　）
gùdìchóngyóu（　　　　）　　游刃有余（　　　　）
yúyīnràoliáng（　　　　）　　梁上君子（　　　　）

（三）读下面的故事，注意加点字的韵母，并谈谈自己的感想

一个眼神与世界纪录

1988年，第24届奥运会在韩国汉城（现名首尔）举行。在这届奥运会上，美国黑人女运动员格里菲斯·乔伊娜大放异彩，摘得女子100米、女子200米、女子4×100米接力比赛3枚金牌，成为获得金牌最多的田径运动员，被誉为“世界第一女飞人”。

每次参加比赛时，乔伊娜都是那么不同凡响。她披散着飘逸的长发，穿着自己设计的色彩斑斓的运动服，仿佛不是站在一条赛道上，而是站在一个T形台上耀眼的模特，耀眼得连她的对手都止不住多看她几眼。

每次比赛结束后，总有人问她：“你为什么老是喜欢在比赛中穿自己设计的那些奇装异服？”她听后只是微微一笑，并不回答。这个谜底直到她退役之后才被揭开。当记者再问她这个老问题时，她的回答是：“其实我这样做只是想吸引对手的注意而已，因为对于短跑运动员来说，每秒钟都弥足珍贵，只要对手分我一个0.1秒的眼神，我就有可能领先一个0.1秒，取得最后胜利。”

人们这才明白，原来，乔伊娜每次穿这些自己设计的奇装异服，只为了能从对手的一个眼神中“偷”走那关键的0.1秒。

16年之后，第28届奥运会在希腊雅典举行。在这次奥运会上，中国出了第一位世界飞人，他就是刘翔。

刘翔在男子110米栏决赛中，以12秒91的成绩夺得了金牌，这也是中国选手在奥运会田径赛中夺得的第一枚男子项目的金牌。但可惜的是，他这一成绩刚好平了由英国选手科林·杰克逊于1993年在田径世锦赛上创造的世界纪录。也就是说，刘翔只要快0.01秒，就可以打破世界纪录，但是他却与这一荣耀擦肩而过。

很多人都认为刘翔已经尽了全力，他与刷新世界纪录失之交臂只能证明竞技体育的残酷。但是，后来专家的分析却让人惊讶——刘翔其实完全可以打破世界纪录，只不过他在冲刺的最后阶段，侧头瞄了对手一眼。这一眼也许只是一个下意识的行为，却令他错失了0.01秒的先机。

乔伊娜的胜利和刘翔的遗憾，这一切，其实都只发生在一个眼神之间。比赛是如此，人生亦是。只有专注的人，才能在纷繁的竞争中取得最后的胜利。

（四）朗读练习

第一场雪

这是入冬以来，胶东半岛上第一场雪。

雪纷纷扬扬，下得很大。开始还伴着一阵儿小雨，不久就只见大片大片的雪花，从彤云密布的天空中飘落下来。地面上一会儿就白了。冬天的山村，到了夜里就万籁俱寂，只听得雪花簌簌地不断往下落，树木的枯枝被雪压断了，偶尔咯吱一声响。

大雪整整下了一夜。今天早晨，天放晴了，太阳出来了。推开门一看，嗬！好大的雪啊！山川、河流、树木、房屋，全都罩上了一层厚厚的雪，万里江山，变成了粉妆玉砌的世界。落光了叶子的柳树上挂满了毛茸茸亮晶晶的银条儿；而那些冬夏常青的松树和柏树上，则挂满了蓬松松沉甸甸的雪球儿。一阵风吹来，树枝轻轻地摇晃，美丽的银条儿和雪球儿簌簌地落下来，玉屑似的雪末儿随风飘扬，映着清晨的阳光，显出一道道五光十色的彩虹。

大街上的积雪足有一尺多深，人踩上去，脚底下发出咯吱咯吱的响声。一群群孩子在雪地里堆雪人，掷雪球，那欢乐的叫喊声，把树枝上的雪都震落下来了。

俗话说，"瑞雪兆丰年"。这个话有充分的科学根据，并不是一句迷信的成语。寒冬大雪，可以冻死一部分越冬的害虫；融化了的水渗进土层深处，又能供应庄稼生长的需要。我相信这一场十分及时的大雪，一定会促进明年春季作物，尤其是小麦的丰收。有经验的老农把雪比作"麦子的棉被"。冬天"棉被"盖得越厚，明春麦子就长得越好，所以又有这样一句谚语："冬天麦盖三层被，来年枕着馒头睡。"

我想，这就是人们为什么把及时的大雪称为"瑞雪"的道理吧。

（五）方音辨正

n：那些 nàxiē
能 néng
明年 míngnián
l：飘落 piāoluò
下来 xiàlai
欢乐 huānlè
老农 lǎonóng
道理 dàolǐ
h：雪花 xuěhuā
浩大 hàodà
摇晃 yáohuàng
孩子 háizi
f：放晴 fàngqíng
房屋 fángwū
粉妆 fěnzhuāng
风 fēng
充分 chōngfèn
zh：这是 zhèshì
伴着 bànzhe
只见 zhǐjiàn
空中 kōngzhōng
枯枝 kūzhī
咯吱 gēzhī
罩上 zhàoshang
掷 zhì
震落 zhènluò
兆丰年 zhàofēngnián
庄稼 zhuāngjia
枕着 zhěnzhe
ch：早晨 zǎochén
出来 chūlái
山川 shānchuān
常青 chángqīng
沉甸甸 chéndiāndiān
吹来 chuīlái
害虫 hàichóng
深处 shēnchù
春季 chūnjì
sh：岛上 dǎoshang
开始 kāishǐ
山村 shāncūn
树木 shùmù
世界 shìjiè
柏树 bǎishù
似的 shìde
五光十色 wǔguāngshísè
渗进 shènjìn
及时 jíshí
丰收 fēngshōu
什么 shénme
r：毛茸茸 máoróngróng
融化 rónghuà
z：足有 zúyǒu
比做 bǐzuò

c：促进 cùjìn　　s：簌簌地 sùsùde　　俗话说 súhuàshuō

韵母

e：下得 xiàde　　生长 shēngzhǎng　　轻轻 qīngqīng

嗬 hè　　成了 chéngle　　映着 yìngzhe

河流 héliú　　整整 zhěngzhěng　　清晨 qīngchén

则 zé　　ing：听 tīng　　供应 gōngyìng

科学 kēxué　　晶晶 jīngjīng　　经验 jīngyàn

eng：称为 chēngwéi

第四节　普通话声调

一、普通话的声调、调值和调类

声调具有区别意义的作用。

声调是音节发音时具有区别功能的音高变化。虽然普通话声调中有的长一些，有的短一些，但这并不是普通话声调差别的本质特征。

区别意义：

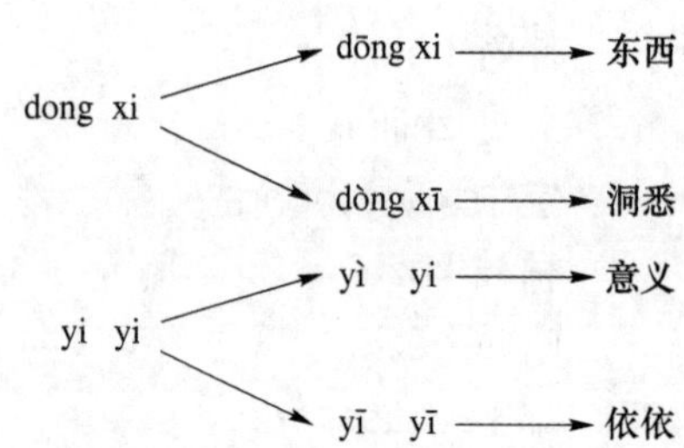

调值：

指音节高低升降曲直长短的变化形式，也就是声调的实际读法。

调类：

声调的种类，就是把调值相同的字归纳在一起而建立的分类。

普通话的声调概括如下：

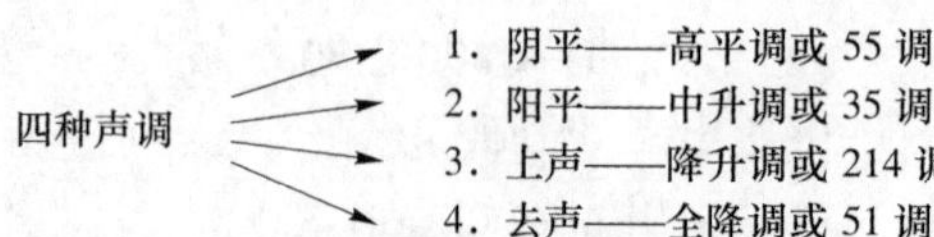

普通话基本调值发音训练：

yī　yí　yǐ　yì
伊——移——以——意

bī　bí　bǐ　bì
逼——鼻——比——必

yīn　yín　yǐn　yìn
因——银——引——印

shē　shé　shě　shè
奢——佘——舍——设

cī 疵	cí 辞	cǐ 此	cì 次	zhē 遮	zhé 折	zhě 褶	zhè 浙
yū 淤	yú 鱼	yǔ 雨	yù 欲	wēn 温	wén 文	wěn 稳	wèn 问
xū 需	xú 徐	hǔ 许	xù 序	qīn 亲	qín 勤	qǐn 寝	qìn 沁
xīng 星	xíng 行	xǐng 醒	xìng 杏	yìng 应	yíng 赢	yǐng 影	yìng 硬

读准下列字词的调值：

掐 涮 娶 面 砍 靴 旅 腰 喷 降 换 秦 崩 辆 飞 悬 瞒 司 画

舌 骗 医 郑 刹 草 溶 法 虐 埋 委 关 冰 踹 云 倍 艇 笙 纫

倒 虽 握 刚 舜 口 猜 葬 浊 聂 几 叶 袄 帖 润 缺 热 凭 枕

习 嵌 沓 自 丢 逆 留 终 缠 痣 趴 屯 欧 雾 床 款 近 冤 钩

杨 俩 服 德 镖 光 交 赛 翁 库 返 航 乐 晃 醋 讹 秒 参 总

奇遇——气宇——其余

支书——植树——直属

义务——医务——贻误

实行——施行——时兴

鱼眼——预言——预演

实施——逝世——时事

其实——歧视——气势

教师——教室——礁石

边界——辩解——便捷

失职——食指——试制

（一）四声调发音混合练习

1. 阴＋阳

宣传　优良　欢迎　中华　科学　批评

通俗　青年　支持　观摩　私营　新闻

2. 阳＋阴

来宾　崇高　回家　蓝天　平安　除非

爬山　同乡　回声　红花　航空　时光

3. 上＋阴

指标　解说　普通　雨衣　上声　统一　展开

北京　每天　转播　抢修　产生　许多　广西

4. 上＋阳

果园　改革　坦白　远洋　口才　普及　敏捷

反常　表决　小学　统筹　指南　谴责　久别

5. 上＋去

稿件　请假　统治　理论　苦难　左右　主要

想象　广阔　感受　场面　领会　诡计　选派

6. 去＋阴

特征　列车　录音　唱歌　律师　认真　办公

矿工　象征　救灾　自发　外观　电灯　构思

7. 去＋阳

问题　地图　配合　调查　面前　自然　化学

特别　报名　电台　到达　会谈　上游　热情

8. 去＋上

汉语　阅览　幻想　默写　下雪　创举　记者

剧本　驾驶　进取　问好　购买　恰巧　并且

（二）四音节词语练习

1. 四声同调

春天花开　江山多娇　珍惜光阴　人民团结

豪情昂扬　回国华侨　儿童文学　厂长领导

理想美好　妥善处理　日夜奋战　胜利闭幕

2. 四声顺序

钻研马列　心明眼亮　胸怀广阔　坚持努力

山河锦绣　英雄好汉　山明水秀　风调雨顺

高朋满座　深谋远虑　兵强马壮　精神百倍

3. 四声逆序

破釜沉舟　万马腾空　智勇无双　探讨原因

刻苦读书　暮鼓晨钟　寿比南山　字里行间

大有文章　万古流芳　痛改前非　四海为家

大显神通　逆水行舟　驷马难追　兔死狐悲

4. 四声交错

忠言逆耳　水落石出　身体力行　得心应手

无可非议　集思广益　绝对真理　百炼成钢

卓有成效　轻描淡写　班门弄斧　五光十色

明目张胆　信口开河　营私舞弊　举足轻重

普通话调类与四川话调类比较：

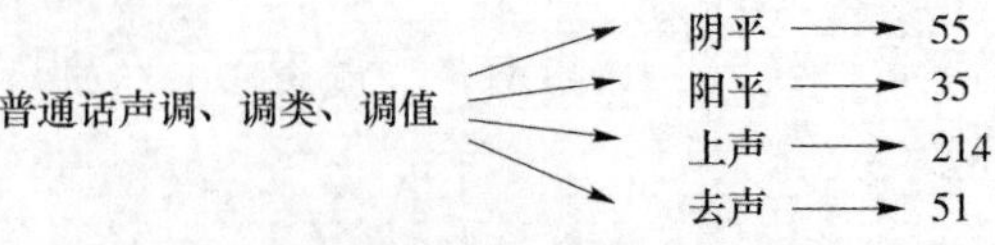

许多地方至今仍有相当一部分地区保留着入声，独立成为一个调类。因此，这类地区的声调有五个，即阴平、阳平、上声、去声、入声。

如何判定非古入声字在普通话中的调类：

例字	增	强	党	性
普通话调类	阴平	阳平	上声	去声
四川话调类	阴平	阳平	上声	去声
兰州话调类	中降调	中升调	平降调	降升调
扬州话调类	阴平	阳平	上声	去声
普通话调值	55	35	214	51
成都话调值	55	21	53	213
兰州话调值	31	53	442	13
扬州话调值	21	34	42	55

（三）声调综合练习

1. 按普通话四声的调值念下面的音节

衣　移　椅　易　yī　yí　yǐ　yì
通　同　统　痛　tōng　tóng　tǒng　tòng
巴　拔　把　霸　bā　bá　bǎ　bà
先　闲　险　献　xiān　xián　xiǎn　xiàn

2. 读准下列词语的字音

搬家　沧桑　播音　深渊　拥军　丰收　香蕉　开春　咖啡
班车　干杯　发出　资源　刊登　鲜明　飘扬　新闻　编排
发言　加强　星球　中国　签名　安全　批准　发展　班长
听讲　灯塔　生产　艰苦　歌舞　公款　签署　根本　泉水
勤恳　民主　情感　描写　难免　年份　迷惘　平坦　旋转
豪迈　辽阔　模范　蘑菇　林业　盘踞　局势　革命　同志
局势　表达　雄厚　行政　球赛　指标　统一　转播　集合
北京　纺织　整装　掌声　法医　演出　监督　广播　讲师
取消　指南　普及　反常　咖啡　谴责　讲完　朗读　考察
里程　起航　比赛　软席　领衔　党员　古典　北海　领导
施工　鼓掌　广场　展览　友好　导演　首长　蝴蝶　总理
感想　理想　改造　舞剧　主要　街坊　访问　考试　想象
土地　广大　写作　歌颂　典范　选派　讲课　下乡　矿工
象征　宽容　地方　贵宾　列车　卫星　认真　降低　高速
印刷　气温　自然　化学　措辞　特别　恶意　电台　会谈
政权　配合　未来　要闻　如同　辨别　耐久　剧本　跳伞

下雨	运转	顽抗	办法	信仰	戏曲	电影	历史	探险
格式	日月	大厦	破例	庆贺	宴会	画像	康复	示范
大会	快报	致意	建造	干部	年代	特征	调查	外语
内蒙古	窟窿	感动	假定	方法	庄重	播送	音乐	规范
通信	飞快	单位	希望	欢乐	中外	失事	加快	国歌
联欢	革新	南方	群居	农村	长江	航空	围巾	营私
原封	图书	直达	滑翔	儿童	团结	人民	模型	联合
驰名	临时	冷藏	吉祥	灵活	豪华	华北	黄海	遥远
孪生	邮局	传真	曾经	评审	楼层	凌晨	信心	理论

3. 读下面的四字词语

百炼成钢	波澜壮阔	暴风骤雨	壁垒森严	排山倒海	喷薄欲出
鹏程万里	普天同庆	满园春色	名不虚传	满腔热情	目不转睛
发愤图强	翻江倒海	丰功伟绩	赴汤蹈火	大快人心	当机立断
颠扑不破	斗志昂扬	谈笑风生	滔滔不绝	天衣无缝	推陈出新
鸟语花香	逆水行舟	能者多劳	宁死不屈	老当益壮	雷厉风行
力挽狂澜	龙飞凤舞	盖世无双	高瞻远瞩	攻无不克	光彩夺目
开卷有益	慷慨激昂	克敌制胜	快马加鞭	豪言壮语	和风细雨
横扫千军	呼风唤雨	艰苦奋斗	锦绣河山	继往开来	举世无双
千军万马	气壮山河	晴天霹雳	群威群胆	喜笑颜开	响彻云霄
心潮澎湃	栩栩如生	辗转反侧	朝气蓬勃	咫尺天涯	专心致志
超群绝伦	称心如意	赤子之心	出奇制胜	山水相连	舍生忘死
深情厚谊	生龙活虎	饶有风趣	人才辈出	日新月异	如火如荼
赞不绝口	责无旁贷	再接再厉	自知之明	沧海一粟	层出不穷
灿烂光明	从容就义	三思而行	所向披靡	四海为家	肃然起敬

(四) 声调辨正练习

很多同学分不清普通话中的阳平调和上声调，阳平调是往上升的，而上声调要先降后升，所以音长最长的也是上声。

1. 下列词语中的字都是念阳平，请反复练习念准

团鱼	全文	回头	结合	来年	凡人
轮船	如同	国防	时常	辽国	怀柔
直达	滑翔	儿童	团结	人民	模型
联合	驰名	临时	吉祥	灵活	豪华

2. 下列词语中的字都是念上声，请反复练习念准

古典	北海	领导	鼓掌	广场	展览
友好	导演	首长	总理	感想	理想
眨眼	阻挡	手脚	粉笔	舞蹈	婉转

3. 混合练习

阳＋上：

华北	黄海	遥远	泉水	勤恳	民主
情感	描写	难免	迷惘	平坦	旋转

上＋阳：

指南	普及	反常	谴责	讲完	朗读
考察	里程	起航	软席	领衔	党员

4. 下列词语中的字都是念去声，请反复练习念准

止境	胜利	烂漫	内部	社会	注意
状况	世界	上校	验证	外面	破碎
障碍	顾虑	贡献	做梦	树木	细腻
顺利	立刻	懊丧	莫逆	政策	暗箭

（五）词语、诗词综合练习

1. 读下面的四字词语，注意它们的声调

辗转反侧	朝气蓬勃	咫尺天涯	专心致志	超群绝伦	称心如意
赤子之心	出奇制胜	山水相连	舍生忘死	深情厚谊	生龙活虎
沧海一粟	层出不穷	灿烂光明	从容就义	三思而行	所向披靡
四海为家	肃然起敬	谈笑风生	滔滔不绝	天衣无缝	推陈出新
鸟语花香	逆水行舟	能者多劳	宁死不屈	老当益壮	雷厉风行
力挽狂澜	龙飞凤舞	盖世无双	高瞻远瞩	攻无不克	光彩夺目
百炼成钢	波澜壮阔	暴风骤雨	壁垒森严	排山倒海	喷薄欲出
鹏程万里	普天同庆	满园春色	名不虚传	满腔热情	目不转睛
发愤图强	翻江倒海	丰功伟绩	赴汤蹈火	大快人心	当机立断
颠扑不破	斗志昂扬	开卷有益	慷慨激昂	克敌制胜	快马加鞭
豪言壮语	和风细雨	横扫千军	呼风唤雨	艰苦奋斗	锦绣河山
继往开来	举世无双	千军万马	气壮山河	晴天霹雳	群威群胆
喜笑颜开	响彻云霄	心潮澎湃	栩栩如生	饶有风趣	人才辈出
日新月异	如火如荼	赞不绝口	责无旁贷	再接再厉	自知之明

2. 读下面的诗词

生当作人杰，死亦为鬼雄。至今思项羽，不肯过江东。（李清照《夏日绝句》）

江南好，风景旧曾谙。日出江花红胜火，春来江水绿如蓝，能不忆江南。（白居易《忆江南》）

二句三年得，一吟双泪流。知音如不赏，归卧故山秋。（贾岛《题诗后》）

王国维先生在《人间词话》中说，古今之成大事业、大学问者，必经过三重境界：

第一境界：昨夜西风凋碧树，独上高楼，望尽天涯路。

第二境界：衣带渐宽终不悔，为伊消得人憔悴。

第三境界：众里寻他千百度，蓦然回首，那人却在灯火阑珊处。

以上三句词分别摘自晏殊《蝶恋花》，柳永《凤栖梧》和辛弃疾《青玉案》。

槛菊愁烟兰泣露。罗幕轻寒，燕子双飞去。明月不谙别离苦，斜光到晓穿朱户。

昨夜西风凋碧树。独上高楼，望尽天涯路。欲寄彩笺兼尺素，山长水阔知何处。（晏殊《蝶恋花》）

伫倚危楼风细细。望极春愁，黯黯生天际。草色烟光残照里。无言谁会凭栏意。

拟把疏狂图一醉，对酒当歌，强乐还无味。衣带渐宽终不悔，为伊消得人憔悴。（柳永《凤栖梧》）

东风夜放花千树。更吹落、星如雨。宝马雕车香满路，凤箫声动，玉壶光转，一夜鱼龙舞。

蛾儿雪柳黄金缕。笑语盈盈暗香去。众里寻他千百度，蓦然回首，那人却在灯火阑珊处。（辛弃疾《青玉案》）

（六）多音字练习

1. 读准下列句子

（1）单：单老师说，单于只会骑马，不会骑单车。

（2）折：这两批货物都打折出售，严重折本，他再也经不起这样折腾了。

（3）喝：武松大喝一声："快拿酒来！我要喝十二碗。"博得众食客一阵喝彩。

（4）着：你这着真绝，让他干着急，又无法着手应付，心里老是悬着。

（5）蕃：吐蕃族在青藏高原生活、繁衍了几千年。

（6）量：有闲心思量她，没度量宽容她。野外测量要量力而行。

（7）沓：他把纷至沓来的想法及时写在一沓纸上，从不见他有疲沓之色。

（8）烊：商店晚上也要开门，打烊过早不好，糖烊了都卖不动了。

（9）载：据史书记载，王昭君多才多艺，每逢三年五载汉匈首脑聚会，她都要载歌载舞。

（10）曝：陈涛参加体育锻炼缺乏毅力、一曝十寒的事情在校会上被曝光，他感到十分羞愧。

（11）宁：尽管他生活一直没宁静过，但他宁死不屈，也不息事宁人。

（12）和：天气暖和了，小和在家和泥抹墙；他讲原则性，是非面前从不和稀泥，也不随声附和别人，更不会在麻将桌上高喊："我和了。"

（13）省：湖北省副省长李大强如能早些省悟，就不至于丢官弃职、气得不省人事了。

（14）拗：这首诗写得太拗口了，但他执拗不改，气得我把笔杆都拗断了。

（15）臭：臭气熏天的臭是指气味难闻，无声无臭的臭是泛指一般气味。

（16）度：他这个人宽宏大度，一向度德量力，从不以己度人。

（17）哄：他那像哄小孩似的话，引得人们哄堂大笑，大家听了一哄而散。

（18）差：他每次出差差不多都要出点差错。

（19）扎：鱼拼命挣扎，鱼刺扎破了手，他随意包扎一下。

（20）埋：他自己懒散，却总是埋怨别人埋头工作。

（21）盛：盛老师盛情邀我去她家做客，并帮我盛饭。

（22）碜：这个人衣着寒碜，语言伧俗。

（23）创：勇于创造的人难免会遭受创伤。
（24）伯：我是她的大伯，不是她的大伯子。
（25）疟：发疟子就是患了疟疾。
（26）看：看守大门的保安也很喜欢看小说。
（27）行：银行发行股票，报纸刊登行情。
（28）艾：他在耆艾之年得了艾滋病，整天自怨自艾。
（29）把：我不小心把茶缸把摔坏了，这一下被他抓住了把柄。
（30）传：《鸿门宴》是汉代传记而不是唐代传奇。
（31）荷：荷花旁边站着一位荷枪实弹的战士。
（32）涨：我说她涨了工资，她就涨红着脸摇头否认。
（33）奇：数学中奇数是最奇妙的。
（34）炮：能用打红的炮筒炮羊肉和炮制药材吗？
（35）给：请把这封信交给团长，告诉他，前线的供给一定要有保障。
（36）冠：他为了得冠军不择手段，事后还想找一个冠冕堂皇的借口。
（37）干：穿着干净的衣服干脏活，真有点不协调。
（38）巷：矿下的巷道与北京四合院的小巷有点相似。
（39）薄：薄荷油味不薄，很受欢迎，但要薄利多销。
（40）拓：拓片、拓本的“拓”读 tà，开拓、拓荒的“拓”读 tuò。
（41）恶：这条恶狗真可恶，满身臭味，让人闻了就恶心。
（42）便：局长大腹便便，行动不便。
（43）宿：小明在宿舍说了一宿有关星宿的常识。
（44）号：受了批评，那几名小号手都号啕大哭起来。
（45）藏：西藏的布达拉宫是收藏《大藏经》的宝藏。
（46）轧：轧钢车间的工人很团结，没有相互倾轧的现象。
（47）卡：这辆藏匿毒品的卡车在过关卡时被截住了。
（48）调：出现矛盾要先调查，然后调解。
（49）模：这两件瓷器模样很相似，像是由一个模型做出来的。
（50）没：驾车违章，证件被交警没收了，他仍像没事一样。

二、给下列多音字组词

阿：ā　（　　　）　　熬：āo　（　　　）　　拗：ào　（　　　）
　　ē　（　　　）　　　　áo　（　　　）　　　　niù　（　　　）
挨：āi　（　　　）　　扒：bā　（　　　）　　把：bǎ　（　　　）
　　ái　（　　　）　　　　pá　（　　　）　　　　bà　（　　　）
磅：bang（　　　）　　剥：bāo　（　　　）　　背：bèi　（　　　）
　　Pang（　　　）　　　　bō　（　　　）　　　　bēi　（　　　）
奔：bēn　（　　　）　　便：biàn　（　　　）　　别：bié　（　　　）
　　bèn　（　　　）　　　　pián　（　　　）　　　　biè　（　　　）

泊：bó（　　）
　　pō（　　）
曾：céng（　　）
　　zēng（　　）
长：cháng（　　）
　　zhǎng（　　）
冲：chōng（　　）
　　chòng（　　）
畜：chù（　　）
　　xù（　　）
伺：cì（　　）
　　sì（　　）
答：dā（　　）
　　dá（　　）
待：dāi（　　）
　　dài（　　）
弹：dàn（　　）
　　tán（　　）
地：de（　　）
　　dì（　　）
钉：dīng（　　）
　　dìng（　　）
度：dù（　　）
　　duó（　　）
岗：gǎng（　　）
　　gàng（　　）
给：gěi（　　）
　　jǐ（　　）
勾：gōu（　　）
　　gòu（　　）
还：hái（　　）
　　huán（　　）
号：háo（　　）
　　hào（　　）
荷：hé（　　）
　　hè（　　）
华：huá（　　）
　　huà（　　）

卜：bo（　　）
　　bǔ（　　）
刹：chà（　　）
　　shā（　　）
称：chèn（　　）
　　chēng（　　）
重：chóng（　　）
　　zhòng（　　）
传：chuán（　　）
　　zhuàn（　　）
攒：cuán（　　）
　　zǎn（　　）
打：dǎ（　　）
　　dá（　　）
逮：dǎi（　　）
　　dài（　　）
当：dàng（　　）
　　dāng（　　）
提：dī（　　）
　　tí（　　）
都：dōu（　　）
dū（　　）
发：fā（　　）
　　fà（　　）
似：shì（　　）
　　sì（　　）
更：gēng（　　）
　　gèng（　　）
冠：guān（　　）
　　guàn（　　）
汗：hán（　　）
　　hàn（　　）
好：hǎo（　　）
　　hào（　　）
吓：hè（　　）
　　xià（　　）
划：huá（　　）
　　huà（　　）

藏：cáng（　　）
　　zàng（　　）
朝：cháo（　　）
　　zhāo（　　）
盛：chéng（　　）
　　shèng（　　）
处：chǔ（　　）
　　chù（　　）
创：chuāng（　　）
　　chuàng（　　）
撮：cuō（　　）
　　zuǒ（　　）
大：dà（　　）
　　dài（　　）
担：dān（　　）
　　dàn（　　）
倒：dǎo（　　）
　　dào（　　）
调：diào（　　）
　　tiáo（　　）
斗：dǒu（　　）
　　dòu（　　）
分：fēn（　　）
　　fèn（　　）
个：gě（　　）
　　gè（　　）
供：gōng（　　）
　　gòng（　　）
观：guān（　　）
　　guàn（　　）
巷：hàng（　　）
　　xiàng（　　）
喝：hē（　　）
　　hè（　　）
横：héng（　　）
　　hèng（　　）
晃：huǎng（　　）
　　huàng（　　）

三、给下列句子填写正确读音

1. 着：zhe　　　zháo　　　zhuó

（1）从前有个商人走失了一头骆驼，找了许多地方没找到，心里很着（　　）急。

（2）那少女左手拿着（　　）书，右手托着下巴，正专心致志地思考着（　　）书中的问题。

（3）看他的穿着（　　）打扮，好像不是本地人。

（4）再过两个小时，空间探测飞船就要在月球着（　　）陆了，工作人员都紧张地期待着（　　）。

2. 落：luò　　　là　　　lào

（1）早晨匆匆忙忙地出门，不小心把书落（　　）在家里了。

（2）她的年纪够大了，也许是中年妇女的婆婆，一辈子辛苦，腰落（　　）下了毛病。

（3）爸爸要我们做像落（　　）花生那样有用的人，不要做伟大、体面的人。

四、拓展练习

（1）山海关孟姜女庙，以其古朴典雅、依关面海别具一格，更以其前殿那副著名对联而闻名天下。

试读对联：海水朝朝朝朝朝朝朝落
　　　　　浮云长长长长长长长消

（2）阅读下面的成语故事，并在标题上写出成语。

标题：________________

晋代文学家左思小时候是个非常顽皮、不爱读书的孩子，父亲经常为这事发脾气，可是小左思仍然淘气得很，不肯好好学习。

有一天，左思的父亲与朋友们聊天，朋友们羡慕他有个聪明可爱的儿子。左思的父亲叹口气说："快别提他了，小儿左思的学习，还不如我小时候，看来没有多大的出息了。"说着，脸上流露出失望的神色。这一切都被小左思看到听到了，他非常难过，觉得自己不好好念书确实很没出息。于是，暗暗下定决心，一定要刻苦学习。

日复一日，年复一年，左思渐渐长大了，由于他坚持不懈地发奋读书，终于成为一位学识渊博的人，文章也写得非常好。他用一年的时间写成了《齐都赋》，显示出他在文学方面的才华，为他成为杰出的文学家奠定了基础。这以后他又计划以三国时魏、蜀、吴首都的风土、人情、物产为内容，撰写《三都赋》。为了在内容、结构、语言诸方面都达到一定水平，他潜心研究，精心撰写，废寝忘食，用了整整十年，文学巨著《三都赋》终于写成了。

《三都赋》受到好评，人们把它和汉代文学杰作《两都赋》相比。由于当时还没有发明印刷术，喜爱《三都赋》的人只能争相抄阅，因为抄写的人太多，京城洛阳的纸张供不应求，一时间全城纸价大幅度上升。

标题：________________

故事发生在北宋时，有个州的太守名田登，为人专制蛮横，因为他名“登”，所以不许州内的百姓在谈话时说到任何一个与“登”字同音的字。于是，只要是与“登”字同音的，都要其他字来代替。谁要是触犯了他这个忌讳，便要被加上“侮辱地方长官”的罪名，重则判刑，轻则挨板子。不少吏卒因为说到与“登”同音的字，都遭到刑罚。

一年一度的元宵佳节即将到来。依照以往的惯例，州城里都要放三天焰火，点三天花灯表示庆祝。州府衙门要提前贴出告示，让老百姓到时候前来观灯。可是这次，却让出告示的官员感到左右为难。怎么写呢？用上“灯”字，要触犯太守；不用“灯”字，意思又表达不明白。想了好久，写告示的小官员只能把“灯”字改成“火”字。这样，告示上就写成了“本州照例放火三日”。告示贴出后，老百姓看了都惊吵喧闹起来。尤其是一些外地来的客人，更是丈二和尚摸不着头脑，还真的以为官府要在城里放三天火呢！大家纷纷收拾行李，争着离开这是非之地。当地的老百姓平时对于田登的专制蛮横无理已经是非常不满，这次看了官府贴出的这张告示，更是气愤万分，愤愤地说：“只许州官放火，不许百姓点灯，这是什么世道！”

标题：________________

从前，有位老汉住在与胡人相邻的边塞地区，来来往往的过客都尊称他为“塞翁”。塞翁生性达观，为人处事的方法与众不同。有一天，塞翁家的马不知什么原因，在放牧时竟迷了路，回不来了。邻居们得知这一消息以后，纷纷表示惋惜。可是塞翁却不以为然，他反而释怀地劝慰大伙儿：“丢了马，当然是件坏事，但谁知道它会不会带来好的结果呢？”

果然，没过几个月，那匹迷途的老马又从塞外跑了回来，并且还带回了一匹胡人骑的骏马。于是，邻居们又一齐来向塞翁贺喜，并夸他在丢马时有远见。然而，这时的塞翁却忧心忡忡地说：“唉，谁知道这件事会不会给我带来灾祸呢？”

塞翁家平添了一匹胡人骑的骏马，使他的儿子喜不自禁，于是就天天骑马兜风，乐此不疲。终于有一天，儿子因得意而忘形，竟从飞驰的马背上掉了下来，摔伤了一条腿，造成了终身残疾。善良的邻居们闻讯后，赶紧前来慰问，而塞翁却还是那句老话：“谁知道它会不会带来好的结果呢？”又过了一年，胡人大举入侵中原，边塞形势骤然吃紧，身强力壮的青年都被征去当了兵，结果十有八九都在战场上送了命。而塞翁的儿子因为是个跛腿，免服兵役，父子二人也得以避免了这场生离死别的灾难。

这则成语告诉我们：人世间的好事与坏事都不是绝对的，在一定的条件下，坏事可以引出好的结果，好事也可能会引出坏的结果

(3) 读下面的故事谜语并写出答案。

从前有一老翁，临终前留下遗书，分别交给五岁幼儿和女婿。遗书中说：六十老儿生一子人言非是我子也家产田园尽付与女婿外人不得争执。

数载后，其子成年，要与姐夫分家。二人争执不休，只好去衙门打官司。

女婿申辩道：“岳丈大人遗书上写：六十老儿生一子，人言：‘非是我子也！’家产田园尽付与女婿，外人不得争执。”

县令收下遗书，下令暂时退堂，明日再断。

次日一升堂，县令即说："遗产应归儿子继承！"说罢，将两份由他标点了的遗书发还老翁儿子和女婿。

那女婿一看，哑口无言，只好从命。

你猜，那县令在老翁遗书上怎样标点的？

（4）朗读练习。

海滨仲夏夜

夕阳落山不久，西方的天空还燃烧着一片橘红色的晚霞。大海，也被这霞光染成了红色，而且比天空的景色更要壮观。因为它是活动的，每当一排排波浪涌起的时候，那映照在浪峰上的霞光，又红又亮，简直就像一片片霍霍燃烧着的火焰，闪烁着，消失了。而后面的一排，又闪烁着，滚动着，涌了过来。

天空的霞光渐渐地淡下去了，深红的颜色变成了绯红，绯红又变为浅红。最后，当这一切红光都消失了的时候，那突然显得高而远了的天空，则呈现出一片肃穆的神色。最早出现的启明星，在这深蓝色的天幕上闪烁起来了。它是那么大，那么亮，整个广漠的天幕上只有它在那里放射着令人注目的光辉，活像一盏悬挂在高空的明灯。

夜色加浓，苍空中的"明灯"越来越多了。而城市各处的真的灯火也次第亮了起来，尤其是围绕在海港周围山坡上的那一片灯光，从半空倒映在乌蓝的海面上，随着波浪，晃动着，闪烁着，像一串流动着的珍珠，和那一片片密布在苍穹里的星斗互相辉映，煞是好看。

在这幽美的夜色中，我踏着软绵绵的沙滩，沿着海边，慢慢地向前走去。海水，轻轻地抚摸着细软的沙滩，发出温柔的唰唰声。晚来的海风，清新而又凉爽。我的心里，有着说不出的兴奋和愉快。

夜风轻飘飘地吹拂着，空气中飘荡着一种大海和田禾相混合的香味，柔软的沙滩上还残留着白天太阳炙晒的余温。那些在各个工作岗位上劳动了一天的人们，三三两两地来到了这软绵绵的沙滩上，他们浴着凉爽的海风，望着那缀满了星星的夜空，尽情地说笑，尽情地休憩。

方音辨正：

声母

n：那 nà
浓 nóng
l：落 luò
波浪 bōlàng
过来 guòlai
蓝色 lánsè
令 lìng
亮了 liàngle
流动 liúdòng
凉爽 liángshuǎng
心里 xīnlǐ
劳动 láodòng
h：霍霍 huòhuò
火焰 huǒyàn
后面 hòumiàn
光辉 guānghuī
活像 huóxiàng
h：晃动 huàngdòng
互相 hùxiāng
好看 hǎokàn
f：浪峰 làngfēng
绯红 fēihóng
抚摸 fǔmō
海风 hǎifēng
吹拂 chuīfú
发出 fāchū
zh：壮观 zhuàngguān
简直 jiǎnzhí
整个 zhěnggè
只有 zhǐyǒu
注目 zhùmù
中 zhōng
真 zhēn
炙晒 zhìshài
缀满 zhuìmǎn
ch：成了 chéngle
呈现 chéngxiàn
出 chū
城市 chéngshì

sh：山 shān
燃烧 ránshāo
是 shì
时候 shíhòu
闪烁 shǎnshuò
失 shī
深红 shēnhóng
神色 shénsè
放射 fàngshè
煞是 shàshì
沙滩 shātān
唰唰声 shuāshuāshēng
说 shuō
r：人 rén
围绕 wéirào
软 ruǎn
z：则 zé
苍穹 cāngqióng
肃穆 sùmù
e：踏着 tàzhe
红色 hóngsè
这 zhè
各个 gègè
和 hé
田禾 tiánhé
混合 hùnhé
eng：更 gēng
灯光 dēngguāng
ing：景色 jǐngsè
映照 yìngzhào
启明星 qǐmíngxīng
清新 qīngxīn
兴奋 xīngfèn
尽情 jìnqíng

第五节　普通话音变

音变：指语音变化。说话或朗读时，要把许多音节连续发出，在连续的语流中，音节之间、声调之间会互相影响，产生一些语音上的变化，这就是音变。

普通话的音变主要包括变调、轻声、儿化和语气词“啊”的变化等。

一、变调

在语流中，有些音节的声调起了一定的变化，与单读的调值不同，这种变化叫作变调。普通话的变调现象主要有上声的变调“一”“不”的变调、形容词重叠形式的变调。

（一）上声变调

普通话的上声字在单念或处在词语、句子末尾才读曲折调 214，在阴平、阳平、上声、去声之前则发生变调。学习上声的变调要弄清楚变调的环境和变调后的读法。

上声变调的基本规律和读法有下列两种情况：

1. 上声 + 非上声→21 + 非上声

上声在阴平、阴平、去声之前，要丢掉后半截变为半上，调值为 21。在原为非上声改读轻声的字音前，变调情况也相同。

2. 上声 + 上声→35 + 上声

（1）两个上声相连，前一个上声的调值由 214 变为 35。

上声在轻声前一般读半上 21，在某些由原调为上声变来的轻声音节前读 35。

上 + 轻→35 + 轻

上 + 轻→21 + 轻

（2）三个上声相连，如果后面没有其他音节，末尾的上声音节不变调，前两个上声音节的调值为35和21两种。三个上声相连的词语有“2+1”“1+2”和“1+1=1”三种结构形式。词语结构为“2+1”形式，前两个音节变读为35；词语结构为“1+2”形式，第一个音节变读为21，第二个音节变读为35；词语结构为“1+1=1”形式，前两个音节变读为35。

(上+上)+上→35+35+214

上+(上+上)→21+35+214

上+上+上→35+35+214

（3）如果连念的上声字不止三个，则可以根据词语含义适当分组按上述办法变调。快读时，也可以只保留最后一个字音读214，前面的一律变为35。

3. 上声的变调训练

（1）上声字单念时——上声

走　你　想　甩　海　嘴　铁　晓

宽　广　大　胆　使　瘪　我　醒

（2）上声+上声——阳平（35）+上声

领（214）+导（214）　领导（35+214）

演（214）+讲（214）　演讲（35+214）

了解　处理　广场　所以　粉笔　管理

勇敢　水果　洗澡　手指　厂长　影响

（3）上声+非上声，半上声（21）+非上声

① 上声+阴平：

火（214）+车（55）　火车（21+55）

老（214）+师（55）　老师（21+55）

小说　首先　指挥　紧张　普通　主观　本身

眼光　主张　武装　纺织　体贴　产生　好书

② 上声+阳平：

祖（214）+国（35）　祖国（21+35）

朗（214）+读（35）　朗读（21+35）

几何　语言　总结　美人　旅行　可能　以前

女人　感情　小时　委员　仿佛　本来　有时

③ 上声+去声：

讨（214）+论（51）　讨论（21+51）

感（214）+谢（51）　感谢（21+51）

感动　请假　美术　马上　表示　美丽　主动

保证　掌握　反映　巩固　土地　整个　总是

④ 上声+轻声：

尾（214）+巴（0）　尾巴（21+0）

脑（214）+袋（0）　脑袋（21+0）

耳朵　姐姐　斧头　老爷　椅子　老实　矮子

奶奶　　老婆　　马虎　　口袋　　伙计　　嘴巴　　喇叭

(4) 上声+上声+上声

① 前两个音节为一个词语——前两个变阳平

展(214)+览(214)+馆(214)

展览馆(35+35+214)

蒙(214)+古(214)+语(214)

蒙古语(35+35+214)

洗脸水　　虎骨酒　　管理组　　水彩笔　　手写体

洗染组　　草稿纸　　选举法　　跑马表　　勇敢者

② 后两个音节为一个词语——半上+阳平+上

很(214)+理(214)+想(214)

很理想(21+35+214)

小(214)+两(214)+口(214)

小两口(21+35+214)

老保守　　小拇指　　孔乙己　　耍笔杆　　纸雨伞

请允许　　好总理　　鲁厂长　　小海岛　　冷处理

(5) 三个以上的上声音节相连，则按词或语气先划分若干部分，再按上述规律变调

永远/友好　　(35+214+35+214)

请/往北/走　　(35+35+214+214)

我/很/了解/你　　给/你/两碗/炒米粉　　老李/想走

请你/给我/打点儿/洗脸水　　展览馆/里/有/好/几百种/展览品

(6) 朗读下面的句子，注意读准"上声"的变调

① 朗读下面的句子或片断，注意需要变调的地方。

A. 一切反动派都是纸老虎。

B. 两国人民是永远友好下去，还是挑起事端燃起战火？

C. 柳厂长批评了管理组的做法，要求他们整改。

D. 有些演讲者全神贯注在自己的讲稿上，从来不正视听众一眼。

E. 这是五百块钱，你去买两百箱无尘粉笔。

② 朗读诗歌，注意需要变调的地方。

也许我们的心事
总是没有读者
也许路开始已错
结果还是错
也许我们点起一个个灯笼
又被大风一个个吹灭
也许燃尽生命烛照别人
身边却没有取暖之火
也许泪水流尽
土地更加肥沃

也许我们歌唱太阳
也被太阳歌唱着
也许肩上越是沉重
信念越是巍峨
也许为一切苦难疾呼
对个人的不幸只好沉默
由于不可抗拒的召唤
我们没有其他选择

——舒婷《也许》

(二)“一”“不”的变调

“一”“不”单念或用在词句末尾，以及“一”在序数中，声调不变，读原调：“一”念55，“不”念51。

在去声前，一律变35。

在非去声前，“一”变51，“不”不变。

“一”“不”嵌在相同的动词中间，读轻声。

“不”在可能补语中读轻声。

1. “一”的变调与训练

(1) 单念或在词语末尾及序数词、基数词中读阴平：

一　一二一　统一　第一　七·一　第十一排三十一号座　始终如一

(2) 在阴平、阳平、上声前变读为去声：

阴平：一张　一边　一些　一封　一方　一家　一般

阳平：一头　一直　一行　一时　一连　一齐　一团

上声：一手　一体　一起　一总　一早　一举　一己

一本　一晃　一里　一口　一脸　一嘴　一把

(3) 在去声前读阳平：

一道　一半　一并　一定　一度　一律　一再

一贯　一切　一致　一部　一辆　一块　一段

(4) 夹在词语中间读轻声：

看一看　走一走　说一说　跳一跳　读一读

句子练习：

A. 星期一一大早，我就看完了一本书。

B. 你一走，他就给了我一张经典CD碟。

C. 如果一定要走，也应该把理由说一说。

D. 因为当初一念之差，导致现在一事无成。

E. 一座座青山紧相连，一朵朵白云绕山间，一片片梯田一层层绿，一阵阵歌声随风传。

F. 一粥一饭都是来之不易的。

G. 我们一见如故。

儿歌练习

A. 一帆一桨一渔舟，一个渔翁一钓钩。
一俯一仰一场笑，一江明月一江秋。

B. 一个大，一个小，一件衣服，一顶帽。
一边多，一边少，一打铅笔，一把刀。
一个大，一个小，一只西瓜，一棵枣。
一边多，一边少，一盒饼干，一块糕。
一个大，一个小，一头肥猪，一只猫。
一边多，一边少，一群大雁，一只鸟。
一边唱，一边跳，大小多少记得牢。

2. “不”的变调与训练

（1）单念或在词语末尾读原调：

不　偏不　决不　她刚才高兴不？

（2）在阴平、阳平、上声前读去声：

阴平：不多　不说　不吃　不高　不安　不堪　不公　不惜
阳平：不同　不来　不能　不读　不成　不曾　不凡　不祥
上声：不想　不买　不远　不齿　不等　不法　不轨
不朽　不许　不准　不好　不美　不矮　不懒

（3）在去声前读阳平：

不便　不必　不对　不对　不利　不快　不妙
不幸　不会　不料　不测　不愧　不要　不错

（4）夹在词语中间读轻声：

好不好　行不行　跑不跑　差不多
睡不着　打不开　醒不了　想不开

（5）句子练习：

A. 你要不来，我也不去。信不信由你。
B. 不了解情况就不要乱说，更不应该随便下结论。
C. 我不是不想去，是不能去。
D. 想起当年这块不毛之地，真让人不寒而栗。
E. 这个人的打扮不伦不类，真让人不舒服。
F. 这不假思索的一番话，搞得大家不尴不尬。

（6）短文练习：

我得不到答复，不得已只好待在小屋里。不久，他们送来了吃的，也不知道是些什么东西。本不想吃，可肚子不答应，勉强吃了一点儿，不甜不咸，不酸不辣，说不出是什么味儿。这样过了几天，每天不是听海浪的呼啸，就是遥望大海，不仅没人能够交谈，也不敢随便走动。

（三）形容词重叠的变调

单音节形容词重叠后儿化时，第二个音节不论本调是什么，往往读成55调值。
单音节形容词的叠音后缀，不管原来是什么声调的字，多半念成55调值。
双音节形容词重叠后，第二个音节变为轻声，第三、四个音节也多半读55调值。
重叠式形容词的变调：
（1）AA式　——→原调：花花的　松松的　美美的　亮亮的　轻轻的
　　　　　　——→变后两个叠字读阴平：红彤彤　闹嚷嚷
（2）ABB式　——→可变可不变：绿油油　亮堂堂
　　　　　　——→不变：毛茸茸　喜洋洋
　　　　　　——→只第二个字读轻声：大大方方　光光溜溜
（3）AABB式——→第二字读轻声，三四读阴平：舒舒服服　漂漂亮亮
　　　　　　——→也可不变：风风火火　兢兢业业

二、轻声

（一）轻声的性质

什么叫轻声："轻声"没有一个固定的调值，并不是四声之外的第五种声调，而是四声的一种特殊音变，即在一定的条件下读的又短又轻的调子。大致说来，轻声的调值可以分为44和31两种形式。轻声音节出现在阴平、阳平、去声音节后面，调值读为31，出现在上声音节后面，读为44。

哪些词读轻声：一般地说，新词、科学术语没有轻声音节，口语中的常用词才有读轻声音节的。下面一些成分，在普通话中通常读轻声。

（1）助词"的、地、得、着、了、过"和语气词"吧、嘛、呢、啊"等。
（2）部分单纯词中的叠音词和合成词中重叠式的后一音节。
（3）构词后缀"子、头"和表示群体的"们"等。
（4）名词、代词后面表示方位的语、字或词。
（5）动词、形容词后面表示趋向的词"来、去、起、下去"等。
（6）有一批常用的双音节词，第二个音节习惯上要读轻声。

（二）轻声的作用

（1）有些轻声音节具有区别意义和区别词性的作用。
瞎子——虾子　　龙头——笼头　　本事——本事
（2）区别词性。
大意——大意　　利害——利害
（3）区分词语和词。
打手——打手　　私房——私房
（4）增强普通话的音乐性。

(三) 轻声的特点和读法

轻声调值：

1. 在非上声音节（阴平、阳平、去声）后读 31

阴平 + 阳平

阳平 + 轻声

去声 + 轻声

桌子　　房子　　凳子　　先生　　他的　　聪明

吓的　　畜生　　谁的　　头发　　漂亮　　学生

2. 在上声音节后，读 44

我的　　姐姐　　耳朵　　马虎　　斧子　　嘱咐

口袋　　老实　　老头　　我们　　里面　　你们

(四) 轻声的规律

助词：
- 结构助词：的、地、得
- 动态助词：着、了、过
- 语气助词：吧、吗、呢、了、啊

名词的后缀：子、巴、头、们、么

方位词：上、下、里、边

趋向动词：来、去

单音节动词或名词重叠的后一个音节：走走、说说、哥哥、星星

部分双音节单纯词的后一个音节：猩猩、宝宝

一批常用普通话双音节词的后一个音节：风筝、喜欢、会计、朋友

1. 轻声训练 1：

(1) 朗读下列轻声词语：

爱人 àiren	绸子 chóuzi
弟弟 dìdi	除了 chúle
巴掌 bāzhang	锄头 chútou
豆腐 dòufu	畜生 chùsheng
本事 běnshì	窗户 chuānghu
爸爸 bàba	畜生 chùsheng
白净 báijing	锤子 chuízi
班子 bānzi	刺猬 cìwei
板子 bǎnzi	凑合 còuhe
帮手 bāngshou	村子 cūnzi
爽快 shuǎngkuai	耷拉 dāla
膀子 bǎngzi	答应 dāying

棒槌 bàngchui
棒子 bàngzi
包袱 bāofu
包涵 bāohan
和尚 héshang
豹子 bàozi
帐篷 zhàngpeng
被子 bèizi
状元 zhuàngyuan
月亮 yuèliang
鼻子 bízi
比方 bǐfang
鞭子 biānzi
扁担 biǎndan
辫子 biànzi
别扭 biéniu
饼子 bǐngzi
拨弄 bōnong
脖子 bózi
簸箕 bòji
补丁 bǔding
不由得 bùyóude
不在乎 bùzàihu
步子 bùzi
部分 bùfen
裁缝 cáifeng
财主 cáizhu
苍蝇 cāngying
差事 chàishi
柴火 cháihuo
肠子 chángzi
厂子 chǎngzi
场子 chǎngzi
车子 chēzi
称呼 chēnghu
池子 chízi

打扮 dǎban
打点 dǎdian
打发 dǎfa
打量 dǎliang
打算 dǎsuan
打听 dǎting
大方 dàfang
大爷 dàye
大夫 dàifu
带子 dàizi
袋子 dàizi
耽搁 dānge
耽误 dānwu
单子 dānzi
胆子 dǎnzi
担子 dànzi
刀子 dāozi
道士 dàoshi
稻子 dàozi
灯笼 dēnglong
提防 dīfang
笛子 dízi
底子 dǐzi
地道 dìdao
地方 dìfang
喜欢 xǐhuan
弟兄 dìxiong
点心 diǎnxin
调子 diàozi
钉子 dīngzi
东家 dōngjia
东西 dōngxi
动静 dòngjing
动弹 dòngtan
豆腐 dòufu
豆子 dòuzi

我们 wǒmen 嘟囔 dūnang

（2）朗读句子，读出轻声的词语：

A. 我的任务是擦玻璃。

B. 相声是一门艺术。

C. 小姑娘的钥匙丢了。

D. 我们在商量怎么把这个消息告诉他。

E. 这个问题不容易明白，麻烦你给我讲讲。

F. 请你帮我打听一件事情。

G. 在海边放风筝真有意思！

H. 赶紧换上干净衣服，我们去公园逛逛

（3）朗读短文，读出轻声的词语：

懒汉碰巧钓到了一条大鱼。他急忙拎回家里，不等洗净就下锅，没有烧熟，就狼吞虎咽地吃起来。一边吃着，一边赞美说："嘿！我敢发誓，鱼是世界上最好吃的东西！"突然，有根鱼骨一样的东西卡住了他的喉咙，咽又咽不下去，吐又吐不出来，疼得他满脸流汗。他一边跺脚，一边气愤地说："鱼是世界上最坏的东西！"这时，一个邻居走来，帮他取出卡在喉咙里的东西——原来不是鱼骨，而是……

2. 轻声训练 2

（1）读词语，体会轻声轻、短的特点。

跟头 石头 里头 外头 刀子 篮子 矮子 担子

松快 凉快 爽快 痛快 东边 南边 左边 右边

（2）读词语，体会在不同声调后面，轻声声调的特点。

一声后：他的 哥哥 先生 折腾 拉扯 舒服 说了 休息 姑娘

二声后：粮食 行李 玫瑰 萝卜 明白 蘑菇 朋友 什么 完了

三声后：比方 马虎 牡丹 打扮 眼睛 脑袋 喜欢 晚上 显得

四声后：畜生 任务 力气 亮堂 月饼 下巴 热闹 月亮 厚道

（3）读句子，注意加点的轻声词语。

A. "你二姐生了啥呀？""生了个白胖丫头。""起个什么名字？"

B. 弟子受师傅这么一指点，从此便心有所悟，取法号为滴水和尚。

C. 天上风筝渐渐多了。地上孩子也多了。城里乡下，家家户户，老老小小，也赶趟儿似的，一个个都出来了。

D. "你以为这是什么车？旅游车？"在我生日会上，爹总是显得有些不大相称。

E. 但是，聪明的，你告诉我，我们的日子为什么一去不复返呢？

三、儿化训练

（一）儿化和儿化韵

什么是儿化："儿化"指的是一个音节中，韵母带上卷舌色彩的一种特殊音变现象，这种卷舌化了的韵母叫“儿化韵”。

注意：儿化音节用汉字书写是两个汉字，但在读音上失去了独立性，“化”到前一个音节，只保持一个卷舌动作，使两个音节融合为一个音节，这样前面音节里的韵母就会或多或少地发生变化。汉字加“儿”，音节加“r”或“er”。

（二）儿化的作用

1. 区分词性

（1）形容词→名词：准——准儿　　尖——尖儿　　破烂——破烂儿
（2）动词→名词：盖——盖儿　　画——画儿　　帮——帮儿
（3）量词→名词：个——个儿
（4）名词→量词：手——手儿
（5）动词→量词：捆——捆儿　　挑——挑儿

2. 区别词义

信（信件）——信儿（消息）
头（脑袋）——头儿（头领、领头的人）

3. 表示细小、轻微等性状

小水珠儿　　小棍儿　　小虫儿　　头发丝儿

4. 表示亲切、温婉或喜爱的感情色彩

小手儿　　小孩儿　　宝贝儿　　脸蛋儿

5. 表示轻蔑、鄙视的感情色彩

小偷儿　　扒手儿

（三）儿化韵的音变规律

儿化韵的基本规则是：

（1）儿化音变是使韵腹、韵尾发生变化，对声母和韵头 i－、ü－没有影响。

（2）丢掉韵尾-i、-n、-ng。

（3）在主要元音（i、ü 除外）上加卷舌动作。这些主要元音大多数变为带有卷舌色彩的央元音 ar 和 er。

（4）在主要元音后面加上 er。包括原形韵母 5 个：i、in、ing、ü、ün。另外，舌尖元音－i［ʅ］和－i［ɿ］儿化时，实际读音是用［er］替换了原来的韵母。

（5）后鼻尾音韵母儿化时，除丢掉韵尾－ng 外，往往使主要元音鼻化。

（四）儿化训练

1. 朗读下列儿化词语

戏法儿 xìfǎr　　在哪儿 zàinǎr
找茬儿 zhǎochár　　打杂儿 dǎzár

板擦儿 bǎncār

名牌儿 míngpáir

壶盖儿 húgàir

加塞儿 jiāsāir

快板儿 kuàibǎnr

蒜瓣儿 suànbànr

脸蛋儿 liǎndànr

栅栏儿 zhàlánr

笔杆儿 bǐgǎnr

哥们儿 gēmenr

小鞋儿 xiǎoxiér

半截儿 bànjiér

跑腿儿 pǎotuǐr

出圈儿 chūquānr

人缘儿 rényuánr

刀背儿 dāobèir

鞋带儿 xiédàir

小孩儿 xiǎoháir

杏仁儿 xìngrénr

老伴儿 lǎobànr

脸盘儿 liǎnpánr

收摊儿 shōutānr

包干儿 bāogānr

门槛儿 ménkǎnr

嗓门儿 sǎngménr

夹缝儿 jiāfèngr

旦角儿 dànjuér

杂院儿 záyuànr

包圆儿 bāoyuánr

绕远儿 ràoyuǎnr

2. 句子中儿化音节练习

A. 小王儿特别喜欢吃瓜子儿。

B. 咱俩一块儿去打球儿吧！

C. 这包子的味儿不对，馅儿可能馊了吧。

D. 我们从后门儿走，到公园儿玩儿玩儿。

E. 麻烦你把盖儿盖上。

F. 这么多活儿，大伙儿一起才干得完。

G. 这儿没有你说的那个老头儿。

H. 别急，慢慢儿说，大伙儿会帮你的。

3. 练读唱词

进了门儿，倒杯水儿，喝了两口运运气儿。顺手拿起小唱本儿，唱一曲儿又一曲儿，练完了嗓子我练嘴皮儿。绕口令儿，练字音儿，还有单弦儿牌子曲儿；小快板儿，大鼓词儿，又说又唱我真带劲儿！

解放军野营训练行军千里地儿，
昨夜晚宿营驻在杨家屯儿。
今天早上，小刘、小陈打扫完了后院儿，挑完了水儿，
又到场院修理脱粒机的皮带轮儿。
突然间草堆里飞出来一只黑母鸡儿，

你看它翘着翅膀，张着个嘴儿，
哏哏嘎，嘎嘎哏，欢蹦乱跳就回了村儿。
他们俩在草堆里捡到了十个大鸡子儿，
这一下可给他俩儿出了个难题儿。

4. 读下列儿化词语

瓣儿	老伴儿	板擦儿	碴儿	没错儿	脸蛋儿	
点儿	兜儿	份儿饭	干儿	包干儿	盖儿	
笔杆儿	光杆儿	羊羔儿	饱嗝儿	打嗝儿		
个儿	易拉罐儿	打滚儿	冰棍儿	光棍儿		
孩儿	外号儿	猴儿	核儿	会儿	活儿	大伙儿
皮筋儿	劲儿	烟卷儿	角儿	壳儿	块儿	时髦儿
门儿	纳闷儿	面儿	哪儿	那儿	娘俩儿	牌儿
照片儿	球儿	圈儿	雪人儿	桑葚儿	口哨儿	
模特儿	大婶儿	聊天儿	头头儿	奔头儿	劲头儿	
玩儿	味儿	被窝儿	馅儿	眼儿	心眼儿	好样儿的
爷俩儿	玩意儿	这儿	子儿	庄儿	字眼儿	

四、语气词“啊”的音变

列表表示：

前字韵腹或韵尾＋a	“啊”的音变	规范写法
i、ü、o、e、ê、a、＋a→	a 或 ya	啊或呀
u（包括 ao、iao）＋a→	wa	啊或哇
n＋a→	na	啊或哪
ng＋a→	nga	啊
－i［ʅ］、er＋a→	ra	啊
－i［ɿ］＋a→	［za］	啊

（1）句子练习。

A. 千万注意啊！（ia）

B. 这里的条件真好啊！（wa）

C. 身上这么多土啊！（wa）

D. 这是一件大事啊！（ra）

E. 他在写字啊！（za）

F. 大家加油干啊！（na）

G 她的歌声多好听啊！(nga)

H 同志们，冲啊！(nga)

(2) 对话练习，注意“啊”的读音。

甲：这是什么啊 (ia)？

乙：吃的东西啊 (za)，面包啊 (wa)，香肠啊 (nga)，饮料啊 (wa)，西瓜啊 (ia)，瓜子啊 (za)，应有尽有啊 (wa)！

甲：今天我们要大吃一顿啊 (na)！

乙：是啊 (ra)，给你好好庆贺庆贺啊 (ia)！

甲：给我庆贺什么啊 (ia)？

乙：今天是你的生日啊 (ra)！你怎么忘了？

甲：啊 (a)，对啊 (ia)！今天是我的生日啊 (ra)，我怎么忘了呢？

(3)“啊”的短文朗读练习。

他这时高兴得不知说什么好啊！他还说什么呢？人类的语言的确有不够表达情感的时候……他觉得生活多么有意思啊！太阳多红啊！天多蓝啊！庄稼人多可爱啊！他心里产生了一种向前探索的强烈欲望。

五、普通话轻重音格式

普通话多音节词语的几个音节有约定俗成的轻重差别，这就是词语的轻重格式，除非特别需要，一般不能改变这种固有的格式。当然，轻与重是相对的，读起来要自然而不生硬。同时在语流中这种格式要受到词句目的的制约，也就是说，在语流中，为了突出语句目的，词语原来的轻重格式被打破，应该是正常的、必然的。

普通话词语的轻重音可以分为四个等级：重音、中音、次轻音、轻音。介于中间的是“中”，比“中”略轻的是“次轻”，短且弱的称为“轻”，长且强的称为“重”。

(一) 双音节词语的轻重格式

(1) 中·重：前一个音节读中音，后一个音节读重音。双音节词绝大部分是这个格式。

爱慕　芭蕉　把关　帮忙　宝贵　报仇

搏斗　布控　长寿　成就　错位　犯浑

(2) 重·中：前一个音节读重音，后一个音节读次轻音，后面轻读的音节原调调值仍依稀可辨，但不稳定。

爱护　巴望　把柄　班次　帮助　宝贝　报务

博士　布置　长度　成绩　错误　地位　犯人

(3) 重·轻：前一个音节读重音，后一个音节读轻音，即轻声词的结构。

爱人　巴结　把手　班子　帮子　保人　报酬

脖子　部分　长处　成分　错处　地道　饭食

(二) 三音节词语的轻重格式

(1) 中·中·重：前两个音节读中音，第三个音节读重音。绝大部分三音节词语是这种格式。

展览馆　　三角形　　天安门　　电视机　　教研室

奥运会　　近卫军　　博物馆　　火车站　　运动场

(2) 中・重・轻：第一音节读中音，中间一个音节读重音，末尾的音节读最轻。

枪杆子　　命根子　　过日子　　两口子　　卖关子

打冷战　　牛脾气　　撑门面　　硬骨头　　山核桃

(3) 中・次轻・重（包括“中・轻・重”）：第一个音节读中音，第二个音节读次轻音或轻音，第三个音节读重音。

吃不消　　过不去　　萨其马　　来不了　　走不成

萝卜汤　　月亮门　　豆腐脑　　生意场　　窝囊废

(4) 重・轻・轻：第一个音节读重音，后面两个音节读最轻。这种格式的三音节词数量较少，其中有的相当于轻声词后面加上一个轻读的词缀。

出来了　　朋友们　　孩子们　　姑娘们　　娃娃们

先生们　　走出去　　拿过去　　落下来　　冷起来

(三) 四音节词的轻重格式

(1) 中・重・中・重：第一个和第三个音节读中音，第二个音节和尾音一个音节读重音。包括四字成语在内的绝大多数四音节词都是这个格式。

龙腾虎跃　　丰衣足食　　轻歌曼舞　　五光十色

根深蒂固　　鹤发童颜　　花好月圆　　移风易俗

(2) 中・次轻・中・重：第一个和第三个音节读中音，第二个音节读次轻音，末尾一个音节读重音。

化学工业　　奥林匹克　　乌鲁木齐　　社会主义

断断续续　　慌里慌张　　嘻嘻哈哈　　大大方方

(3) 重・中・中・重：前后两个音节读重音，中间两个音节读中音。

义不容辞　　诸如此类　　敬而远之　　惨不忍睹

以上各类词语中，四川方言的主要格式都是第一个音节“重”，后面的音节是“中”或者“次轻”。因此，四川人说普通话常常在这种轻重格式上出问题。这个问题的解决，一是要加强语感的训练，多听标准的普通话朗读，注意分辨轻重格式；二是记词语，就双音节词语而言，普通话的双音节词语中“重・轻”声词语（即“轻声词语”）必须记，此外，还应该记住“重・中”格式的词语，这种格式的词语在常用词里并不多，剩下的就都是“中・重”格式的词语了。

第三章

朗读训练

第一节 朗读技巧

一、停连

某食堂苦于学生严重浪费开水资源，写出标语贴在倒开水处，标语如下：“开水不要拿去洗碗”，结果是越来越多的学生把开水拿去洗碗，这是为什么呢？不同的标点符号得出不同的结果：开水不要拿去洗碗！——开水不要，拿去洗碗！

（1）定义：停连，是停顿与连延的简称，是指语流中声音的中断和延续。

（2）停连的作用：明确语意，增强表达魅力。

例1：下雨天留客/天留人不留。

下雨天/留客天/留人不/留。

例2：无鸡鸭也可/无米面也可/无鱼肉也可。

无鸡/鸭也可/无米/面也可/无鱼/肉也可。

例3：小白兔没有了/妈妈就着急了。

小白兔没有了妈妈/就着急了。

例4：可我要/是不要呢？

可我要是/不要呢？

（3）停连的位置、时间。

根据作品内容和语句目的及表达思想感情的需要确定位置和时间。

要善于识别运用停连后，语言是更加明确、正确，还是变得模糊、错误。这是运用停连的关键所在。

例如：最贵的一顶值两千元。（没有停顿、语意不清）

最贵的/一顶/值/两千元。（停顿太多、支离破碎）

最贵的一顶/值两千元。（有一顶最贵，值两千元）

最贵的/一顶值两千元。（最贵的、每顶都值两千元）

（4）练习：

① 盼望着，盼望着，东风来了，春天的脚步近了。一切都像刚睡醒的样子，欣欣然张开了眼。山朗润起来了，水涨起来了，太阳的脸红起来了。

② 自从有人传言在萨文河畔散步时无意发现了金子后，这里便常有来自四面八方的淘金者。

③ 乔治·华盛顿是美利坚合众国的第一任总统，就是他领导美国人民为了自由为了独立浴血奋战，赶走了统治者。

④ 它站在许多人的头上、掌上、肩上、胳膊上，与喂养过它的人们一起融进那蓝色的画面。

⑤ 认真读下面的作品《麻雀》，依据文章的内容和作者要表达的思想感情画出停连符号，再反复朗读。

麻　雀

我打猎归来，沿着花园的林荫路走着。狗跑在我前边。

突然，狗放慢脚步，蹑足潜行，好像嗅到了前边有什么野物。

我顺着林荫路望去，看见了一只嘴边还带黄色、头上生着柔毛的小麻雀。风猛烈地吹打着林荫路上的白桦树，麻雀从巢里跌落下来，呆呆地伏在地上，孤立无援地张开两只羽毛还未丰满的小翅膀。

我的狗慢慢向它靠近。忽然，从附近一棵树上飞下一只黑胸脯的老麻雀，像一颗石子似的落到狗的跟前。老麻雀全身倒竖着羽毛，惊恐万状，发出绝望、凄惨的叫声，接着向露出牙齿、大张着的狗嘴扑去。

老麻雀是猛扑下来救护幼雀的。它用身体掩护着自己的幼儿……但它整个小小的身体因恐怖而战栗着，它小小的声音也变得粗暴嘶哑，它在牺牲自己！

在它看来，狗该是多么庞大的怪物啊！然而，它还是不能站在自己高高的、安全的树枝上……一种比它的理智更强烈的力量，使它从那儿扑下身来。

我的狗站住了，向后退了退……看来，它也感到了这种力量。

我赶紧唤住惊慌失措的狗，然后我怀着崇敬的心情，走开了。

是啊，请不要见笑。我崇敬那只小小的、英勇的鸟儿，我崇敬它那种爱的冲动和力量。

爱，我想，比死和死的恐惧更强大。只有依靠它，依靠这种爱，生命才能维持下去，发展下去。

二、重音

（1）定义：在朗读中，为了准确地表达语意和思想感情，有时强调那些起重要作用的词或短语，被强调的这个词或短语通常叫重音，或重读。

在由词和短语组成的句子中，组成句子的词和短语，在表达基本语意和思想感情的时候，不是平列地处在同一个地位上。有的词、短语在表达语意和思想感情方面显得十分重要，而与之相比较，另外一些词和短语就处于一个较为次要的地位，所以有必要对前者采用重音。

同样一句话，如果把不同的词或短语确定为重音，由于重音不同，整个句子的意思也就发生了很大的变化，如：

A. 我请你吃饭。(请你吃饭的不是别人)

B. 我请你吃饭。(怎么样，给面子吧?)

C. 我请你吃饭。(不请别人)

D. 我请你吃饭。(不是请你唱歌)

(2) 作用：通过声音的强调来突出意义，能给色彩鲜明、形象生动的词增加分量。

(3) 重音的位置、时间。

突出修辞色彩的重音：这类重音意在鲜明体现句子中某些修辞现象，这些不同的修辞色彩的语言表现力最强的地方，最能体现文章的旨意。其中有：

①词语的锤炼：

A. 真的猛士，敢于直面惨淡的人生，敢于正视淋漓的鲜血。

B. 两年前的此时，即一九三一年的二月七日夜或八日晨，是我们的五个青年作家同时遇害的时候。当时上海的报章都不敢载这件事，或者也许是不愿，或不屑载这件事……

(鲁迅《为了忘却的记念》)

②比喻：重读文章中的比喻性词语，可以使被比喻的事物生动形象，加深对所描写事物或阐明的道理的理解。但要注意，有比喻词的比喻句，不要重读比喻词“像”“好像”“仿佛”等。

如：如果说瞿塘峡像一道闸门，那么巫峡简直像江上一条迂回曲折的画廊。

③夸张：文学作品中常用夸张的手法来表现人或事物的某一特征，表达作者对人或事物的感情态度，并引起读者的共鸣，使读者获得对事物的深刻印象。

如：每年特别是水灾、旱灾的时候，这些在日本厂里有门路的带工，就亲身或者派人到他们家乡或者灾荒区域，用他们多年熟练了的，可以将一根稻草讲成金条的嘴巴，去游说那些无力“饲养”可又不忍让他们的儿女饿死的同乡……(夏衍《包身工》)

④借代。

如：你杀死一个李公朴，会有千百个李公朴站起来!(闻一多《最后一次的讲演》)

⑤双关：

A. 周繁漪　好，你去吧!小心，现在，(望窗外，自语)风暴就要起来了!(曹禺《雷雨》)

B. 我能眼看着让别人替我去牺牲?我得去，凭我这身板，赤手空拳也干个够本!我刚打算往下跳，只见她扭回头来，两眼直盯着被惊呆了的孩子，拉长了声音说：“孩子好好地听妈妈的话啊!”(王愿坚《党费》)

⑥反语。

如：中国军队的屠戮妇婴的伟绩，八国联军惩创学生的武功，不幸全被这几缕血痕抹杀了。(鲁迅《记念刘和珍君》)

(4) 语法重音：说话或朗读时，根据句子的语法特点而重读句子的某些语法成分。

①一般句子里的谓语常常重读。

A. 今天是周末。

B. 他北京人。

C. 东湖山春意正浓。

②谓语里谓语中心常常是语法中心。

A. 他不可能走了。

B. 那件衣服他早丢了。

③表示性状和程度的状态常常读重音。

A. 他认真地学讲普通话。

B. 他穿了一件非常时髦的新衣裳。

④表示结果和程度的补语常常重读。

A. 他的演讲精彩极了。

B. 饭都吃光了。

⑤表示疑问和指示的代词读重音。

A. 谁不说俺家乡好。

B. 他什么东西都不吃。

（5）逻辑重音：根据作品和说话人的需要，突出某些词语，对这些词语加以重读，这就是逻辑重音。

A. 他回家吃饭。（不是我或你去吃饭）

B. 他回家吃饭。（他不是去其他地方）

C. 他回家吃饭。（他不是回家上网或做其他事）

认真读下面的文章《课不能停》，依据文章的内容和作者要表达的思想感情找出语句重音，再反复朗读。

课不能停

纽约的冬天常有大风雪，扑面的雪花不但令人难以睁开眼睛，甚至呼吸都会吸入冰冷的雪花。有时前一天晚上还是一片晴朗，第二天拉开窗帘，却已是积雪盈尺，连门都推不开了。

遇到这样的情况，公司、商店常会停止上班，学校也通过广播，宣布停课。但令人不解的是，唯有公立小学仍然开放。只见黄色的校车，艰难地在路边接孩子，老师则一大早就口中喷着热气，铲去车子前后的积雪，小心翼翼地开车去学校。

据统计，十年来纽约的公立小学只因为超级暴风雪停过七次课。这是多么令人惊讶的事。犯得着在大人都无须上班的时候让孩子去学校吗？小学的老师也太倒霉了吧？

于是，每逢大雪而小学不停课时，都有家长打电话去骂。妙的是，每个打电话的人，反应完全一样——先是怒气冲冲地责问，然后满口地道歉，最后笑容满面地挂上电话。原因是，学校告诉家长：在纽约有许多百万富翁，但也有不少贫困的家庭。后者白天开不起暖气，供不起午餐，孩子的营养全靠学校里的免费的中饭，甚至可以多拿些回家当晚餐。学校停课一天，穷孩子就受一天冻，挨一天饿，所以老师们宁愿自己苦一点儿，也不能停课。

或许有家长会说：何不让富裕的孩子在家里，让贫穷的孩子去学校享受暖气和营养午餐呢？

学校的答复是：我们不愿让那些穷苦的孩子感到他们是在接受救济，因为施舍的最高原则是保持受施者的尊严。

三、语调

（1）句调：整句话音高变化。有平调、升调、降调、曲调等。

（2）平调：用来表示庄严、冷淡以及一般的陈述（不包括特殊的感情）。

A. 表彰大会现在开始。（庄重）

B. 我的事，不用你管。（冷淡）

C. 他买了一本书。（一般陈述）

（3）升调：表示号召、提问、惊异等语气。

A. 向杨林同学学习！（号召）

B. 后天他会走吗？（表疑问）

C. 这首歌是他写的？（惊异）

（4）降调：表示肯定、感叹、请求的语气。

A. 他是个不错的人。（肯定）

B. 多么浪漫的音乐啊！（感叹）

C. 请帮个忙吧（请求）

（5）曲调：可以升高再降，或降低再升，常用来表示含蓄、讽刺、意在言外等语气。

A. 你这么会做人，还怕当不上个小官？（讽刺）

B. 这次分房，我分了顶层，顶天立地，好啊！（反话，意在言外）

认真朗读下面的文章。

差　别

两个同龄的年轻人同时受雇于一家店铺，并且拿同样的薪水。

可是一段时间后，叫阿诺德的那个小伙子青云直上，而那个叫布鲁诺的小伙子却仍在原地踏步。布鲁诺很不满意老板的不公正待遇。终于有一天他到老板那儿发牢骚了。老板一边耐心听着他的抱怨，一边在心里盘算着怎样向他解释清楚他和阿诺德之间的差别。

“布鲁诺先生，”老板开口说话了，“您现在到集上去一下，看看今早上有什么卖的。”

布鲁诺从集市上回来向老板汇报说，今早集市上只有一个农民拉了一车土豆在卖。

“有多少？”老板问。

布鲁诺赶快戴上帽子又跑到集上，然后回来告诉老板一共四十袋土豆。

“价格是多少？”

布鲁诺又第三次跑到集上问来了价格。

“好吧，”老板对他说，“现在请您坐到这把椅子上一句话也不要说，看看阿诺德怎么说。”

阿诺德很快就从集市上回来了。向老板汇报说，到现在为止只有一个农民在卖土豆，一共四十口袋，价格是多少多少；土豆质量很不错，他带回来一个让老板看看。这个农民一个钟头以后还会弄来几箱西红柿，据他看价格非常公道。昨天他们铺子的西红柿卖得很快，库存已经不多了。他想这么便宜的西红柿，老板肯定会要进一些的，所以他不仅带回了一个西红柿做样品，而且把那个农民也带来了，现在正在外面等回话呢。

此时老板转向了布鲁诺，说：“现在您知道为什么阿诺德的薪水比您高了吧！”

四、语速

语速是指朗读时在一定的时间里，容纳一定数量的词语。世间一切事物的运动状态和一切人在不同情境下的思想感情总是有千差万别的。朗读各种文章时，要正确地表现各种不同的生活现象和人们各不相同的思想感情，就必须采取与之相适应的不同的朗读速度。

（一）决定语速不同的各种因素

1. 不同的场景

急剧变化发展的场景宜用快读。

平静、严肃的场景宜用慢读。

2. 不同的心情

紧张、焦急、慌乱、热烈、欢畅的心情宜用快读。

沉重、悲痛、缅怀、悼念、失望的心情宜用慢读。

3. 不同的谈话方式

辩论、争吵、急呼，宜用快读。

闲谈、絮语，宜用慢读。

4. 不同的叙述方式

作者的抨击、斥责、控诉、雄辩宜用快读。

一般的记叙、说明、追忆宜用慢读。

5. 不同的人物性格

年轻、机警、泼辣的人物的言语、动作宜用快读。

年老、稳重、迟钝的人物的言语、动作宜用慢读。

（二）朗读速度的转换

朗读任何一篇文章，都不能自始至终采用一成不变的速度。朗读者要根据作者的感情的起伏和事物的发展变化，随时调整自己的朗读速度。这种在朗读过程中实现朗读速度的转换是取得朗读成功的重要一环。

（三）需注意的问题

读得快时，要特别注意吐字的清晰，不能为了读得快而含混不清，甚至“吃字”；读得慢时，要特别注意声音的明朗实在，不能因为读得慢而显得疲疲沓沓、松松垮垮。总之，在掌握朗读的速度时要做到“快而不乱”“慢而不拖”。

世间最美的坟墓

我在俄国所见到的景物再没有比托尔斯泰墓更宏伟、更感人的了。这块将被后代永远怀着敬畏之情朝拜的尊严圣地，远离尘嚣，孤零零地躺在林荫里。顺着一条羊肠小路信步走去，穿过林间空地和灌木丛，便到了墓冢前；这只是一个长方形的土堆而已。无人守护，无人管理，只有几株大树荫庇。他的外孙女跟我讲，这些高大挺拔、在初秋的风中微微摇动的树木是托尔斯泰亲手栽种的。小的时候，他的哥哥尼古莱和他听保姆或村妇讲过一个古老传说，提到亲手种树的地方会变成幸福的所在。于是他们俩就在自己庄园的某块地上栽了几株树苗，这个儿童游戏不久也就忘了。托尔斯泰晚年才想起这桩儿时往事和关于幸福的奇妙许诺，饱经忧患的老人突然获得了一个新的、更美好的启示。他当即表示愿意将来埋骨于那些亲手栽种的树木之下。

后来就这样办了，完全按照托尔斯泰的愿望；他的墓成了世间最美的、给人印象最深刻的、最感人的坟墓。它只是树林中的一个小小长方形土丘，上面开满鲜花，没有十字架没有墓碑，没有墓志铭，连托尔斯泰这个名字也没有。这个比谁都感到受自己的声名所累的伟人，就像偶尔被发现的流浪汉、不为人知的士兵那样不留名姓地被人埋葬了。谁都可以踏进他最后的安息地，围在四周的稀疏的木栅栏是不关闭的——保护列夫·托尔斯泰得以安息的没有任何别的东西，唯有人们的敬意；而通常，人们却总是怀着好奇，去破坏伟人墓地的宁静。这里，逼人的朴素禁锢住任何一种观赏的闲情，并且不容许你大声说话。风儿在俯临这座无名者之墓的树木之间飒飒响着，和暖的阳光在坟头嬉戏；冬天，白雪温柔地覆盖这片幽暗的土地。无论你在夏天还是冬天经过这儿，你都想象不到，这个小小的、隆起的长方形包容着当代最伟大的人物当中的一个。然而，恰恰是不留姓名，比所有挖空心思置办的大理石和奢华装饰更扣人心弦：今天，在这个特殊的日子里，成百上千到他的安息地来的人中间没有一个有勇气，哪怕仅仅从这幽暗的土丘上摘下一朵花留作纪念。人们重新感到，这个世界上再也没有比这最后留下的、纪念碑式的朴素更打动人心的了。老残军人退休院大理石穹隆底下拿破仑的墓穴，魏玛公侯之墓中歌德的灵寝，西敏司寺里莎士比亚的石棺，看上去都不像树林中的这个只有风儿低吟，甚至全无人语声，庄严肃穆，感人至深的无名墓冢那样能剧烈震撼每一个人内心深藏着的感情。

说话艺术 12 条

“良言一句三冬暖，恶语伤人六月寒。”近来，一篇 12 句话的小文章——《说话的艺术》，受到很多人的推崇，有的人把它发到自己的博客上，有的物业公司把它作为温馨提示贴在电梯里，这已经成为不少人讲话时的艺术指南。

急事，慢慢地说。遇到急事，如果能沉下心思考，然后不急不躁地把事情说清楚，会给听者留下稳重、不冲动的印象，从而增加他人对你的信任度。

小事，幽默地说。尤其是一些善意的提醒，用句玩笑话讲出来，就不会让听者感觉生硬，他们不但会欣然接受你的提醒，还会增强彼此的亲密感。

没把握的事，谨慎地说。对那些自己没有把握的事情，如果你不说，别人会觉得你虚伪；如果你能措辞严谨地说出来，会让人感到你是个值得信任的人。

没发生的事，不要胡说。人们最讨厌无事生非的人，如果你从来不随便臆测或胡说没有的事，会让人觉得你为人成熟、有修养，是个做事认真、有责任感的人。

做不到的事，别乱说。俗话说“没有金刚钻，别揽瓷器活”。不轻易承诺自己做不到的事，会让听者觉得你是一个“言必信，行必果”的人，愿意相信你。

伤害人的事，不能说。不轻易用言语伤害别人，尤其在较为亲近的人之间，不说伤害人的话。这会让他们觉得你是个善良的人，有助于维系和增进感情。

伤心的事，不要见人就说。人在伤心时，都有倾诉的欲望，但如果见人就说，很容易使听者心理压力过大，对你产生怀疑和疏远。同时，你还会给人留下不为他人着想，想把痛苦转嫁给他人的印象。

夫妻的事，商量着说。夫妻之间，最怕的就是遇到事情相互指责，而相互商量会产生“共情”的效果，能增强夫妻感情。

别人的事，小心地说。人与人之间都需要安全距离，不轻易评论和传播别人的事，会给人交往的安全感。

自己的事，听别人怎么说。自己的事情要多听听局外人的看法，一则可以给人以谦虚的印象，二则会让人觉得你是个明事理的人。

尊长的事，多听少说。年长的人往往不喜欢年轻人对自己的事发表太多的评论，如果年轻人说得过多，他们就觉得你不是一个尊敬长辈、谦虚好学的人。

孩子们的事，开导着说。尤其是青春期的孩子，非常叛逆，采用温和又坚定的态度进行开导，可以既让孩子对你有好感，愿意和你成为朋友，又能起到说服的作用。

阅读下面的文章，注意阅读的技巧

月亮升起来，院子里凉爽得很，干净得很。白天剖好的苇眉子湿润润的，正好编席。女人坐在小院当中，手指上缠绞着柔滑修长的苇眉子。苇眉子又薄又细，在她怀里跳跃着。要问白洋淀有多少苇地，不知道；每年出多少苇子，也不知道。只晓得每年芦花飘飞苇叶黄的时候，全淀的芦苇收割，垛起垛来，在白洋淀周围的广场上，就成了一条苇子的长城。女人们在场里院里编着席。编成了多少席？六月里，淀水涨满，有无数的船只运输银白雪亮的席子出口。不久，各地的城市村庄就全有了花纹又密又精致的席子用了。大家争着买：“好席子，白洋淀席！”

这女人编着席。不久，在她的身子下面就编成了一大片。她像坐在一片洁白的雪地上，也像坐在一片洁白的云彩上。她有时望望淀里，淀里也是一片银白世界。水面笼起一层薄薄透明的雾，风吹过来，带着新鲜的荷叶荷花香。

但是大门还没关，丈夫还没回来。

很晚丈夫才回来了。这年轻人不过二十五六岁，头戴一顶大草帽，上身穿一件洁白的小褂，黑单裤卷过了膝盖，光着脚。他叫水生，小苇庄的游击组长，党的负责人。今天领着游击组到区上开会去来。

女人抬头笑着问：“今天怎么回来得这么晚？”站起来要去端饭。

水生坐在台阶上说：“吃过饭了，你不要去拿。”

女人就又坐在席子上。她望着丈夫的脸，她看出他的脸有些红涨，说话也有些气喘。她问：“他们几个呢？”

水生说：“还在区上。爹哩？”

“睡了。”

“小华哩？”

“和他爷爷去收了半天虾篓，早就睡了。他们几个为什么还不回来？”

水生笑了一下。女人看出他笑得不像平常：“怎么了，你？”

水生小声说：“明天我就到大部队上去了。”

女人的手指震动了一下，想是叫苇眉子划破了手，她把一个手指放在嘴里吮了一下。

水生说：“今天县委召集我们开会。假若敌人再在同口安上据点，那和端村就成了一条线，淀里的斗争形势就变了。会上决定成立一个地区队。我第一个举手报了名的。”

女人低着头说：“你总是很积极的。”

水生说：“我是村里的游击组长，是干部，自然要站在头里。他们几个也报了名。他们不敢回来，怕家里的人拖尾巴，公推我代表，回来和家里人们说一说。他们全觉得你还开明一些。”

女人没有说话。过了一会，她才说：“你走，我不拦你。家里怎么办？”

水生指着父亲的小房，叫她小声一些，说：“家里，自然有别人照顾。可是咱的庄子小，这一次参军的就有七个。庄上青年人少了，也不能全靠别人，家里的事，你就多做些，爹老了，小华还不顶事。”

女人鼻子里有些酸，但她并没有哭。只说：“你明白家里的难处就好了。”

水生想安慰她。因为要考虑准备的事情还太多，他只说了两句：“千斤的担子你先担吧！打走了鬼子，我回来谢你。”

说罢，他就到别人家里去了，他说回来再和父亲谈。

鸡叫的时候，水生才回来。女人还是呆呆地坐在院子里等他，她说：“你有什么话嘱咐我吧！”

“没有什么话了，我走了，你要不断进步，识字，生产。”

“嗯。”

“什么事也不要落在别人后面！”

“嗯，还有什么？”

“不要叫敌人汉奸捉活的。捉住了要和他拼命。”这才是那最重要的一句。女人流着眼泪答应了他。

第二天，女人给他打点好一个小小的包裹，里面包了一身新单衣，一条新毛巾，一双新鞋子。那几家也是这些东西，交水生带去。一家人送他出了门。父亲一手拉着小华，对他说：“水生，你干的是光荣事情，我不拦你，你放心走吧。大人孩子我给你照顾，什么也不要惦记。”

全庄的男女老少也送他出来，水生对大家笑一笑，上船走了。

女人们到底有些藕断丝连。过了两天，四个青年妇女聚在水生家里来，大家商量。

“听说他们还在这里没走。我不拖尾巴，可是忘下了一件衣裳。”

“我有句要紧的话，得和他说说。”

“听他说，鬼子要在同口安据点……”水生的女人说。

“哪里就碰得那么巧，我们快去快回来。”

“我本来不想去，可是俺婆婆非叫我再去看看他——有什么看头啊！”

于是这几个女人偷偷坐在一只小船上，划到对面马庄去了。

到了马庄，她们不敢到街上去找，来到村头一个亲戚家里。亲戚说：“你们来得不巧。昨天晚上他们还在这里，半夜里走了，谁也不知开到哪里去。你们不用惦记他们，听说水生一来就当了副排长，大家都是欢天喜地的……”

几个女人羞红着脸告辞出来，摇开靠在岸边上的小船。现在已经快到晌午了，万里无云，可是因为在水上，还有些凉风。这风从南面吹过来，从稻秧上苇尖吹过来。水面没有一只船，水像无边的跳荡的水银。

几个女人有点失望，也有些伤心，各人在心里骂着自己的狠心贼。可是青年人，永远朝着愉快的事情想，女人们尤其容易忘记那些不痛快。不久，她们就又说笑起来了。

“你看，说走就走了。”

“可慌哩，比什么也慌，比过新年，娶新——也没见他这么慌过！”

“拴马桩也不顶事了。”

“不行了，脱了缰了。”

“一到军队里，他一准得忘了家里的人。”

“那是真的，我们家里住过一些年轻的队伍，一天到晚仰着脖子，出来唱，进去唱，我们一辈子也没那么乐过。等他们闲下来没有事了，我就傻想：该低下头了吧。你猜人家干什么？用白粉子在我家影壁上画上许多圆圈圈，一个一个蹲在院子里，托着枪瞄那个，又唱起来了。”

她们轻轻划着船，船两边的水，哗，哗，哗。顺手从水里捞上一棵菱角来，菱角还很嫩很小，乳白色，顺手又丢到水里去。那棵菱角就又安安稳稳浮在水面上生长去了。

“现在你知道他们到了哪里？”

“管他哩，也许跑到天边上去了。”

她们都抬起头往远处看了看。“唉呀！那边过来一只船。”

“唉呀！日本！你看那衣裳！”

“快摇！”

小船拼命往前摇。她们心里也许有些后悔，不该这么冒冒失失走来，也许有些怨恨那些走远了的人。但是立刻就想：什么也别想了，快摇，大船紧紧追过来了！

大船追得很紧。

幸亏是这些青年妇女，白洋淀长大的，她们摇得小船飞快。小船活像离开了水皮的一条打跳的梭鱼。她们从小跟这小船打交道，驶起来就像织布穿梭、缝衣透针一般快。

假如敌人追上了，就跳到水里去死吧！

后面大船来得飞快。那明明白白是鬼子！这几个青年妇女咬紧牙，制止住心跳，摇橹的手并没有慌，水在两旁大声哗哗，哗哗，哗哗哗！

“往荷花淀里摇！那里水浅，大船过不去。”

她们奔着那不知道有几亩大小的荷花淀去，那一望无边挤得密密层层的大荷叶迎着阳光舒展开，就像铜墙铁壁一样。粉色荷花箭高高地挺出来，是监视白洋淀的哨兵吧！

她们向荷花淀里摇，最后，努力地一摇，小船窜进了荷花淀。几只野鸭扑楞楞飞起，尖声惊叫，掠着水面飞走了。就在她们的耳边响起一排枪！

整个荷花淀全震荡起来。她们想，陷在敌人的埋伏里了，一准要死了，一齐翻身跳到水里去。渐渐听清楚枪声只是向着外面，她们才又扒着船帮露出头来。她们看见不远的地方，那宽厚肥大的荷叶下面，有一个人的脸，下半截身子长在水里。荷花变成人了？那不是我们的水生吗？又往左右看去，不久各人就找到了各人丈夫的脸。啊，原来是他们！

但是那些隐蔽在大荷叶下面的战士们，正在聚精会神瞄着敌人射击，半眼也没有看她们。枪声清脆，三五排枪过后，他们投出了手榴弹，冲出了荷花淀。

手榴弹把敌人那只大船击沉，一切都沉下去了，水面上只剩下一团烟硝火药气味。战士们就在那里大声欢笑着，打捞战利品。他们又开始了沉到水底捞出大鱼来的拿手戏。他们争着捞出敌人的枪支、子弹带，然后是一袋子一袋子叫水浸透了的面粉和大米。水生拍打着水去追赶一个在水波上滚动的东西——是一包用精致纸盒装着的饼干。

妇女们带着浑身水，又坐到她们的小船上去了。

水生追回那个纸盒，一只手高高举起，一只手用力拍打着水，好使自己不沉下去。对着荷花淀吆喝：

“出来吧，你们!”

好像带着很大的气。

她们只好摇着船出来。忽然从她们的船底下冒出一个人来，只有水生的女人认得那是区小队的队长。这个人抹一把脸上的水，问她们：“你们干什么去来呀?”

水生的女人说：“又给他们送了一些衣裳来。”

小队长回头对水生说：“都是你村的?”

“不是她们是谁，一群落后分子!”说完，把纸盒顺手丢在女人们船上，一泅，又沉到水底下去了，到很远的地方才钻出来。

小队长开了个玩笑，他说：“你们也没有白来，不是你们，我们的伏击不会这么彻底。可是，任务已经完成，该回去晒晒衣裳了。情况还紧得很。”

战士们已经把打捞出来的战利品，全装在他们的小船上，准备转移。一人摘了一片大荷叶顶在头上，抵挡正午的太阳。几个青年妇女把掉在水里又捞出来的小包裹丢给了他们。战士们的三只小船就奔着东南方向，箭一样飞去了。不久就消失在中午水面上的烟波里。几个青年妇女划着她们的小船赶紧回家，一个个像落水鸡似的。一路走着，因过于刺激和兴奋，她们又说笑起来。

坐在船头脸朝后的一个噘着嘴说：“你看他们那个横样子，见了我们爱搭理不搭理的!”

“啊，好像我们给他们丢了什么人似的。”

她们自己也笑了，今天的事情不算光彩，可是——

“我们没枪，有枪就不往荷花淀里跑，在大淀里就和鬼子干起来!”

“我今天也算看见打仗了。打仗有什么出奇，只要你不着慌，谁还不会趴在那里放枪呀!”

“打沉了，我也会凫水捞东西，我管保比他们水式好，再深点我也不怕!”

“水生嫂，回去我们也成立队伍，不然，以后还能出门吗?”

“刚当上兵就小看我们，过二年，更把我们看得一钱不值了。谁比谁落后多少呢!”

这一年秋季，她们学会了射击。冬天，打冰夹鱼的时候，她们一个个登在流星一样的冰船上来回警戒。敌人围剿那百顷大苇塘的时候，她们配合子弟兵作战，出入在那芦苇的海里。

1945 年于延安

第二节　朗读短文测试概述

朗读短文主要是测试应试人使用普通话朗读书面作品的水平。

一、朗读短文测试要求

测试时，应试者从《普通话水平测试用朗读作品》60 篇中抽取 1 篇，读到第 400 字所在句子结束时停止。此类短文多为记叙文，还有少量的议论文和说明文，这类文章易懂易读。

朗读短文测试主要测试应试人声母、韵母、声调的标准程度以及音变、停连、语调和朗读的流畅程度。

二、朗读短文的测试评分

本题满分 30 分。

（一）语音测试

（1）读错一个音节，扣0.1 分；漏读或增读一个音节，扣0.1 分。扣分到第400 个字为止。
（2）声母或韵母的系统性语音缺陷，视程度扣 0.5 分、1 分。
（3）语调偏误，视程度扣 0.5 分、1 分、2 分。

（二）朗读技巧测试

（1）停连不当，视程度扣 0.5 分、1 分、2 分。
（2）朗读不流畅（包括回读），视程度扣 0.5 分、1 分、2 分。
（3）超时（朗读 400 个音节不能超过 4 分钟）扣 1 分。

第三节　朗读短文测试的问题及对策

一、语音问题与对策

（一）语音错误的对策

一般说来，朗读语流的语音错误多数是单音节字词和多音节词语测试中语音错误的延续，包括声母、韵母、声调的发音错误，轻声音节读为原调，上声变调错误，该儿化的音节没有读出儿化等，也会出现个别不认识的字词乱读的现象。

应对策略如下：

（1）参考前面内容，纠正语音错误。
（2）划分句子的节奏单元，慢速朗读。

节奏单元是指朗读过程中根据句子的韵律、意义、结构特点和表达需要把句子划分成的以词或短语为单位的语音片段。一个句子可以只有一个节奏单元，也可以有多个节奏单元。最小的节奏单元只有一个词，较大的节奏单元可以有四五个词。

（二）语音缺陷的对策

朗读语流中的语音缺陷，多数是单音节字词和多音节词语测试中的语音缺陷，少数是进入句子后受多种因素的影响而产生的语音缺陷。这些缺陷的对策主要有以下两个方面：

1. 声母、韵母语音缺陷的对策

首先应该把那些对自己来说容易出现语音缺陷的音节挑出来单独练习，直至准确后，再放回文章的句子中连贯地反复朗读；其次以节奏单元为单位进行慢速练习，直到纠正语音缺陷后，再用正常语速朗读。

2. 语调偏误的对策

首先要纠正句调偏误，就要注意句子的音高变化形式，充分熟悉每一篇作品。其次要纠正声调的发音缺陷，朗读短文时要注意停顿前一音节的声调。在单音节或多音节状态下读准了音节的声调后，还可以用划分节奏单元慢速朗读的方法练习。最后要纠正句子的轻重音格式偏误。这要求应试者在掌握双音节及多音节词语轻重音格式的基础上，还要充分感受句子中词语的轻重格式规律，注意重音等表达因素对词语轻重音格式的影响。可以通过多听测试短文的示范朗读的方法充分感受。

（三）朗读技巧问题与对策

1. 停连不当的对策

首先要充分理解作品的意思，真正读懂每一篇作品。其次要熟悉每一篇作品，训练时进行必要的标注。最后要对抽取的考试作品进行通读，充分熟悉作品。

2. 朗读不流畅的对策

首先要熟悉作品。其次要认真纠错，认真正音正字。最后要克服回读的不良习惯。

3. 语速过快或过慢的对策

首先要树立自信，从心理上进行克服。其次在训练中进行调整。

普通话水平测试用朗读篇目

普通话水平测试用朗读作品

1. 《海洋与生命》
2. 《莫高窟》
3. 《“能吞能吐”的森林》
4. 《神秘的“无底洞”》
5. 《西部文化和西部开发》
6. 《中国的宝岛——台湾》
7. 《读书人是幸福人》
8. 《国家荣誉感》
9. 《态度创造快乐》
10. 《提醒幸福》
11. 《朋友和其他》
12. 《我为什么当老师》
13. 《最糟糕的发明》
14. 《站在历史的枝头微笑》
15. 《中国的牛》
16. 《野草》
17. 《喜悦》
18. 《我的信念》
19. 《差别》
20. 《一个美丽的故事》
21. 《天才的造就》
22. 《达瑞的故事》
23. 《二十美金的价值》
24. 《父亲的爱》
25. 《迷途笛音》
26. 《我的母亲独一无二》
27. 《永远的记忆》
28. 《火光》
29. 《风筝畅想曲》
30. 《和时间赛跑》
31. 《胡适的白话电报》
32. 《可爱的小鸟》
33. 《坚守你的高贵》
34. 《金子》

35. 《捐诚》
36. 《课不能停》
37. 《麻雀》
38. 《散步》
39. 《世间最美的坟墓》
40. 《陶行知的“四块糖果”》
41. 《莲花和樱花》
42. 《香港：最贵的一棵树》
43. 《小鸟的天堂》
44. 《一分钟》
45. 《语言的魅力》
46. 《赠你四味长寿药》
47. 《住的梦》
48. 《落花生》
49. 《紫藤萝瀑布》
50. 《白杨礼赞》
51. 《第一场雪》
52. 《丑石》
53. 《繁星》
54. 《海滨仲夏夜》
55. 《济南的冬天》
56. 《家乡的桥》
57. 《绿》
58. 《牡丹的拒绝》
59. 《苏州园林》
60. 《泰山极顶》

作品 1 号

海洋与生命

童裳亮

生命在海洋里诞生绝不是偶然的，海洋的物理和化学性质，使它成为孕育原始生命的摇篮。

我们知道，水是生物的重要组成部分，许多动物组织的含水量在百分之八十以上，而一些海洋生物的含水量高达百分之九十五。水是新陈代谢的重要媒介，没有它，体内的一系列生理和生物化学反应就无法进行，生命也就停止。因此，在短时间内动物缺水要比缺少食物更加危险。水对今天的生命是如此重要，它对脆弱的原始生命，更是举足轻重了。生命在海洋里诞生，就不会有缺水之忧。

水是一种良好的溶剂。海洋中含有许多生命所必需的无机盐，如氯化钠、氯化钾、碳酸盐、磷酸盐，还有溶解氧，原始生命可以毫不费力地从中吸取它所需要的元素。

水具有很高的热容量，加之海洋浩大，任凭烈日暴晒，冬季寒风扫荡，它的温度变化却比较小。因此，巨大的海洋就像是天然的“温箱”，是孕育原始生命的温床。

阳光虽然为生命所必需，但是阳光中的紫外线却有扼杀原始生命的危险。水能有效地吸引紫外线，因而又为原始生命提供了天然的“屏障”。

这一切都是原始生命得以产生和发展的必要条件。

重点字词：

dàn shēng	yùn yù	lǜ huà nà	lǜ huà jiǎ	bào shài	wèi shēng mìng	è shā
诞生	孕育	氯化钠	氯化钾	暴晒	为生命	扼杀

作品 2 号

莫高窟

在浩瀚无垠的沙漠里，有一片美丽的绿洲，绿洲里藏着一颗闪光的珍珠。这颗珍珠就是敦煌莫高窟。它坐落在我国甘肃省敦煌市三危山和鸣沙山的怀抱中。

鸣沙山东麓是平均高度为十七米的崖壁。在一千六百多米长的崖壁上，凿有大小洞窟七百余个，形成了规模宏伟的石窟群。其中四百九十二个洞窟中，共有彩色塑像两千一百余尊，各种壁画共四万五千多平方米。莫高窟是我国古代无数艺术匠师留给人类的珍贵文化遗产。

莫高窟的彩塑，每一尊都是一件精美的艺术品。最大的有九层楼那么高，最小的还不如一个手掌大。这些彩塑个性鲜明，神态各异。有慈眉善目的菩萨，有威风凛凛的天王，还有强壮勇猛的力士……

莫高窟壁画的内容丰富多彩，有的是描绘古代劳动人民打猎、捕鱼、耕田、收割的情景，有的是描绘人们奏乐、舞蹈、演杂技的场面，还有的是描绘大自然的美丽风光。其中最引人注目的是飞天。壁画上的飞天，有的臂挎花篮，采摘鲜花；有的反弹琵琶，轻拨银弦；有的倒悬身子，自天而降；有的彩带飘拂，漫天遨游；有的舒展着双臂，翩翩起舞。看着这些精美动人的壁画，就像走进了//灿烂辉煌的艺术殿堂。

莫高窟里还有一个面积不大的洞窟——藏经洞。洞里曾藏有我国古代的各种经卷、文书、帛画、刺绣、铜像等共六万多件。由于清朝政府腐败无能，大量珍贵的文物被外国强盗掠走。仅存的部分经卷，现在陈列于北京故宫等处。

莫高窟是举世闻名的艺术宝库。这里的每一尊彩塑、每一幅壁画、每一件文物，都是中国古代人民智慧的结晶。

重点字词：

hào hàn	wú yín	lǜ zhōu	dōng lù	yá bì	záo yǒu	dòng kū	yì bǎi
浩瀚	无垠	绿洲	东麓	崖壁	凿有	洞窟	一百

wēi fēng lǐn lǐn	yín xián	dào xuán	piāo fú	áo yóu	shuāng bì	bó huà
威风凛凛	银弦	倒悬	漂浮	遨游	双臂	帛画

作品3号

“能吞能吐”的森林

森林涵养水源，保持水土，防止水旱灾害的作用非常大。据专家测算，一片十万亩面积的森林，相当于一个两百万立方米的水库，这正如农谚所说的：“山上多栽树，等于修水库。雨多它能吞，雨少它能吐。”

说起森林的功劳，那还多得很。它除了为人类提供木材及许多种生产、生活的原料之外，在维护生态环境方面也是功劳卓著，它用另一种“能吞能吐”的特殊功能孕育了人类。因为地球在形成之初，大气中的二氧化碳含量很高，氧气很少，气温也高，生物是难以生存的。大约在四亿年之前，陆地才产生了森林。森林慢慢将大气中的二氧化碳吸收，同时吐出新鲜氧气，调节气温，这才具备了人类生存的条件，地球上才最终有了人类。

森林，是地球生态系统的主体，是大自然的总调度室，是地球的绿色之肺。森林维护地球生态环境的这种“能吞能吐”的特殊功能是其他任何物体都不能取代的。然而，由于地球上的燃烧物增多，二氧化碳的排放量急剧增加，使得地球生态环境急剧恶化，主要表现为全球气候变暖，水分蒸发加快，改变了气流的循环，使气候变化加剧，从而引发热浪、飓风、暴雨、洪涝及干旱。

为了//使地球这个“能吞能吐”的绿色之肺能恢复健壮，以改善生态环境，抑制全球变暖，减少水旱等自然灾害，我们应该大力造林、护林，使每一座荒山都绿起来。

重点字词：

miàn jī	zhuó zhù	diào dù shì	jù fēng	yì zhì
面积	卓著	调度室	飓风	抑制

作品4号

神秘的“无底洞”

罗威尔

地球上是否真的存在“无底洞”？按说地球是圆的，由地壳、地幔和地核三层组成，真正的“无底洞”是不应存在的，我们所看到的各种山洞、裂口、裂缝，甚至火山口也都只是地壳浅部的一种现象。然而中国一些古籍却多次提到海外有个深奥莫测的无底洞。事实上地球上确实有这样一个“无底洞”。

它位于希腊亚各斯古城的海滨。由于濒临大海，大涨潮时，汹涌的海水便会排山倒海般地涌入洞中，形成一股湍湍的急流。据测，每天注入洞内的海水量达三万多吨。奇怪的是，如此大量的海水灌入洞中，却从来没有把洞灌满。曾有人怀疑，这个“无底洞”会不会就像石灰岩地区的漏斗、竖井、落水洞一类的地形。然而从二十世纪三十年代以来，人们就做了多种努力企图寻找它的出口，却都是枉费心机。

为了揭开这个秘密，一九五八年美国地理学会派出一支考察队，他们把一种经久不变的带色染料溶解在海水中，观察染料是如何随着海水一起沉下去的。接着又察看了附近海面以及岛上的各河、湖，满怀希望地寻找这种带颜色的水，结果令人失望。难道是海水量太大把有色水稀释得太淡，以致无法发现？//

至今谁也不知道为什么这里的海水会没完没了地“漏”下去，这个“无底洞”的出口又在哪里，每天大量的海水究竟都流到哪里去了？

重点字词：

地壳（dì qiào）　地幔（dì màn）　地核（dì hé）　古籍（gǔ jí）　深奥莫测（shēn ào mò cè）　濒临（bīn lín）　湍湍（tuān tuān）　然而（rán ér）
稀释（xī shì）　谁（shuí）

作品 5 号

西部文化和西部开发

中国西部我们通常是指黄河与秦岭相连一线以西，包括西北和西南的十二个省、市、自治区。这块广袤的土地面积为五百四十六万平方公里，占国土总面积的百分之五十七；人口二点八亿，占全国总人口百分之二十三。

西部是华夏文明的源头。华夏祖先的脚步是顺着水边走的：长江上游出土过元谋人牙齿化石，距今约一百七十万年；黄河中游出土过蓝田人头盖骨，距今约七十万年。这两处古人类都比距今约五十万年的北京猿人资格更老。

西部地区是华夏文明的重要发源地。秦皇汉武以后，东西方文化在这里交汇融合，从而有了丝绸之路的驼铃声声，佛院深寺的暮鼓晨钟。敦煌莫高窟是世界文化史上的一个奇迹，它在继承汉晋艺术传统的基础上，形成了自己兼收并蓄的恢宏气度，展现出精美绝伦的艺术形式和博大精深的文化内涵。秦始皇兵马俑、西夏王陵、楼兰古国、布达拉宫、三星堆、大足石刻等历史文化遗产，同样为世界所瞩目，成为中华文化重要的象征。

西部地区又是少数民族及其文化的集萃地，几乎包括了我国所有的少数民族。在一些偏远的少数民族地区，仍保留//了一些久远时代的艺术品种，成为珍贵的“活化石”，如纳西古乐、戏曲、剪纸、刺绣、岩画等民间艺术和宗教艺术，特色鲜明、丰富多彩，犹如一个巨大的民族民间文化艺术宝库。

我们要充分重视和利用这些得天独厚的资源优势，建立良好的民族民间文化生态环境，为西部大开发做出贡献。

重点字词：

yī xiàn	guǎng mào	qí jì	wéi shì jiè	zhǔ mù	jí cuì dì	piān yuǎn de	réng bǎo liú
一线	广袤	奇迹	为世界	瞩目	集萃地	偏远的	仍保留
chōng fèn							
充分							

作品 6 号

中国的宝岛——台湾

中国的第一大岛、台湾省的主岛台湾，位于中国大陆架的东南方，地处东海和南海之间，隔着台湾海峡和大陆相望。天气晴朗的时候，站在福建沿海较高的地方，就可以隐隐约约地望见岛上的高山和云朵。

台湾岛形状狭长，从东到西，最宽处只有一百四十多公里；由南到北，最长的地方有三百九十多公里。地形像一个纺织用的梭子。

台湾岛上的山脉纵贯南北，中间的中央山脉犹如全岛的脊梁。西部为海拔近四千米的玉山山脉，是中国东部的最高峰。全岛约有三分之一的地方是平地，其余为山地。岛内有缎带般的瀑布蓝宝石似的湖泊，四季常青的森林和果园，自然景色十分优美。西南部的阿里山和日月潭，台北市郊的大屯山风景区，都是闻名世界的浏览胜地。

台湾岛地处热带和温带之间，四面环海，雨水充足，气温受到海洋的调剂，冬暖夏凉，四季如春，这给水稻和果木生长提供了优越的条件。水稻、甘蔗、樟脑是台湾的“三宝”。岛上还盛产鲜果和鱼虾。

台湾岛上还是一个闻名世界的“蝴蝶王国”。岛上的蝴蝶共有四百多个品种，其中有不少是世界稀有的珍贵品种。岛上还有不少鸟语花香的蝴//蝶谷，岛上居民利用蝴蝶制作的标本和艺术品，远销许多国家。

重点字词：

地处（dì chǔ）　隔着（gé zhe）　时候（shí hou）　较高（jiào gāo）　狭长（xiá cháng）　山脉（shān mài）　脊梁（jǐ liang）　湖泊（hú pō）

提供了（tí gōng le）　甘蔗（gān zhè）　樟脑（zhāng nǎo）　蝴蝶（hú dié）

作品 7 号

读书人是幸福人

谢 冕

我常想，读书人是世间幸福人，因为他除了拥有现实的世界之外，还拥有另一个更为浩瀚也更为丰富的世界。现实的世界是人人都有的，而后一个世界却为读书人所独有。由此我想，那些失去或不能阅读的人是多么的不幸，他们的丧失是不可补偿的。世间有诸多的不平等，财富的不平等，权力的不平等，而阅读能力的拥有或丧失却体现为精神的不平等。

一个人的一生，只能经历自己拥有的那一份欣悦，那一份苦难，也许再加上他亲自闻知的那一些关于自身以外的经历和经验。然而，人们通过阅读，却能进入不同时空的诸多他人的世界。这样，具有阅读能力的人，无形间获得了超越有限生命的无限可能性。阅读不仅使他多识了草木虫鱼之名，而且可以上溯远古下及未来，饱览存在的与非存在的奇风异俗。

更为重要的是，读书加惠于人们的不仅是知识的增广，而且还在于精神的感化与陶冶。人们从读书学做人，从那些往哲先贤以及当代才俊的著述中学得他们的人格。人们从《论语》中学得智慧的思考，从《史记》中学得严肃的历史精神，从《正气歌》中学得人格的刚烈，从马克思学得人世//的激情，从鲁迅学得批判精神，从托尔斯泰学得道德的执着。歌德的诗句刻写着睿智的人生，拜伦的诗句呼唤着奋斗的热情。一个读书人，一个有机会拥有超乎个人生命体验的幸运人。

重点字词：

hào hàn	bǔ cháng	shàng sù	lún yǔ	zhí zhuó	ruì zhì
浩瀚	补偿	上溯	论语	执着	睿智

作品8号

国家荣誉感

冯骥才

一个大问题一直盘踞在我脑袋里：

世界杯怎么会有如此巨大的吸引力？除去足球本身的魅力之外，还有什么超乎其上而更伟大的东西？

近来观看世界杯，突然从中得到了答案：是由于一种无上崇高的精神情感——国家荣誉感！

地球上的人都会有国家的概念，但未必时时都有国家的感情。往往人到异国思念家乡，心怀故国，这国家概念就变得有血有肉，爱国之情来得非常具体。而现代社会，科技昌达，信息快捷，事事上网，世界真是太小太小，国家的界限似乎也不那么清晰了。再说足球正在快速世界化，平日里各国球员频繁转会，往来随意，致使越来越多的国家联赛都具有国际的因素。球员们不论国籍，只效力于自己的俱乐部，他们比赛时的激情中完全没有爱国主义的因子。

然而，到了世界杯大赛，天下大变。各国球员都回国效力，穿上与光荣的国旗同样色彩的服装。在每一场比赛前，还高唱国歌宣誓以对自己祖国的热爱与忠诚。一种血缘情感开始在全身的血管里燃烧起来，而且立刻热血沸腾。

在历史时代，国家间经常发生对抗，好男儿戎装卫国。国家的荣誉往往需要以自己的生命去//换取。但在和平时代，唯有这种国家之间大规模对抗性的大赛，才可以唤起那种遥远而神圣的情感，那就是：为祖国而战！

重点字词：

pán jù 盘踞	zěn me 怎么	mèi lì 魅力	gài niàn 概念	yǒu xuè yǒu ròu 有血有肉	nà me 那么	zhì ài 挚爱	xuè yuán xuè guǎn 血缘血管
rè xuè 热血	róng zhuāng 戎装						

作品 9 号

态度创造快乐

一位访美中国女作家，在纽约遇到一位卖花的老太太。老太太穿着破旧，身体虚弱，但脸上的神情却是那样祥和兴奋。女作家挑了一朵花说：“看起来，你很高兴。”老太太面带微笑地说：“是的，一切都这么美好，我为什么不高兴呢？”“对烦恼，你倒真能看得开。”女作家又说了一句。没料到，老太太的回答更令女作家大吃一惊：“耶稣在星期五被钉上十字架时，是全世界最糟糕的一天，可三天后就是复活节。所以，当我遇到不幸时，就会等待三天，这样一切就恢复正常了。”

“等待三天”，多么富于哲理的话语，多么乐观的生活方式。它把烦恼和痛苦抛下，全力去收获快乐。

沈从文在“文革”期间，陷入了非人的境地。可他毫不在意，他在咸宁时给他的表侄、画家黄永玉写信说：“这里的荷花真好，你若来……”身陷苦难却仍为荷花的盛开欣喜赞叹不已，这是一种趋于澄明的境界，一种旷达洒脱的胸襟，一种面临磨难坦荡从容的气度，一种对生活童子般的热爱和对美好事物无限向往的生命情感。

由此可见，影响一个人快乐的，有时并不是困境及磨难，而是一个人的心态。如果把自己浸泡在积极、乐观、向上的心态中，快乐必然会//占据你的每一天。

重点字词：

niǔ yuē	lǎo tài tai	chuān zhuó	xīng fèn	cōng róng	xiàng wǎng	jìn pào
纽约	老太太	穿着	兴奋	从容	向往	浸泡

作品 10 号

提醒幸福

毕淑敏

享受幸福是需要学习的，当幸福即将来临的时刻需要提醒。人可以自然而然地学会感官的享乐，人却无法天生地掌握幸福的韵律。灵魂的快意同器官的舒适像一对孪生兄弟，时而相傍相依，时而南辕北辙。

幸福是一种心灵的震颤。它像会倾听音乐的耳朵一样，需要不断地训练。

简言之，幸福就是没有痛苦的时刻。它出现的频率并不像我们想象的那样少。人们常常只是在幸福的金马车已经驶过去很远时，捡起地上的金鬃毛说，原来我见过它。

人们喜爱回味幸福的标本，却忽略幸福披着露水散发清香的时刻。那时候我们往往步履匆匆，瞻前顾后不知在忙着什么。

世上有预报台风的，有预报蝗虫的，有预报瘟疫的，有预报地震的。没有人预报幸福。其实幸福和世界万物一样，有它的征兆。

幸福常常是朦胧的，很有节制地向我们喷洒甘霖。你不要总希望轰轰烈烈的幸福，它多半只是悄悄地扑面而来。你也不要企图把水龙头拧得更大，那样它会很快地流失。你需要静静地以平和之心，体验它的真谛。

幸福绝大多数是朴素的。它不会像信号弹似的，在很高的天际闪烁红色的光芒。它披着本色外衣，亲//切温暖地包裹起我们。

幸福不喜欢喧嚣浮华，它常常在暗淡中降临。贫困中相濡以沫的一块糕饼，患难中心心相印的一个眼神，父亲一次粗糙的抚摸，女友一张温馨的字条……这都是千金难买的幸福啊！像一粒粒缀在旧绸子上的红宝石，在凄凉中愈发熠熠夺目。

重点字词：

jí jiāng 即将　luán shēng 孪生　xiāng bàng xiāng yī 相傍相依　nán yuán běi zhé 南辕北辙　zhèn chàn 震颤　pī zhe 披着　jīn zōng máo 金鬃毛

bù lǚ 步履　máng zhe 忙着　shén me 什么　gān lín 甘霖　nǐng de 拧得　shì de 似的　xuān xiāo 喧嚣　xiāng rú yǐ mò 相濡以沫

cū cāo 粗糙　xìng fú a 幸福啊　zhuì zài 缀在　yù fā 愈发　yì yì duó mù 熠熠夺目

作品 11 号

朋友和其他

（中国台湾）杏林子

朋友即将远行。

暮春时节，又邀了几位朋友在家小聚，虽然都是极熟的朋友，却是终年难得一见，偶尔电话里相遇，也无非是几句寻常话。一锅小米稀饭，一碟大头菜，一盘自家酿制的泡菜，一只巷口买回的烤鸭，简简单单，不像请客，倒像家人团聚。

其实，友情也好，爱情也好，久而久之都会转化为亲情。

说也奇怪，和新朋友会谈文学、谈哲学、谈人生道理等等，和老朋友却只话家常，柴米油盐，细细碎碎，种种琐事。很多时候，心灵的契合已经不需要太多的言语来表达。

朋友新烫了个头，不敢回家见母亲，恐怕惊骇了老人家，却欢天喜地来见我们，老朋友颇能以一种趣味性的眼光欣赏这个改变。

年少的时候，我们差不多都在为别人而活，为苦口婆心的父母活，为循循善诱的师长活，为许多观念、许多传统的约束力而活。年岁逐增，渐渐挣脱外在的限制和束缚，开始懂得为自己活，照自己的方式做一些自己喜欢的事，不在乎别人的批评意见，不在乎别人的诋毁流言，只在乎那一分随心所欲的舒坦自然。偶尔，也能够纵容自己放浪一下，并且有一种恶作剧的窃喜。

就让生命顺其自然，水到渠成吧，犹如窗前的//乌桕，自生自落之间，自有一份圆融丰满的喜悦。春雨轻轻落着，没有诗，没有酒，有的只是一分相知相属的自在自得。

夜色在笑语中渐渐沉落，朋友起身告辞，没有挽留，没有送别，甚至也没有问归期。

已经过了大喜大悲的岁月，已经过了伤感流泪的年华，知道了聚散原来是这样的自然和顺理成章，懂得这点，便懂得珍惜每一次相聚的温馨，离别便也欢喜。

重点字词：

jí jiāng	jí shú	xiàng kǒu	qì hé	jīng hài	wǒ men	lǎo péng you	yuē shù lì
即将	极熟	巷口	契合	惊骇	我们	老朋友	约束力
zhèng tuō	shù fù	zài hu	dǐ huǐ	shū tǎn	wū jiù	xiāng zhǔ	wēn xīn
挣脱	束缚	在乎	诋毁	舒坦	乌桕	相属	温馨

作品 12 号

我为什么当教师

（美）彼得·基·贝得勒

我为什么非要教书不可？是因为我喜欢当教师的时间安排表和生活节奏。七、八、九三个月给我提供了进行回顾、研究、写作的良机，并将三者有机融合，而善于回顾、研究和总结正是优秀教师素质中不可缺少的成分。

干这行给了我多种多样的“甘泉”去品尝，找优秀的书籍去研读，到“象牙塔”和实际世界里去发现。教学工作给我提供了继续学习的时间保证，以及多种途径、机遇和挑战。

然而，我爱这一行的真正原因，是爱我的学生。学生们在我的眼前成长、变化。当教师意味着亲历“创造”过程的发生——恰似亲手赋予一团泥土以生命，没有什么比目睹它开始呼吸更激动人心的了。

权利我也有了：我有权利去启发诱导，去激发智慧的火花，去问费心思考的问题，去赞扬回答的尝试，去推荐书籍，去指点迷津。还有什么别的权利能与之相比呢？

而且，教书还给我金钱和权利之外的东西，那就是爱心。不仅有对学生的爱，对书籍的爱，对知识的爱，还有教师才能感受到的对“特别”学生的爱。这些学生，有如冥顽不灵的泥块，由于接受了老师的炽爱才勃发了生机。

所以，我爱教书，还因为，在那些勃发生机的“特//别”学生身上，我有时发现自己和他们呼吸相通，忧乐与共。

重点字词：

wèi shén me	tí gōng le	xué shēng men	míng wán bù líng	ní kuài	chì ài	bó fā le
为什么	提供了	学生们	冥顽不灵	泥块	炽爱	勃发了

作品 13 号

最糟糕的发明

林光如

在一次名人访问中，被问及上个世纪最重要的发明是什么时，有人说是电脑，有人说是汽车，等等。但新加坡的一位知名人士却说是冷气机。他解释，如果没有冷气，热带地区如东南亚国家，就不可能有高的生产力，就不可能达到今天的生活水准。他的回答实事求是，有理有据。

看了有关报道，我突发奇想：为什么没有记者问“二十世纪最糟糕的发明是什么”？其实二〇〇二年十月中旬，英国的一家报纸就评出了“人类最糟糕的发明”。获此“殊荣”的，就是人们每天大量使用的塑料袋。

诞生于上个世纪三十年代的塑料袋，其家族包括用塑料制成的快餐饭盒、包装纸、餐用杯盘、饮料瓶、酸奶杯、雪糕杯等等。这些废弃物形成的垃圾，数量多、体积大、重量轻、不降解，给治理工作带来很多技术难题和社会问题。

比如，散落在田间、路边及草丛中的塑料餐盒，一旦被牲畜吞食，就会危及健康甚至导致死亡。填埋废弃塑料袋、塑料餐盒的土地，不能生长庄稼和树木，造成土地板结。而焚烧处理这些塑料垃圾，则会释放出多种化学有毒气体，其中一种称为二噁英的化合物，毒性极大。

此外，在生产塑料袋、塑料餐盒的//过程中使用的氟利昂，对人体免疫系统和生态环境造成的破坏也极为严重。

重点字词：

què shuō	sù liào dài	tǐ jī	bú jiàng jiě	sǎn luò	shēng chù	zhuāng jià	bǎn jié
却说	塑料袋	体积	不降解	散落	牲畜	庄稼	板结
fén shāo	chǔ lǐ	èr è yīng	fú lì áng				
焚烧	处理	二噁英	氟利昂				

作品 14 号

站在历史的枝头微笑

（美）本杰明·拉什

人活着，最要紧的是寻觅到那片代表着生命绿色和人类希望的丛林，然后选一高高的枝头站在那里观览人生，消化痛苦，孕育歌声，愉悦世界！

这可真是一种潇洒的人生态度，这可真是一种心境爽朗的情感风貌。

站在历史的枝头微笑，可以减免许多烦恼。在那里，你可以从众生相所包含的酸甜苦辣、百味人生中寻找你自己，你境遇中的那点儿苦痛，也许相比之下，再也难以占据一席之地，你会较容易地获得从不悦中解脱灵魂的力量，使之不致变得灰色。

人站得高些，不但能有幸早些领略到希望的曙光，还能有幸发现生命的立体的诗篇。每一个人的人生，都是这诗篇中的一个词、一个句子或者一个标点。你可能没有成为一个美丽的词、一个引人注目的句子、一个惊叹号，但你依然是这生命的立体诗篇中的一个音节、一个停顿、一个必不可少的组成部分。这足以使你放弃前嫌，萌生为人类孕育新的歌声的兴致，为世界带来更多的诗意。

最可怕的人生见解，是把多维的生存图景看成平面。因为那平面上刻下的大多是凝固了的历史——过去的遗迹；但活着的人们，活得却是充满着新生智慧的，由不断逝去的“现在”组成的未来。人生不能像某些鱼类躺着游，人生也不能像某些兽类爬着走，而应该站着向前行，这才是人类应有的生存姿态。

重点字词：

xún mì	yùn yù	yú yuè	zhòng shēng xiàng	nà diǎnr	bù fen	yí jì	huó de
寻觅	孕育	愉悦	众生相	那点儿	部分	遗迹	活得

作品 15 号

中国的牛

小思

对于中国的牛，我有着一种特别尊敬的感情。

留给我印象最深的，要算在田垄上的一次“相遇”。

一群朋友郊游，我领头在狭窄的阡陌上走，怎料迎面来了几只耕牛，狭道容不下人和牛，终有一方要让路。它们还没有走近，我们已经预计斗不过畜牲，恐怕难免踩到田地泥水里，弄得鞋袜又泥又湿了。正在踟蹰的时候，带头的一头牛，在离我们不远的地方停下来，抬起头看看，稍迟疑一下，就自动走下田去，一队耕牛，全跟着它离开阡陌，从我们身边经过。

我们都呆了，回过头来，看着深褐色的牛队，在路的尽头消失，忽然觉得自己受了很大恩惠。

中国的牛，永远沉默地为人类做着沉重的工作。在大地上，在晨光或烈日下，它拖着沉重的犁，低头一步又一步，拖出了身后一列又一列松土，好让人们下种。等到满地金黄或农闲时候，它可能还得担当搬运负重的工作，或终日绕着石磨，朝同一方向，走不计程的路。

在它沉默劳动中，人便得到应得的收成。

那时候，也许，它可以松一肩重担，站在树下，吃几口嫩草。偶尔摇摇尾巴，摆摆耳朵，赶走飞附身上的苍蝇，已经算是它最闲适的生活了。

中国的牛，没有成群奔跑的习//惯，永远沉沉实实的。默默地工作，平心静气，这就是中国的牛。

重点字词：

tián lǒng	xiá zhǎi	qiān mò	chù sheng	chí chú	hè sè	xià zhǒng	hái děi
田垄	狭窄	阡陌	畜牲	踟蹰	褐色	下种	还得
cāng ying	xián shì de						
苍蝇	闲适的						

作品 16 号

野　　草

夏衍

有这样一个故事。

有人问：世界上什么东西的气力最大？回答纷纭得很，有的说“象”，有的说“狮”，有人开玩笑似的说：是“金刚”，金刚有多少气力，当然大家全不知道。

结果，这一切答案完全不对，世界上气力最大的，是植物的种子。一粒种子所可以显现出来的力，简直是超越一切。

人的头盖骨，结合得非常致密与坚固，生理学家和解剖学者用尽了一切的方法，要把它完整地分出来，都没有这种力气。后来忽然有人发明了一个方法，就是把一些植物的种子放在要剖析的头盖骨里，给它以温度与湿度，使它发芽，一发芽，这些种子便以可怕的力量，将一切机械力所不能分开的骨骼，完整地分开了。植物种子力量之大，如此如此。

这，也许特殊了一点儿，常人不容易理解，那么，你看见笋的成长吗？你看见过被压在瓦砾和石块下面的一颗小草的生成吗？它为着向往阳光，为着达成它的生之意志，不管上面的石块如何重，石与石之间如何狭，它必定要曲曲折折地，但是顽强不屈地透到地面上来，它的根往土壤钻，它的芽往地面挺，这是一种不可抗的力，阻止它的石块，结果也被它掀翻，一粒种子的力量的大，//如此如此。

没有一个人将小草叫作“大力士”，但是它的力量之大，的确是世界无比。这种力，是一般人看不见的生命力。只要生命存在，这种力就要显现。上面的石块，丝毫不足以阻挡。因为它是一种“长期抗战”的力；有弹性，能屈能伸的力；有韧性，不达目的不止的力。

重点字词：

dōng xi	fēn yún de hěn	jié guǒ	zhǒng zi	tóu gài gǔ	zhì mì	jiě pōu	pōu xī
东西	纷纭得很	结果	种子	头盖骨	致密	解剖	剖析
jī xiè lì	gǔ gé	yì diǎnr	wǎ lì	shí tou	wèi zhe	qū qū zhé zhé de	
机械力	骨骼	一点儿	瓦砾	石头	为着	曲曲折折地	

作品 17 号

喜　悦

王蒙

高兴，这是一种具体的被看得到摸得着的事物所唤起的情绪。它是心理的，更是生理的。它容易来也容易去，谁也不应该对它视而不见失之交臂，谁也不应该总是做那些使自己不高兴也使旁人不高兴的事。让我们说一件最容易做也最令人高兴的事吧，尊重你自己，也尊重别人，这是每一个人的权利，我还要说这是每一个人的义务。

快乐，它是一种富有概括性的生存状态、工作状态。它几乎是先验的，它来自生命本身的活力，来自宇宙、地球和人间的吸引，它是世界的丰富、绚丽、阔大、悠久的体现。快乐还是一种力量，是埋在地下的根脉。消灭一个人的快乐比挖掘掉一棵大树的根要难得多。

欢欣，这是一种青春的、诗意的情感。它来自面向着未来伸开双臂奔跑的冲力，它来自一种轻松而又神秘、朦胧而又隐秘的激动，它是激情即将到来的预兆，它又是大雨过后的比下雨还要美妙得多也久远得多的回味。

喜悦，它是一种带有形而上色彩的修养和境界。与其说它是一种情绪，不如说它是一种智慧、一种超拔、一种悲天悯人的宽容和理解，一种饱经沧桑的充实和自信，一种光明的理性，一种坚定//的成熟，一种战胜了烦恼和庸俗的清明澄澈。它是一潭浅水，它是一抹朝霞，它是无边的平原，它是沉默的地平线。多一点儿、再多一点儿喜悦吧，它是翅膀，也是归巢。它是一杯美酒，也是一朵永远开不败的莲花。

重点字词：

kàn de dào	mō de zhe	shī zhī jiāo bì	xuàn lì	kuò dà	gēn mài	yǐn mì de
看得到	摸得着	失之交臂	绚丽	阔大	根脉	隐秘的
jí jiāng	bēi tiān mǐn rén	yōng sú	chéng chè	yì mǒ	yì diǎnr	guī cháo
即将	悲天悯人	庸俗	澄澈	一抹	一点儿	归巢

作品 18 号

我的信念

（波兰）玛丽·居里

生活对于任何人都非易事，我们必须有坚韧不拔的精神。最要紧的，还是我们自己要有信心。我们必须相信，我们对每一件事情都具有天赋的才能，并且，无论付出任何代价，都要把这件事完成，当事情结束的时候，你要能问心无愧地说："我已经尽我所能了。"

有一年的春天，我因病被迫在家里休息数周。我注视着我的女儿们所养的蚕正在结茧，这使我很感兴趣。望着这些蚕执着地、勤奋地工作，我感到我和它们非常相似。像它们一样，我总是耐心地把自己的努力集中在一个目标上。我之所以如此，或许是因为有某种力量鞭策着我——正如蚕被鞭策着去结茧一般。

近五十年来，我致力于科学研究，而研究，就是对真理的探讨。我有许多美好快乐的记忆。少女时期我在巴黎大学，孤独地过着求学的岁月；在后来献身科学的整个时期，我丈夫和我专心致志，像在梦幻中一般，坐在简陋的书房里艰辛地研究，后来我们就在那里发现了镭。

我永远追求安静的工作和简单的家庭生活。为了实现这个理想，我竭力保持宁静的环境，以免受人事的干扰和盛名的拖累。

我深信，在科学方面我们有对事业而不是//对财富的兴趣。我的唯一奢望是在一个自由国家中，以一个自由学者的身份从事研究工作。

我一直沉醉于世界的优美之中，我所热爱的科学也不断增加它崭新的远景。我认定科学本身就具有伟大的美。

重点字词：

jié shù	jié jiǎn	zhí zhuó de	tā men	guò zhe	jié lì
结束	结茧	执着地	它们	过着	竭力

作品 19 号

差　　别

两个同龄的年轻人同时受雇于一家店铺，并且拿同样的薪水。

可是一段时间后，叫阿诺德的那个小伙子青云直上，而那个叫布鲁诺的小伙子却仍在原地踏步。布鲁诺很不满意老板的不公正待遇。终于有一天他到老板那儿发牢骚了。老板一边耐心地听着他的抱怨，一边在心里盘算着怎样向他解释清楚他和阿诺德之间的差别。

“布鲁诺先生，”老板开口说话了，“您现在到集市上去看一下，看看今天早上有什么卖的。”

布鲁诺从集市上回来向老板汇报说，今早集市上只有一个农民拉了一车土豆在卖。

“有多少？”老板问。

布鲁诺赶快戴上帽子又跑到集上，然后回来告诉老板一共四十袋土豆。

“价格是多少？”

布鲁诺又第三次跑到集上问来了价格。

“好吧，”老板对他说，“现在请您坐到这把椅子上一句话也不要说，看看阿诺德怎么说。”

阿诺德很快就从集市上回来了。向老板汇报说到现在为止只有一个农民在卖土豆，一共四十口袋，价格是多少；土豆质量很不错，他带回来一个让老板看看。这个农民一个钟头以后还会弄来几箱西红柿，据他看价格非常公道。昨天他们铺子的西红柿卖得很快，库存已经不//多了。他想这么便宜的西红柿，老板肯定会要进一些的，所以他不仅带回了一个西红柿做样品，而且把那个农民也带来了，他现在正在外面等回话呢。

此时老板转向了布鲁诺，说：“现在您肯定知道为什么阿诺德的薪水比您高了吧！”

重点字词：

受雇 shòu gù　薪水 xīn shui　阿诺德 Ā nuò dé　小伙子 xiǎo huǒ zi　布鲁诺 Bù lǔ nuò　那儿 nàr　牢骚 láo sāo　盘算着 pán suan zhe

差别 chā bié　先生 xiān sheng　看看 kàn kan　什么 shén me　质量 zhì liàng　卖得 mài de

作品20号

一个美丽的故事

张玉庭

有个塌鼻子的小男孩儿，因为两岁时得过脑炎，智力受损，学习起来很吃力。打个比方，别人写作文能写二三百字，他却只能写三五行。但即便这样的作文，他同样能写得很动人。

那是一次作文课，题目是《愿望》。他极其认真地想了半天，然后极认真地写，那作文极短。只有三句话：我有两个愿望，第一个是，妈妈天天笑眯眯地看着我说："你真聪明。"第二个是，老师天天笑眯眯地看着我说："你一点也不笨。"

于是，就是这篇作文，深深地打动了他的老师，那位妈妈式的老师不仅给了他最高分，在班上带感情朗诵了这篇作文，还一笔一画地批道：你很聪明，你的作文写得非常感人，请放心，妈妈肯定会格外喜欢你的，老师肯定会格外喜欢你的，大家肯定会格外喜欢你的。

捧着作文本，他笑了，蹦蹦跳跳地回家了，像只喜鹊。但他并没有把作文本拿给妈妈看，他是在等待，等待着一个美好的时刻。

那个时刻终于到了，是妈妈的生日——一个阳光灿烂的星期天：那天，他起得特别早，把作文本装在一个亲手做的美丽的大信封里，等着妈妈醒来。妈妈刚刚睁眼醒来，他就笑眯眯地走到妈妈跟前说："妈妈，今天是您的生日，我要//送给您一件礼物。"

果然，看着这篇作文，妈妈甜甜地涌出了两行热泪，然后一把搂住小男孩儿，搂得很紧很紧。

是的，智力可以受损，但爱永远不会。

重点字词：

tā bí zi	nán háir	nǎo yán	yì diǎnr	xǐ què
塌鼻子	男孩儿	脑炎	一点儿	喜鹊

作品 21 号

天才的造就

刘燕敏

在里约热内卢的一个贫民窟里，有一个男孩子，他非常喜欢足球，可是又买不起，于是就踢塑料盒，踢汽水瓶，踢从垃圾箱里捡来的椰子壳。他在胡同里踢，在能找到的任何一片空地上踢。

有一天，当他在一处干涸的水塘里猛踢一个猪膀胱时，被一位足球教练看见了。他发现这个男孩儿踢得很像是那么回事，就主动提出要送给他一个足球。小男孩儿得到足球后踢得更卖劲了。不久，他就能准确地把球踢进远处随意摆放的一个水桶里。

圣诞节到了，孩子的妈妈说："我们没有钱买圣诞礼物送给我们的恩人，就让我们为他祈祷吧。"

小男孩儿跟随妈妈祈祷完毕，向妈妈要了一把铲子便跑了出去。他来到一座别墅前的花园里，开始挖坑。

就在他快要挖好坑的时候，从别墅里走出一个人来，问小孩儿在干什么，孩子抬起满是汗珠的脸蛋儿，说："教练，圣诞节到了，我没有礼物送给您，我愿给您的圣诞树挖一个树坑。"

教练把小男孩儿从树坑里拉上来，说，我今天得到了世界上最好的礼物。明天你就到我的训练场去吧。

三年后，这位十七岁的男孩儿在第六届足球锦标赛上独进二十一球，为巴西第一次捧回了金杯。一个原来不//为世人所知的名字——贝利，随之传遍世界。

重点字词：

lǐ yuē rè nèi lú 里约热内卢　nán hái zi 男孩子　xǐ huan 喜欢　kòng dì 空地　gān hé 干涸　nán háir 男孩儿　mài jìn 卖劲

mā ma 妈妈　qí dǎo 祈祷　chǎn zi 铲子　liǎn dànr 脸蛋儿

作品22号

达瑞的故事

博多·舍费尔

在达瑞八岁的时候，有一天他想去看电影。因为没有钱，他想是向爸妈要钱，还是自己挣钱。最后他选择了后者。他自己调制了一种汽水，向过路的行人出售。可那里正是寒冷的冬天，没有人买，只有两个人例外——他的爸爸和妈妈。

他偶然有一个和非常成功的商人谈话的机会，当他对商人讲述了自己的“破产史”后，商人给了他两个重要的建议：一是尝试为别人解决一个难题；二是把精力集中在你知道的、你会的和你拥有的东西上。

这两个建议很关键。因为对于一个八岁的孩子而言，他不会做的事情很多。于是他穿过大街小巷，不住地思考：人们会有什么难题，他又如何利用这个机会？

一天，吃早饭时父亲让达瑞去取报纸。美国的送报员总是把报纸从花园篱笆的一个特制的管子里塞进来。假如你想穿着睡衣舒舒服服地吃早饭和看报纸，就必须离开温暖的房间，冒着寒风，到花园去取。虽然路短，但十分麻烦。

当达瑞为父亲取报纸的时候，一个主意诞生了。当天他就按响邻居的门铃，对他们说，每个月只需付给他一美元，他就每天早上把报纸塞到他们的房门底下。大多数人都同意了，很快他有//了七十多个顾客。一个月后，当他拿到自己赚的钱时，觉得自己简直是飞上了天。

很快他又有了新的机会，他让他的顾客每天把垃圾袋放在门前，然后由他早上运到垃圾桶里，每个月加一美元。之后他还想出了许多孩子赚钱的办法，并把它集结成书，书名为《儿童挣钱的二百五十个主意》。为此，达瑞十二岁时就成了畅销书作家，十五岁有了自己的谈话节目，十七岁就拥有了几百万美元。

重点字词：

时候（shí hou）　因为（yīn wèi）　调制（tiáo zhì）　孩子（hái zi）　事情（shì qing）　人们（rén men）　篱笆（lí ba）

管子里（guǎn zi li）　穿着（chuān zhe）　舒舒服服地（shū shu fū fū de）　麻烦（má fan）　当天（dàng tiān）

作品 23 号

二十美金的价值

一天爸爸下班回到家已经很晚了，他很累也有点儿烦，他发现五岁的儿子靠在门旁正等着他。

“爸，我可以问您一个问题吗?

“什么问题?”“爸，您一小时可以赚多少钱?”“这与你无关，你为什么问这个问题?”父亲生气地说。

“我只是想知道，请告诉我，您一小时赚多少钱?”小孩儿哀求道。“假如你一定要知道的话，我一小时赚二十美金。”

“哦，”小孩儿低下了头，接着又说，“爸，可以借我十美金吗?”父亲发怒了：“如果你只是要借钱去买无意义的玩具的话，给我回到你的房间睡觉去，好好想想为什么你会那么自私。我每天辛苦工作，没时间和你玩儿小孩子的游戏。”

小孩儿默默地回到自己的房间关上门。

父亲坐下来还在生气。后来，他平静下来了。心想他可能对孩子太凶了——或许孩子真的很想买什么东西，再说他平时很少要过钱。

父亲走进孩子的房间：“你睡了吗?”“爸，还没有，我还醒着。”孩子回答。

“我刚才可能对你太凶了，”父亲说，“我不应该发那么大的火儿——这是你要的十美金。”“爸，谢谢您。”孩子高兴地从枕头下拿出一些被弄皱的钞票，慢慢地数着。

“为什么你已经有钱了还要?”父亲不解地问。

“因为原来不够，但现在凑够了。”孩子回答：“爸，我现在有//二十美金了，我可以向您买一个小时的时间吗？明天请早一点儿回家——我想和您一起吃晚餐。”

重点字词：

有点儿（yǒu diǎnr） 儿子（ér zi） 什么（shén me） 赚（zhuàn） 知道（zhī dao） 告诉（gào su） 小孩儿（xiǎo háir） 想想（xiǎng xiang）

那么（nà me） 玩儿（wánr） 小孩子（xiǎo hái zi） 火儿（huǒr） 因为（yīn wèi） 早一点儿（zǎo yì diǎnr）

作品 24 号

父亲的爱

艾尔玛·邦贝克

爸不懂得怎样表达爱，使我们一家人融洽相处的是我妈。他只是每天上班下班，而妈则把我们做过的错事开列清单，然后由他来责骂我们。

有一次我偷了一块糖果，他要我把它送回去，告诉卖糖的说是我偷来的，说我愿意替他拆箱卸货作为赔偿。但妈妈却明白我只是个孩子。

我在运动场打秋千跌断了腿，在前往医院的途中一直抱着我的，是我妈。爸把汽车停在急诊室门口，他们叫他驶开，说那空位是留给紧急车辆停放的。爸听了便叫嚷道："你以为这是什么车？旅游车？"

在我生日会上，爸总是显得有些不大相称。他只是忙于吹气球，布置餐桌，做杂务。把插着蜡烛的蛋糕推过来让我吹的，是我妈。

我翻阅照相册时，人们总是问："你爸爸是什么样子的？"天晓得！他老是忙着替别人拍照。妈和我笑容可掬地一起拍的照片，多得不可胜数。

我记得妈有一次叫他教我骑自行车。我叫他别放手，但他却说是应该放手的时候了。我摔倒之后，妈跑过来扶我，爸却挥手要她走开。我当时生气极了，决心要给他点颜色看。于是我马上爬上自行车，而且自己骑给他看。他只是微笑。

我念大学时，所有的家信都是妈写的。他除//了寄支票外，还寄过一封短柬给我，说因为我不在草坪上踢足球了，所以他的草坪长得很美。

每次我打电话回家，他似乎都想跟我说话，但结果总是说："我叫你妈来接。"

我结婚时，掉眼泪的是我妈。他只是大声擤了一下鼻子，便走出房间。

我从小到大都听他说："你到哪里去？什么时候回家？汽车有没有汽油？不，不准去。"爸完全不知道怎样表达爱。除非……

会不会是他已经表达了，而我却未能察觉？

重点字词：

dǒng de 懂得　wǒ men 我们　róng qià 融洽　xiāng chǔ 相处　gào sù 告诉　xiè huò 卸货　péi cháng 赔偿　míng bai 明白

hái zi 孩子　qiū qiān 秋千　diē duàn 跌断　bào zhe 抱着　jí zhěn shì 急诊室　tā men 他们　kòng wèi 空位　shén me 什么

xiāng chèn 相称　chā zhe 插着　xiào róng kě jū 笑容可掬

作品 25 号

迷途笛音

那年我六岁。离我家仅一箭之遥的小山坡旁，有一个早被废弃的采石场，双亲从来不准我去那儿，其实那儿风景十分迷人。

一个夏季的下午，我随着一群小伙伴偷偷上那儿去了。就在我们穿越了一条孤寂的小路后，他们却把我一个人留在原地，然后奔向“更危险的地带”了。

等他们走后，我惊慌失措地发现，再也找不到回家的那条孤寂的小道了。像只无头的苍蝇，我到处乱钻，衣裤上挂满了芒刺。太阳已落山，而此时此刻，家里一定开始吃晚餐了，双亲正盼着我回家…… 想着想着，我不由得背靠着一棵树，伤心地呜呜大哭起来……

突然，不远处传来了声声柳笛。我像找到了救星，急忙循声走去。一条小道边的树桩上坐着一位吹笛人，手里还正削着什么。走近细看，他不就是被大家称为“乡巴佬”的卡廷吗？

“你好，小家伙，”卡廷说，“看天气多美，你是出来散步的吧？”

我怯生生地点点头，答道：“我要回家了。”

“请耐心等上几分钟，”卡廷说，“瞧，我正在削一支柳笛，差不多就要做好了，完工后就送给你吧！”

卡廷边削边不时把尚未成形的柳笛放在嘴里试吹一下。没过多久，一支柳笛便递到我手中。我俩在一阵阵清脆悦耳的笛音//中，踏上了归途……

当时，我心中只充满感激，而今天，当我自己也成了祖父时，却突然领悟到他用心之良苦！那天当他听到我的哭声时，便判定我一定迷了路，但他并不想在孩子面前扮演“救星”的角色，于是吹响柳笛以便让我能发现他，并跟着他走出困境！卡廷先生以乡下人的淳朴，保护了一个小男孩强烈的自尊。

重点字词：

nàr 那儿	suí zhe 随着	xiǎo huǒ bàn 小伙伴	wǒ men 我们	tā men 他们	bēn xiàng 奔向	jīng huāng shī cuò de 惊慌失措地
cāng ying 苍蝇	tū rán 突然	xún shēng 循声	xuē zhe 削着	shén me 什么	kǎ tíng 卡廷	xiǎo jiā huo 小家伙	qiè 怯
wǒ liǎ 我俩	jué sè 角色					

作品 26 号

我的母亲独一无二

（法）罗曼·加里

记得我十三岁时，和母亲住在法国东南部的耐斯城。母亲没有丈夫，也没有亲戚，够清苦的，但她经常能拿出令人吃惊的东西，摆在我面前。她从来不吃肉，一再说自己是素食者。然而有一天，我发现母亲正仔细地用一小块碎面包擦那给我煎牛排用的油锅。我明白了她称自己为素食者的真正原因。

我十六岁时，母亲成了耐斯市美蒙旅馆的女经理。这时，她更忙碌了。一天，她瘫在椅子上，脸色苍白，嘴唇发灰。马上找来医生，做出诊断：她摄取了过多的胰岛素。直到这时我才知道母亲多年一直对我隐瞒的疾痛——糖尿病。

她的头歪向枕头一边，痛苦地用手抓挠胸口。床架上方，则挂着一枚我一九三二年赢得耐斯市少年乒乓球冠军的银质奖章。

啊，是对我的美好前途的憧憬支撑着她活下去，为了给她那荒唐的梦至少加一点真实的色彩，我只能继续努力，与时间竞争，直至一九三八年我被征入空军。巴黎很快失陷，我辗转调到英国皇家空军。刚到英国就接到了母亲的来信。这些信是由在瑞士的一个朋友秘密地转到伦敦，送到我手中的。

现在我要回家了，胸前佩带着醒目的绿黑两色的解放十字绶//带，上面挂着五六枚我终身难忘的勋章，肩上还佩带着军官肩章。到达旅馆时，没有一个人跟我打招呼。原来，我母亲在三年半以前就已经离开人间了。

在她死前的几天中，她写了近二百五十封信，把这些信交给她在瑞士的朋友，请这个朋友定时寄给我。就这样，在母亲死后的三年半的时间里，我一直从她身上吸取着力量和勇气——这使我能够继续战斗到胜利那一天。

重点字词：

丈夫（zhàng fu）　亲戚（qīn qi）　美蒙旅管（měi méng lǚ guǎn）　椅子（yǐ zi）　诊断（zhěn duàn）　摄取（shè qǔ）　疾痛（jí tòng）

抓挠（zhuā náo）　一枚（yì méi）　乒乓（pīng pāng）　憧憬（chōng jǐng）　绶带（shòu dài）

作品 27 号

永远的记忆

苦　伶

小学的时候，有一次我们去海边远足，妈妈没有做便饭，给了我十块钱买午餐。好像走了很久，很久，终于到海边，大家坐下来便吃饭，荒凉的海边没有商店，我一个人跑到防风林外面去，级任老师要大家把吃剩的饭菜分给我一点儿。有两三个男生留下一点儿给我，还有一个女生，她的米饭拌了酱油，很香。我吃完的时候，她笑眯眯地看着我，短头发，脸圆圆的。

她的名字叫翁香玉。

每天放学的时候，她走的是经过我们家的一条小路，带着一位比她小的男孩，可能是弟弟。小路边是一条清澈见底的小溪，两旁竹荫覆盖，我总是远远地跟在后面。夏日的午后特别炎热，走到半路她会停下来，拿手帕在溪水里浸湿，为小男孩儿擦脸。我也在后面停下来，把肮脏的手帕弄湿了擦脸，再一路远远地跟着她回家。

后来我们家搬到镇上去了，过几年我也上了中学。有一天放学回家，在火车上，看见斜对面一位短头发、圆圆脸的女孩，一身素净的白衣黑裙。我想她一定不认识我了。火车很快到站了，我随着人群挤向门口，她也走近了，叫我的名字。这是她第一次和我说话。

她笑眯眯的，和我一起走过月台。以后就没有再见过//她了。

这篇文章收在我出版的《少年心事》这本书里。

书出版后半年，有一天我忽然收到出版社转来的一封信，信封上是陌生的字迹，但清楚地写着我本名。

信里面说她看到了这篇文章心里非常激动，没想到在离开家乡，漂泊异地这么久之后，会看见自己仍然在一个人的记忆里，她自己也深深记得这其中的每一幕，只是没想到越过遥远的时空，竟然另一个人也深深记得。

重点字词：

时候（shí hou）　一点儿（yì diǎnr）　笑眯眯（xiào mī mī）　头发（tóu fà）　名字（míng zi）　翁香玉（wēng xiāng yù）　清澈（qīng chè）　覆盖（fù gài）

炎热（yán rè）　手帕（shǒu pà）　浸湿（jìn shī）　肮脏（āng zāng）　素净（sù jìng）　不认识（bù rèn shi）　随着（suí zhe）　陌生（mò shēng）

字迹（zì jì）　漂泊（piāo bó）　仍然（réng rán）

作品 28 号

火　光

（俄）柯罗连科

很久以前，在一个漆黑的秋天的夜晚，我泛舟在西伯利亚一条阴森森的河上。船到一个转弯处，只见前面黑黢黢的山峰下面一星火光蓦地一闪。

火光又明又亮，好像就在眼前……

“好啦，谢天谢地！”我高兴地说，“马上就到过夜的地方啦！”

船夫扭头朝身后的火光望了一眼，又不以为然地划起桨来。

“远着呢！”

我不相信他的话，因为火光冲破朦胧的夜色，明明在那儿闪烁。不过船夫是对的，事实上，火光的确还远着呢。

这些黑夜的火光的特点是：驱散黑暗，闪闪发亮，近在眼前，令人神往。乍一看，再划几下就到了……其实却还远着呢！……

我们在漆黑如墨的河上又划了很久。一个个峡谷和悬崖，迎面驶来，又向后移去，仿佛消失在茫茫的远方，而火光却依然停在前头，闪闪发亮，令人神往——依然是这么近，又依然是那么远……

现在，无论是这条被悬崖峭壁的阴影笼罩的漆黑的河流，还是那一星明亮的火光，都经常浮现在我的脑际，在这以前和在这以后，曾有许多火光，似乎近在咫尺，不止使我一人心驰神往。可是生活之河却仍然在那阴森森的两岸之间流着，而火光也依旧非常遥远。因此，必须加劲划桨……

然而，火光啊……毕竟……毕竟就//在前头！……

重点字词：

漆黑（qī hēi）　泛舟（fàn zhōu）　阴森森（yīn sēn sēn）　黑黢黢（hēi qū qū）　蓦地（mò dì）　远着呢（yuǎn zhe ne）　朦胧（méng lóng）　那儿（nàr）

闪烁（shǎn shuò）　漆黑如墨（qī hēi rú mò）　峡谷（xiá gǔ）　悬崖峭壁（xuán yá qiào bì）　似乎（sì hū）　咫尺（zhǐ chǐ）　加劲（jiā jìn）

火光啊（huǒ guāng a）　前头（qián tou）

作品 29 号

风筝畅想曲

李恒瑞

假日到河滩上转转，看见许多孩子在放风筝。一根根长长的引线，一头系在天上，一头系在地上，孩子同风筝都在天与地之间悠荡，连心也被悠荡得恍恍惚惚了，好像又回到了童年。

儿时的放风筝，大多是自己的长辈或家人编扎的，几根削得很薄的篾，用细纱扎成种种鸟兽的造型，糊上雪白的纸片，再用彩笔勾勒出面孔与翅膀的图案。通常扎得最多的是“老雕”“美人儿”“花蝴蝶”等。

我们家前院就有位叔叔，擅扎风筝，远近闻名。他扎的风筝不只体形好看，色彩艳丽，放飞得高远，还在风筝上绷一叶用蒲苇削成的膜片，经风一吹，发出“嗡嗡”的声响，仿佛是风筝的歌唱，在蓝天下播扬，给开阔的天地增添了无尽的韵味，给驰荡的童心带来几分疯狂。

我们那条胡同的左邻右舍的孩子们放的风筝几乎都是叔叔编扎的。他的风筝不卖钱，谁上门去要，就给谁，他乐意自己贴钱买材料。

后来，这位叔叔去了海外，放风筝也渐与孩子们远离了。不过年年叔叔给家乡写信，总不忘提起儿时的放风筝。香港回归之后，他在家信中说到，他这只被故乡放飞到海外的风筝，尽管飘荡游弋，经沐风雨，可那线头儿一直在故乡和//亲人手中牵着，如今飘得太累了，也该要回归到家乡和亲人身边来了。

是的。我想，不光是叔叔，我们每个人都是风筝，在妈妈手中牵着，从小放到大，再从家乡放到祖国最需要的地方去啊！

重点字词：

zhuàn zhuan 转转	hái zi 孩子	fēng zheng 风筝	jì zài 系在	yōu dàng 悠荡	huǎng huang hū hū 恍恍惚惚	biān zā 编扎		
xiāo de 削得	hěn báo 很薄	miè 篾	gōu lè 勾勒	zā de 扎得	měi rénr 美人儿	shū shu 叔叔	shàn 擅	wēng wēng 嗡嗡
hú tòng 胡同	hái zi men 孩子们	shéi 谁	jǐn guǎn 尽管	yóu yì 游弋	mù 沐	xiàn tóur 线头儿	qiān zhe 牵着	dì fang 地方

作品 30 号

和时间赛跑

（中国台湾）林清玄

读小学的时候，我的外祖母去世了。外祖母生前最疼爱我，我无法排除自己的忧伤，每天在学校的操场上一圈又一圈地跑着，跑得累倒在地上，扑在草坪上痛哭。

那哀痛的日子，断断续续地持续了很久，爸爸妈妈也不知道如何安慰我。他们知道与其骗我说外祖母睡着了，还不如对我说实话：外祖母永远不会回来了。

“什么是永远不会回来？”我问着。

“所有时间里的事物，都永远不会回来了。你的昨天过去，它就永远变成昨天，你不能再回到昨天。爸爸以前也和你一样小，现在也不能回到你这么小的童年了；有一天你会长大，你会像外祖母一样老；有一天你度过了你的时间，就永远不会回来了。”爸爸说。

爸爸等于给我一个谜语，这谜语比课本上的“日历挂在墙壁，一天撕去一页，使我心里着急”和“一寸光阴一寸金，寸金难买寸光阴”还让我感到可怕；也比作文本上的“光阴似箭，日月如梭”更让我觉得有一种说不出的滋味。

时间过得那么飞快，使我的小心眼里不只是着急，而是悲伤。有一天我放学回家，看到太阳快落山了，就下决心说：“我要比太阳更快地回家。”我狂奔回去，站在庭院前喘气的时候，看到太阳//还露着半边脸，我高兴地跳跃起来，那一天我跑赢了太阳。以后我就时常做那样的游戏，有时和太阳赛跑，有时和西北风比快，有时一个暑假才能做完的作业，我十天就做完了。那时我三年级，常常把哥哥五年级的作业拿来做。每一次比赛胜过时间，我就快乐得不知道怎么形容。

如果将来我有什么要教给我的孩子，我会告诉他：假期你一起和时间比赛，你就可以成功！

重点字词：

shí hou	pǎo zhe	rì zi	yǔ qí	shuì zháo le	shén me	mí yǔ	zhāo jí
时候	跑着	日子	与其	睡着了	什么	谜语	着急
xīn yǎn li	lù zhe	tiào yuè	pǎo yíng	gē ge	kuài lè de	zěn me	gào su
心眼里	露着	跳跃	跑赢	哥哥	快乐得	怎么	告诉

作品 31 号

胡适的白话电报

三十年代初，胡适在北京大学任教授。讲课时他常常对白话文大加称赞，引起一些只喜欢文言文而不喜欢白话文的学生的不满。

一次，胡适正讲得得意的时候，一位姓魏的学生突然站了起来，生气地问："胡先生，难道说白话文就毫无缺点吗？"胡适微笑着回答说："没有。"那位学生更加激动了："肯定有！白话文废话太多，打电报用字多，花钱多。"胡适的目光顿时变亮了，轻声地解释说："不一定吧！前几天有位朋友给我打来电报，请我去政府部门工作，我决定不去，就回电拒绝了。复电是用白话写的，看来也很省字。请同学们根据我这个意思，用文言文写一个回电，看看究竟是白话文省字，还是文言文省字？"胡教授刚说完，同学们立刻认真地写了起来。

十五分钟过去，胡适让同学举手，报告用字的数目，然后挑了一份用字最少的文言电报稿，电文是这样写的：

"才疏学浅，恐难胜任，不堪从命。"白话文的意思是：学问不深，恐怕很难担任这个工作，不能服从安排。

胡适说，这份写得确实不错，仅用了十二个字。但我的白话电报却只用了五个字：

"干不了，谢谢！"

胡适又解释说："干不了"就有才疏学浅、恐难胜任的意思；"谢谢"既//对朋友的介绍表示感谢，又有拒绝的意思。所以，废话多不多，并不看它是文言文还是白话文，只要注意选用字词，白话文是可以比文言文更省字的。

重点字词：

chū	Hú shì	jiǎng de	shí hou	xiān sheng	wēi xiào zhe	cái shū xué qiǎn	bù kān
初	胡适	讲得	时候	先生	微笑着	才疏学浅	不堪
xué wen	zhè ge						
学问	这个						

作品 32 号

可爱的小鸟

王文杰

没有一片绿叶，没有一缕炊烟，没有一粒泥土，没有一丝花香，只有水的世界，云的海洋。

一阵台风袭过，一只孤单的小鸟无家可归，落到被卷到洋里的木板上，乘流而下，姗姗而来，近了，近了！……

忽然，小鸟张开翅膀，在人们头顶盘旋了几圈，“扑啦”一声落到了船上。许是累了？还是发现了“新大陆”？水手撵它它不走，抓它，它乖乖地落在掌心。可爱的小鸟和善良的水手结成了朋友。

瞧，它多美丽，娇巧的小嘴，啄理着绿色的羽毛，鸭子样的扁脚，呈现出春草的鹅黄。水手们把它带到舱里，给它“搭铺”，让它在船上安家落户，每天，把分到的一塑料桶淡水匀给它喝，把从祖国带来的鲜美的鱼肉分给它吃，天长日久，小鸟和水手的感情日趋笃厚。清晨，当第一束阳光射进舷窗时，它便敞开美丽的歌喉，唱啊唱，嘤嘤有韵，婉如春水淙淙。人类给它以生命，它毫不悭吝地把自己的艺术青春奉献给了哺育它的人。可能都是这样？艺术家们的青春只会献给尊敬他们的人。

小鸟给远航生活蒙上了一层浪漫色调，返航时，人们爱不释手，恋恋不舍地想把它带到异乡。可小鸟憔悴了，给水，不喝！喂肉，不吃！油亮的羽毛失去了光泽。是啊，我//们有自己的祖国，小鸟也有它的归宿，人和动物都是一样啊，哪儿也不如故乡好！

慈爱的水手们决定放开它，让它回到大海的摇篮去，回到蓝色的故乡去。离别前，这个大自然的朋友与水手们留影纪念。它站在许多人的头上，肩上，掌上，胳膊上，与喂养过它的人们，一起融进那蓝色的画面……

重点字词：

yí piàn 一片	lǜ yè 绿叶	yì lǚ 一缕	yí lì 一粒	yì sī 一丝	yí zhèn 一阵	yì zhī 一只	chéng 乘	shān shān 姗姗
chì bǎng 翅膀	rén men 人们	pū lā 扑啦	niǎn 撵	jié chéng 结成	péng you 朋友	zhuó lǐ zhe 啄理着	sù liào 塑料	yún 匀
dǔ hòu 笃厚	yí shù 一束	xián chuāng 舷窗	chàng a chàng 唱啊唱	yīng yīng 嘤嘤	wǎn rú 宛如	cóng cóng 淙淙	háo bù 毫不	
qiān lìn 悭吝	bǔ yù 哺育	ài bù shì shǒu 爱不释手	qiáo cuì 憔悴	guī sù 归宿	nǎr 哪儿	gē bo 胳膊		

作品 33 号

坚守你的高贵

游宇明

三百年前，建筑设计师莱伊恩受命设计了英国温泽市政府大厅。他运用工程力学的知识，依据自己多年的实践，巧妙地设计了只用一根柱子支撑的大厅天花板。一年以后，市政府权威人士进行工程验收时，却说只用一根柱子支撑天花板太危险，要求莱伊恩再多加几根柱子。

莱伊恩自信只要一根坚固的柱子足以保证大厅安全，他的“固执”惹恼了市政官员，险些被送上法庭。他非常苦恼，坚持自己原先的主张吧，市政官员肯定会另找人修改设计；不坚持吧，又有悖自己为人的准则。矛盾了很长一段时间，莱伊恩终于想出了一条妙计，他在大厅里增加了四根柱子，不过这些柱子并未与天花板接触，只不过是装装样子。

三百年过去了，这个秘密始终没有被人发现。直到前两年，市政府准备修缮大厅的天花板，才发现莱伊恩当年的“弄虚作假”。消息传出后，世界各国的建筑专家和游客云集。当地政府对此也不加掩饰，在新世纪到来之际，特意将大厅作为一个旅游景点对外开放，旨在引导人们崇尚和相信科学。

作为一名建筑师，莱伊恩并不是最出色的。但作为一个人，他无疑非常伟大，这种//伟大表现在他始终恪守着自己的原则，给高贵的心灵一个美丽的住所，哪怕是遭遇到最大的阻力，也要想办法抵达胜利。

重点字词：

莱伊恩 (lái yī ēn)　悖 (bèi)　接触 (jiē chù)　修缮 (xiū shàn)　当地 (dāng dì)　掩饰 (yǎn shì)　旨在 (zhǐ zài)　崇尚 (chóng shàng)

恪守着 (kè shǒu zhe)

作品 34 号

金 子

陶猛 译

自从传言有人在萨文河畔散步时无意发现了金子后，这里便常有来自四面八方的掏金者。他们都想成为富翁，于是寻遍了整个河床，还在河床上挖出很多大坑，希望借助它们找到更多的金子。的确，有一些人找到了，但另外一些人因为一无所得而只好扫兴归去。

也有不甘心落空的，便驻扎在这里，继续寻找。彼得·弗雷特就是其中一员。他在河床附近买了一块没人要的土地，一个人默默地工作。他为了找金子，已把所有的钱都押在这块土地上。他埋头苦干了几个月，直到土地全变成了坑坑洼洼，他失望了——他翻遍了整块土地，但连一丁点儿金子都没看见。

六个月后，他连买面包的钱都没有了。于是他准备离开这儿到别处去谋生。

就在他即将离去的前一个晚上，天下起了倾盆大雨，并且一下就是三天三夜。雨终于停了，彼得走出小木屋，发现眼前的土地看上去好像和以前不一样：坑坑洼洼已被大水冲刷平整，松软的土地上长出一层绿茸茸的小草。

“这里没找到金子，”彼得忽有所悟地说，“但这土地很肥沃，我可以用来种花，并且拿到镇上去卖给那些富人，他们一定会买些花装扮他们华丽的客//厅。如果真是这样的话，那么我一定会赚很多钱，有朝一日我也会成为富人……”

于是他留了下来。彼得花了不少精力培育花苗，不久田地里长满了美丽鲜艳的各色鲜花。

五年以后，彼得终于实现了他的梦想——成了一个富翁。“我是唯一一个找到真金的人！”他时常不无骄傲地告诉别人，“别人在这儿找不到金子后便远远地离开，而我的‘金子’是在这块土地里，只有诚实的人用勤劳才能采集到。”

重点字词：

萨 sà　畔 pàn　富翁 fù wēng　寻遍了 xún biàn le　一无所得 yī wú suǒ dé　落空 luò kōng　驻扎 zhù zhā　彼得·弗雷特 bǐ dé fú léi tè

坑坑洼洼 kēng keng wā wā　一丁点儿 yī dīng diǎnr　这儿 zhèr　即将 jí jiāng　晚上 wǎn shang　倾盆大雨 qīng pén dà yǔ　绿茸茸 lǜ róng róng

赚 zhuàn

作品 35 号

捐　诚

青白

我在加拿大学习期间遇到过两次募捐，那情景至今使我难以忘怀。

一天，我在渥太华的街上被两个男孩子拦住去路。他们十来岁，穿得整整齐齐，每人头上戴着个做工精巧、色彩鲜艳的纸帽，上面写着“为帮助患小儿麻痹的伙伴募捐”。其中的一个，不由分说就坐在小凳上给我擦起皮鞋来，另一个则彬彬有礼地发问：“小姐，您是哪国人？喜欢渥太华吗？”“小姐，在你们国家有没有小孩儿患小儿麻痹？谁给他们医疗费？”一连串的问题，使我这个有生以来头一次在众目睽睽之下让别人擦鞋的异乡人，从近乎狼狈的窘态中解脱出来。我们像朋友一样聊起天来……

几个月之后，也是在街上。一些十字路口处或车站坐着几位老人。他们满头银发，身穿各种老式军装，上面布满了大大小小形形色色的徽章、奖章，每人手捧一大束鲜花。有水仙、石竹、玫瑰及叫不出名字的，一色雪白。匆匆过往的行人纷纷止步，把钱投进这些老人身旁的白色木箱内，然后向他们微微鞠躬，从他们手中接过一朵花。我看了一会儿，有人投一两元，有人投几百元，还有人掏出支票填好后投进木箱。那些老军人毫不注意人们捐多少钱，一直不//停地向人们低声道谢。同行的朋友告诉我，这是为纪念第二次世界大战中参战的勇士，募捐救济残废军人和烈士遗孀，每年一次；认捐的人可谓踊跃，而且秩序井然，气氛庄严。有些地方，人们还耐心地排着队。我想，这是因为他们都知道：正是这些老人的流血牺牲换来了包括他们信仰自由在内的许许多多。

我两次把那微不足道的一点钱捧给他们，只想对他们说声“谢谢”。

重点字词：

mù juān 募捐	wò tài huá 渥太华	nán hái zi 男孩子	chuān de 穿得	má bì 麻痹	xiǎo háir 小孩儿	jiǒng tài 窘态	méi guī 玫瑰
yí huìr 一会儿	tóng xíng de 同行的	péng you 朋友	gào su 告诉	yí shuāng 遗孀	yí cì 一次	yǒng yuè 踊跃	zhì xù 秩序

作品 36 号

课 不 能 停

（中国台湾）刘 墉

纽约的冬天常有大风雪，扑面的雪花不但令人难以睁开眼睛，甚至呼吸都会吸入冰冷的雪花。有时前一天晚上还是一片晴朗，第二天拉开窗帘，却已经积雪盈尺，连门都推不开了。

遇到这样的情况，公司、商店常会停止上班，学校也通过广播，宣布停课。但令人不解的是，惟有公立小学，仍然开放。只见黄色的校车，艰难地在路边接孩子，老师则一大早就口中喷着热气，铲去车子前后的积雪，小心翼翼地开车去学校。

据统计，十年来纽约的公立小学只因为超级暴风雪停过七次课。这是多么令人惊讶的事。犯得着在大人都无须上班的时候让孩子去学校吗？小学的老师也太倒霉了吧？

于是，每逢大雪而小学不停课时，都有家长打电话去骂。妙的是，每个打电话的人，反应全一样——先是怒气冲冲地责问，然后满口道歉，最后笑容满面地挂上电话。原因是，学校告诉家长：

在纽约有许多百万富翁，但也有不少贫困的家庭。后者白天开不起暖气，供不起午餐，孩子的营养全靠学校里免费的中饭，甚至可以多拿些回家当晚餐。学校停课一天，穷孩子就受一天冻、挨一天饿，所以老师们宁愿自己苦一点儿，也不能停课。//

或许有家长会说：何不让富裕的孩子在家里，让贫穷的孩子去学校享受暖气和营养午餐呢？

学校的答复是：我们不愿让那些穷苦的孩子感到他们是在接受救济，因为施舍的最高原则是保持受施者的尊严。

重点字词：

niǔ yuē	yǎn jing	shèn zhì	jī xuě	yíng chǐ	jīng yà	fàn de zháo	dào qiàn
纽约	眼睛	甚至	积雪	盈尺	惊讶	犯得着	道歉

fù wēng	gōng bù qǐ	hái zi	dàng wǎn cān	ái	yì diǎnr	jiā li
富翁	供不起	孩子	当晚餐	挨	一点儿	家里

作品 37 号

麻 雀

（俄）屠格涅夫

我打猎回来，沿着花园的林荫路走着，狗跑在我的前边。

突然，狗放慢脚步，蹑足潜行，好像嗅到了前边有什么野物。

我顺着林荫路望去，看见了一只嘴边还带着黄色、头上生着柔毛的小麻雀。风猛烈地吹打着林荫路上的白杨树，麻雀从巢里跌落下来，呆呆地伏在地上，孤立无援地张开两只羽毛还未丰满的小翅膀。

我的狗慢慢向它靠近。忽然，从附近一棵树上飞下一只黑胸脯的老麻雀，像一颗石子似的落到狗的跟前。老麻雀全身倒竖着羽毛，惊恐万状，发出绝望、凄惨的叫声，接着向露出牙齿、大张着的狗嘴扑去。

老麻雀是猛扑下来救护幼雀的。它用身体掩护着自己的幼儿……但它整个小小的身体因恐怖而战栗着，它小小的声音也变得粗暴嘶哑，它在牺牲自己！

在它看来，狗该是多么庞大的怪物啊！然而，它还是不能站在自己高高的、安全的树枝上……一种比它的理智更强烈的力量，使它从那儿扑下身来。

我的狗站住了，向后退了退……看来，它也感到了这种力量。

我赶紧唤住惊惶失措的狗，然后我怀着崇敬的心情，走开了。

是啊，请不要见笑。我崇敬那只小小的、英勇的鸟儿，我崇敬它那种爱的冲动和力量。

爱，我想，比死//和死的恐惧更强大，只有依靠它，依靠这种爱，生命才能维持下去，发展下去。

重点字词：

沿着（yán zhe）　走着（zǒu he）　蹑足潜行（niè zú qián xíng）　嗅到了（xiù dào le）　黑胸脯（hēi xiōng pú）　似的（shì de）　接着（jiē zhe）

露出（lù chū）　战栗着（zhàn lì zhe）　那儿（nàr）　鸟儿（niǎo ér）

作品 38 号

散　步

莫怀戚

我们在田野散步：我，我的母亲，我的妻子和儿子。

母亲本不愿出来的，她老了，身体不好，走远一点儿就觉得很累。我说，正因为如此，才应该多走走。母亲信服地点点头，便去拿外套。她现在很听我的话，就像我小时候很听她的话一样。

这南方初春的田野，大块小块的新绿随意地铺着，有的浓，有的淡，树上的嫩芽也密了，田里的冬水也咕咕地起着水泡。这一切都使人们想着一样东西——生命。

我和母亲走在前面，我的妻子和儿子走在后面。小家伙突然叫起来："前面是妈妈和儿子，后面也是妈妈和儿子。"我们都笑了。

后来发生了分歧，母亲要走大路，大路平顺；我的儿子要走小路，小路有意思。不过，一切都取决于我。我的母亲老了，她早已习惯听从她强壮的儿子；我的儿子还小，他还习惯听从他高大的父亲；妻子呢，在外面，她总是听我的。一霎时我感到了责任的重大。我想找一个两全的办法，找不出；我想拆散一家人，分成两路，各得其所，终不愿意。我决定委屈儿子，因为我伴同他的时日还长。我说："走大路。"但是母亲摸摸孙儿的小脑瓜，变了主意："还是走小路吧。"她的眼随小路望去：那里有金色的菜花，两行整齐的桑树，//尽头一口水波粼粼的鱼塘。"我走不过去的地方，你就背着我。"母亲对我说。

这样，我们在阳光下，向着那菜花、桑树和鱼塘走去。到了一处，我蹲下来，背起了母亲；妻子也蹲下来，背起了儿子。我和妻子都是慢慢地、稳稳地，走得很仔细，好像我背上的同她背上的加起来，就是整个世界。

重点字词：

ér zi	yì diǎnr	pū zhe	nèn yá	xiǎng zhe	dōng xi	xiǎo jiā huo	fēn qí
儿子	一点儿	铺着	嫩芽	想着	东西	小家伙	分歧
yì shà shí	sūn ér	xiǎo nǎo guā	zhǔ yì	lín lín	bēi zhe	xiàng zhe	bèi shàng de
一霎时	孙儿	小脑瓜	主意	粼粼	背着	向着	背上的

作品 39 号

世间最美的坟墓

（奥）茨威格

我在俄国所见到的景物再没有比托尔斯泰墓更宏伟、更感人的。

完全按照托尔斯泰的愿望，他的墓成了世间最美的，给人印象最深刻的坟墓。它只是树林中的一个小小的长方形土丘，上面开满鲜花——没有十字架，没有墓碑，没有墓志铭，连托尔斯泰这个名字也没有。

这个比谁都感到受自己的声名所累的伟人，却像偶尔被发现的流浪汉、不为人知的士兵，不留名姓地被人埋葬了。谁都可以踏进他最后的安息地，围在四周稀疏的木栅栏是不关闭的——保护列夫·托尔斯泰得以安息的没有任何别的东西，唯有人们的敬意；而通常，人们却总是怀着好奇，去破坏伟人墓地的宁静。

这里，逼人的朴素禁锢住任何一种观赏的闲情，并且不容许你大声说话。风儿俯临，在这座无名者之墓的树木之间飒飒响着，和暖的阳光在坟头嬉戏；冬天，白雪温柔地覆盖这片幽暗的圭土地。无论你在夏天还是冬天经过这儿，你都想象不到，这个小小的、隆起的长方体里安放着一位当代最伟大的人物。

然而，恰恰是这座不留姓名的坟墓，比所有挖空心思用大理石和奢华装饰建造的坟墓更扣人心弦。在今天这个特殊的日子//里，到他的安息地来的成百上千人中间，没有一个有勇气，哪怕仅仅从这幽暗的土丘上摘下一朵花留作纪念。人们重新感到，世界上再没有比托尔斯泰最后留下的，这座纪念碑式的朴素坟墓，更打动人心的了。

重点字词：

托尔斯泰（tuō ěr sī tài） 所累（suǒ lěi） 栅栏（zhà lan） 东西（dōng xi） 人们（rén men） 怀着（huái zhe） 禁锢住（jìn gù zhù） 风儿（fēng ér）

飒飒（sà sà） 响着（xiǎng zhe） 嬉戏（xī xì） 这儿（zhèr） 然而（rán ér） 心弦（xīn xián） 一个（yí gè） 摘下（zhāi xià） 一朵（yì duǒ）

作品 40 号

陶行知的“四块糖果”

育才小学校长陶行知在校园看到学生王友用泥块砸自己班上的同学，陶行知当即喝止了他，并令他放学后到校长室去。无疑，陶行知是要好好教育这个“顽皮”的学生。那么他是如何教育的呢？

放学后，陶行知来到校长室，王友已经等在门口准备挨训了。可一见面，陶行知却掏出一块糖果送给王友，并说：“这是奖给你的，因为你按时来到这里，而我却迟到了。”王友惊疑地接过糖果。

随后，陶行知又掏出一块糖果放到他手里，说：“这第二块糖果也是奖给你的，因为当我不让你再打人时，你立即就住手了，这说明你很尊敬我，我应该奖你。”王友更惊疑了，他眼睛睁得大大的。

陶行知又掏出第三块糖果塞到王友手里，说：“我调查过了，你用泥块砸那些男生，是因为他们不守游戏规则，欺负女生；你砸他们，说明你很正直善良，且有批评不良行为的勇气，应该奖励你啊！”王友感动极了，他流着泪后悔地喊道：“陶……陶校长你打我两下吧！我砸的不是坏人，而是自己的同学啊……”

陶行知满意地笑了，他随即掏出第四块糖果递给王友，说：“为你正确地认识错误，我再奖给你一块糖果，只可惜我只有这一块糖果了。我的糖果//没有了，我看我们的谈话也该结束了吧！”说完，就走出了校长室。

重点字词：

当即（dāng jí）　喝止（hè zhǐ）　室（shì）　挨训（ái xùn）　眼睛（yǎn jing）

作品 41 号

莲花和樱花

严文井

十年，在历史上不过是一瞬间。只要稍加注意，人们就会发现：在这一瞬间里，各种事物都悄悄经历了自己的千变万化。

这次重新访日，我处处感到亲切和熟悉，也在许多方面发觉了日本的变化。就拿奈良的一个角落来说吧，我重游了为之感受很深的唐招提寺，在寺内各处匆匆走了一遍，庭院依旧，但意想不到还看到了一些新的东西。其中之一，就是近几年从中国移植来的“友谊之莲”。

在存放鉴真遗像的那个院子里，几株中国莲昂然挺立，翠绿的宽大荷叶正迎风而舞，显得十分愉快。开花的季节已过，荷花朵朵已变为莲蓬累累。莲子的颜色正在由青转紫，看来已经成熟了。

我禁不住想：“因”已转化为“果”。

中国的莲花开在日本，日本的樱花开在中国，这不是偶然。我希望这样一种盛况延续不衰。可能有人不欣赏花，但绝不会有人欣赏落在自己面前的炮弹。

在这些日子里，我看到了不少多年不见的老朋友，又结识了一些新朋友。大家喜欢涉及的话题之一，就是古长安和古奈良。那还用得着问吗，朋友们缅怀过去，正是瞩望未来。瞩目于未来的人们必将获得未来。

我不例外，也希望一个美好的未来。

为∥了中日人民之间的友谊，我将不浪费今后生命的每一瞬间。

重点字词：

一瞬间(yí shùn jiān)　奈良(nài liáng)　角落(jiǎo luò)　招提寺(zhāo tí sì)　匆匆(cōng cōng)　东西(dōng xi)　鉴真(jiàn zhēn)　那个(nà ge)

院子(yuàn zi)　莲蓬(lián peng)　累累(léi léi)　莲子(lián zǐ)　成熟(chéng shú)　禁不住(jīn bú zhù)　偶然(ǒu rán)　结识(jié shí)

用得着(yòng de zháo)　瞩(zhǔ)

作品 42 号

香港：最贵的一棵树

舒乙

在湾仔，香港最热闹的地方，有一棵榕树，它是最贵的一棵树，不光在香港，在全世界，都是最贵的。

树，活的树，又不卖，何言其贵？只因它老、它粗，是个香港百年沧桑的活见证，香港人不忍看着它被砍伐，或者被移走，便跟要占用这片山坡的建筑者谈条件：可以在这儿建大楼盖商厦，但一不准砍树，二不准挪树，必须把它原地精心养起来，成为香港闹市中的一景。太古大厦的建设者最后签了合同，占用这个大山坡建豪华商厦的先决条件是同意保护这棵老树。

树长在半山坡上，计划将树下面的成千上万吨山石全部掏空取走，腾出地方来盖楼。把树架在大楼上面，仿佛它原本是长在楼顶似的。建设者就地造了一个直径十八米、深十米的大花盆，先固定好这棵老树，再在大花盆底下盖楼，光这一项就花了两千三百八十九万港币，堪称是最昂贵的保护措施了。

太古大厦落成之后，人们可以乘滚动扶梯一次到位，来到太古大厦的顶层。出后门，那儿是一片自然景色。一棵大树出现在人们面前，树干直径有一米半粗，树冠直径足有二十多米，独木成林，非常壮观，形成一座以它为中心的小公园，取名叫“榕圃”。树前面//插着铜牌，说明原由。此情此景，如不看铜牌的说明，绝对想不到巨树根底下还有一座宏伟的现代大楼。

重点字词：

湾仔（wān zǎi） 热闹（rè nao） 地方（dì fang） 百年沧桑（bǎi nián cāng sāng） 看着（kàn zhe） 这儿（zhèr） 合同（hé tong） 仿佛（fǎng fú） 似的（shì de）
树干（shù gàn） 树冠（shù guān） 榕圃（róng pǔ） 插着（chā zhe）

作品 43 号

小鸟的天堂

巴 金

我们的船渐渐地逼近榕树了。我有机会看清它的真面目：是一棵大树，有数不清的丫枝，枝上又生根，有许多根一直垂到地上，伸进泥土里。一部分树枝垂到水面，从远处看，就像一棵大树斜躺在水面上一样。

现在正是枝繁叶茂的时节。这棵榕树好像在把它的全部生命力展示给我们看。那么多的绿叶，一簇堆在另一簇的上面，不留一点缝隙。翠绿的颜色明亮地在我们的眼前闪耀，似乎每一片树叶上都有一个新的生命在颤动，这美丽的南国的树！

船在树下泊了片刻，岸上很湿，我们没有上去。朋友说这里是"鸟的天堂"，有许多鸟在这棵树上做窝，农民不许人去捉它们。我仿佛听见几只鸟扑翅的声音，但是等到我的眼睛注意地看那里时，我却看不见一只鸟的影子。只有无数的树根立在地上，像许多根木桩。地是湿的，大概涨潮时河水常常冲上岸去。"鸟的天堂"里没有一只鸟，我这样想到。船开了，一个朋友拨着船，缓缓地流到河中间去。

第二天，我们划着船到一个朋友的家乡去，就是那个有山有塔的地方。从学校出发，我们又经过那"鸟的天堂"。

这一次是在早晨，阳光照在水面上，也照在树梢上。一切都//显得非常光明。我们的船也在树下泊了片刻。

起初四周围非常清静。后来忽然起了一声鸟叫。我们把手一拍，便看见一只大鸟飞了起来，接着又看见第二只、第三只。我们继续拍掌，很快地这个树林就变得很热闹了。到处都是鸟声，到处都是鸟影。大的，小的，花的，黑的，有的站在枝上叫，有的飞起来，在扑翅膀。

重点字词：

yā zhī	nà me	yì cù	yì diǎn	fèng xì	shǎn yào	sì hū	chàn dòng	bó
丫枝	那么	一簇	一点	缝隙	闪耀	似乎	颤动	泊
yǎn jing	yì zhī	péng you	bō zhe	dì fang	shù shāo	qǐ chū	rè nao	
眼睛	一只	朋友	拨着	地方	树梢	起初	热闹	

作品44号

一　分　钟

纪广洋

著名教育家班杰明曾经接到一个青年人的求教电话，并与那个向往成功、渴望指点的青年人约好了见面的时间和地点。

待那位青年如约而至时，班杰明的房门敞开着，眼前的景象却令青年人颇感意外——班杰明的房间里乱七八糟、狼藉一片。

没等青年人开口，班杰明就招呼道："你看我这房间，太不整洁了，请你在门外等候一分钟，我收拾一下，你再进来吧。"一边说着，班杰明就轻轻关上了房门。

不到一分钟的时间，班杰明又打开了房门并热情地把青年人让进客厅。这时，青年人的眼前展现出另一番景象——房间里的一切已变得井然有序，而且有两杯刚刚倒好的红酒，在淡淡的香水气息里还漾着微波。

可是，没等青年人把满腹的有关人生和事业的疑难问题向班杰明讲出来，班杰明就非常客气地说道："干杯。你可以走了。"

青年人手持酒杯一下子愣住了，既尴尬又非常遗憾地说："可是，我……我还没向您请教呢……"

"这些……难道还不够吗?"班杰明一边微笑着，一边扫视着自己的房间，轻言细语地说，"你进来又有一分钟了。"

"一分钟……一分钟……"青年人若有所思地说，"我懂了，您让我明白了一分钟的时间可以做许//多事情，可以改变许多事情的深刻道理。"

班杰明舒心地笑了。青年人把杯里的红酒一饮而尽，向班杰明连连道谢之后，开心地走了。

其实，把握好了生命中的每一分钟，也就是把握了理想的人生。

重点字词：

bān jié míng	yí gè	xiàng wǎng	kě wàng	áng jí	zhāo hū dao	yì fēn zhōng
班杰明	一个	向往	渴望	狼藉	招呼道	一分钟

shōu shi	yí xià	yì biān	yí qiè	yàng zhe	wēi bō	mǎn fù	yí xià zi
收拾	一下	一边	一切	漾着	微波	满腹	一下子

lèng zhù	gān gà
愣住	尴尬

作品 45 号

语言的魅力

郭全斌

在繁华的巴黎大街的路旁，站着一个衣衫褴褛、头发斑白、双目失明的老人。他不像其他乞丐那样伸手向过路行人乞讨，而是在身旁立一块木牌，上面写着：“我什么也看不见！”街上过往的行人很多，看了木牌上的字都无动于衷，有的还淡淡一笑，便姗姗而去了。

这天中午，法国著名诗人让·彼浩勒也经过这里。他看看木牌上的字，问盲老人：“老人家，今天上午有人给你钱吗？”

盲老人叹息着回答：“我，我什么也没有得到。”说着，脸上的神情非常悲伤。

让·彼浩勒听了，拿起笔悄悄地在那行字的前面添上了“春天到了，可是”几个字，就匆匆地离开了。

晚上，让·彼浩勒又经过这里，问那个盲老人下午的情况。盲老人笑着回答说：“先生，不知为什么，下午给我钱的人多极了！”让·彼浩勒听了，摸着胡子满意地笑了。

“春天到了，可是我什么也看不见！”这富有诗意的语言，产生这么大的作用，就在于它有非常浑厚的感情色彩。是的，春天是美好的，那蓝天白云，那绿树红花，那莺歌燕舞，那流水人家，怎么不叫人陶醉呢？但这良辰美景，对于一个双目失明的人来说，只是一片漆黑。当人们想到这个盲老人，一生中竟连万紫千红的春天//都不曾看到，怎能不对他产生同情之心呢？

重点字词：

zhàn zhe	lán lǚ	qǐ gài	qǐ tǎo	xiě zhe	shān shān	bǐ hào lè	xiān sheng
站着	褴褛	乞丐	乞讨	写着	姗姗	彼浩勒	先生

yīng gē yàn wǔ
莺歌燕舞

作品46号

赠你四味长寿药

蒲昭和

有一次，苏东坡的朋友张鹗拿着一张宣纸来求他写一幅字，而且希望他写一点儿关于养生方面的内容。苏东坡思索了一会儿，点点头说："我得到了一个养生长寿古方，药只有四味，今天就赠给你吧。"于是，东坡的狼毫在纸上挥洒起来，上面写着："一曰无事以当贵，二曰早寝以当富，三曰安步以当车，四曰晚食以当肉。"

这哪里有药？张鹗一脸茫然地问。苏东坡笑着解释说，养生长寿的要诀，全在这四句里面。

所谓"无事以当贵"，是指人不要把功名利禄、荣辱过失看得太多，如能在情志上潇洒大度，随遇而安，无事以求，这比富贵更能使人终其天年。

"早寝以当富"，指吃好穿好、财货充足，并非就能使你长寿。对老年人来说，养成良好的起居习惯，尤其是早睡早起，比获得任何财富都更加宝贵。

"安步以当车"，指人不要过于讲求安逸、肢体不劳，而应多以步行来替代骑马乘车，多运动才可以强健体魄，通畅气血。

"晚食以当肉"，意思是人应该用已饥方食、未饱行止代替对美味佳肴的贪吃无厌。他进一步解释，饿了以后才进食，虽然是粗茶淡饭，但其香甜可口会胜过山珍；如果饱了还要勉强吃，即使美味佳肴摆在眼前也难以//下咽。

苏东坡的四味"长寿药"，实际上是强调了情志、睡眠、运动、饮食四个方面对养生长寿的重要性，这种养生观点即使在今天仍然值得借鉴。

重点字词：

zhāng è	yì zhāng	yí fù	yì diǎnr	yí huìr	zèng	dàng guì	máng rán
张鹗	一张	一副	一点儿	一会儿	赠	当贵	茫然
ān yì	chéng chē	qì xuè	miǎn qiǎng				
安逸	乘车	气血	勉强				

作品 47 号

住 的 梦

老 舍

不管我的梦想能否成为事实，说出来总是好玩儿的：

春天，我将要住在杭州。二十年前，旧历的二月初，在西湖我看见了嫩柳与菜花，碧浪与翠竹。由我看到的那点春光，已经可以断定，杭州的春天必定会教人整天生活在诗与图画之中。所以，春天我的家应当是在杭州。

夏天，我想青城山应当算作最理想的地方。在那里，我虽然只住过十天，可是它的幽静已拴住了我的心灵。在我所看见过的山水中，只有这里没有使我失望。到处都是绿，目之所及，那片淡而光润的绿色都在轻轻地颤动，仿佛要流入空中与心中似的。这个绿色会像音乐，涤清了心中的万虑。

秋天一定要住北平。天堂是什么样子，我不知道，但是从我的生活经验去判断，北平之秋便是天堂。论天气，不冷不热。论吃的，苹果、梨、柿子、枣儿、葡萄，每样都有若干种。论花草，菊花种类之多，花式之奇，可以甲天下。西山有红叶可见，北海可以划船——虽然荷花已残，荷叶可还有一片清香。衣食住行，在北平的秋天，是没有一项不使人满意的。

冬天，我还没有打好主意，成都或者相当合适，虽然并不怎样和暖，可是为了水仙，素心腊梅，各色的茶花，仿佛就受一点儿寒//冷，也颇值得去了。昆明的花也多，而且天气比成都好，可是旧书铺与精美而便宜的小吃远不及成都那么多。好吧，就暂这么规定：冬天不住成都便住昆明吧。

在抗战中，我没能发国难财。我想，抗战胜利以后，我必能阔起来。那时候，假若飞机减价，一二百元就能买一架的话，我就自备一架，择黄道吉日慢慢地飞行。

重点字词：

hǎo wánr	nèn liǔ	yīng dāng	chàn dòng	fǎng fú	dí qīng le	zǎor
好玩儿	嫩柳	应当	颤动	仿佛	涤清了	枣儿
zhǔ yi	zàn					
主意	暂					

作品 48 号

落花生

许地山

我们家的后园有半亩空地，母亲说："让它荒着怪可惜的，你们那么爱吃花生，就开辟出来种花生吧。"我们姐弟几个都很高兴，买种，翻地，播种，浇水，没过几个月，居然收获了。

母亲说："今晚我们过一个收获节，请你们父亲也来尝尝我们的新花生，好不好?"我们都说好。母亲把花生做成了好几样食品，还吩咐就在后园的茅亭里过这个节。

晚上天色不太好，可是父亲也来了，实在很难得。

父亲说："你们爱吃花生么?"

我们争着答应："爱!"

"谁能把花生的好处说出来?"

姐姐说："花生的味美。"

哥哥说："花生可以榨油。"

我说："花的价钱便宜，谁都可以买来吃，都喜欢吃。这就是它的好处。"

父亲说："花生的好处很多，有一样最可贵：它的果实埋在地里，不像桃子、石榴、苹果那样，把鲜红嫩绿的果实高高地挂在枝头上，使人一见就生爱慕之心。你们看它矮矮地长在地上，等到成熟了，也不能立刻分辨出来它有没有果实，必须挖出来才知道。"

我们都说是，母亲也点点头。

父亲接下去说："所以你们要像花生，它虽然不好看，可是很有用，不是外表好看而没有实用的东西。"

我说："那么，人要做有用的人，不要做只讲体面，而对别人没有好处的人了。"//

父亲说："对。这是我对你们的希望。"

我们谈到夜深才散。花生做的食品都吃完了，父亲的话却深深地印在我的心上。

重点字词：

hòu yuán	kòng dì	huāng zhe	kě xī	nà me	huā shēng	mǎi zhòng	bō zhòng
后园	空地	荒着	可惜	那么	花生	买种	播种

cháng chang	dā ying	pián yi	shéi	shí liu	nèn lǜ	ài mù	chéng shú	dōng xi
尝尝	答应	便宜	谁	石榴	嫩绿	爱慕	成熟	东西

作品 49 号

紫藤萝瀑布

宗璞

我不由得停住了脚步。

从未见过开得这样盛的藤萝，只见一片辉煌的淡紫色，像一条瀑布，从空中垂下，不见其发端，也不见其终极，只是深深浅浅的紫，仿佛在流动，在欢笑，在不停地生长。紫色的大条幅上，泛着点点银光，就像迸溅的水花。仔细看时，才知那是每一朵紫花中的最浅淡的部分，在和阳光互相挑逗。

这里除了光彩，还有淡淡的芳香。香气似乎也是浅紫色的，梦幻一般轻轻地笼罩着我。忽然记起十多年前，家门外有过一大株紫藤萝，它依傍一株枯槐爬得很高，但花朵从来都稀落，东一穗西一串伶仃地挂在树梢，好像在察言观色，试探什么。后来索性连那稀零的花串也没有了。园中别的紫藤花架也都拆掉，改种了果树。那时的说法是，花和生活腐化有着什么必然关系。我曾遗憾地想：这里再看不见藤萝花了。

过了这么多年，藤萝又开花了，而且开得这样盛、这样密，紫色的瀑布遮住了粗壮的盘虬卧龙般的枝干，不断地流着，流着，流向人的心底。

花和人都会遇到各种各样的不幸，但是生命的长河是无止境的。我抚摸了一下那小小的紫色的花舱，那里满装生命的酒酿，它张满了帆，在这//闪光的花的河流上航行。它是万花中的一朵，也正是由每一个一朵，组成了万花灿烂的流动的瀑布。

在这浅紫色的光辉和浅紫色的芳香中，我不觉加快了脚步。

重点字词：

bèng jiàn	tiǎo dòu	lǒng zhào zhe	yī bàng	yí suì	yí chuàn	líng dīng de
迸溅	挑逗	笼罩着	依傍	一穗	一串	伶仃地
jiǔ niàng	fān					
酒酿	帆					

作品 50 号

白 杨 礼 赞

茅 盾

那是力争上游的一种树，笔直的干，笔直的枝。它的干呢，通常是丈把高，像是加以人工似的，一丈以内，绝无旁枝；它所有的丫枝呢，一律向上，而且紧紧靠拢，也像是加以人工似的，成为一束，绝无横斜逸出；它的宽大的叶子也是片片向上，几乎没有斜生的，更不用说倒垂了；它的皮，光滑而有银色的晕圈，微微泛出淡青色。这是虽在北方的风雪的压迫下却保持着倔强挺立的一种树！哪怕只有碗来粗细罢，它却努力向上发展，高到丈许，二丈，参天耸立，不折不挠，对抗着西北风。

这就是白杨树，西北极普通的一种树，然而决不是平凡的树！

它没有婆娑的姿态，没有屈曲盘旋的虬枝，也许你要说它不美丽，——如果美是专指"婆娑"或"横斜逸出"之类而言，那么白杨树算不得树中的好女子；但是它却是伟岸，正直，朴质，严肃，也不缺乏温和，更不用提它的坚强不屈与挺拔，它是树中的伟丈夫！当你在积雪初融的高原上走过，看见平坦的大地上傲然挺立这么一株或一排白杨树，难道你就只觉得树只是树，难道你就不想到它的朴质，严肃，坚强不屈，至少也象征了北方的农民；难道你竟一点也不联想到，在敌后的广大土//地上，到处有坚强不屈，就像这白杨树一样傲然挺立地守卫他们家乡的哨兵！难道你又不更远一点想到这样枝枝叶叶靠紧团结、力求上进的白杨树，宛然象征了今天在华北平原纵横决荡用血写出新中国历史的那种精神和意志。

重点字词：

shì de	yí shù	héng xié yì chū	yùn quān	juè jiàng	bù zhé bù náo	qū qū pán xuán
似的	一束	横斜逸出	晕圈	倔强	不折不挠	屈曲盘旋
qiú zhī	pó suō	wǎn rán	xuè	yì diǎnr		
虬枝	婆娑	宛然	血	一点儿		

作品 51 号

第一场雪

峻青

这是入冬以来，胶东半岛上第一场雪。

雪纷纷扬扬，下得很大。开始还伴着一阵儿小雨，不久就只见大片大片的雪花，从彤云密布的天空中飘落下来。地面上一会儿就白了。冬天的山村，到了夜里就万籁俱寂，只听得雪花簌簌地不断往下落，树木的枯枝被雪压断了，偶尔咯吱一声响。

大雪整整下了一夜。今天早晨，天放晴了，太阳出来了。推开门一看，嗬！好大的雪啊！山川、河流、树木、房屋，全都罩上了一层厚厚的雪，万里江山，变成了粉妆玉砌的世界。落光了叶子的柳树上挂满了毛茸茸亮晶晶的银条儿；而那些冬夏常青的松树和柏树上，则挂满了蓬松松沉甸甸的雪球儿。一阵风吹来，树枝轻轻地摇晃，美丽的银条儿和雪球儿簌簌地落下来，玉屑似的雪末儿随风飘扬，映着清晨的阳光，显出一道道五光十色的彩虹。

大街上的积雪足有一尺多深，人踩上去，脚底下发出咯吱咯吱的响声。一群群孩子在雪地里堆雪人，掷雪球儿，那欢乐的叫喊声，把树枝上的雪都震落下来了。

俗话说，“瑞雪兆丰年”。这个话有充分的科学根据，并不是一句迷信的成语。寒冬大雪，可以冻死一部分越冬的害虫；融化了的水渗进土层深处，又能供应//庄稼生长的需要。我相信这一场十分及时的大雪，一定会促进明年春季作物，尤其是小麦的丰收。有经验的老农把雪比作是“麦子的棉被”。冬天“棉被”盖得越厚，明春麦子就长得越好，所以又有这样一句谚语：“冬天麦盖三层被，来年枕着馒头睡。”

我想，这就是人们为什么把及时的大雪称为“瑞雪”的道理吧。

重点字词：

下得 (xià de)　万籁俱寂 (wàn lài jù jì)　簌簌地 (sù sù de)　咯吱 (gē zhī)　柏树 (bǎi shù)　嗬 (hē)　粉妆玉砌 (fěn zhuāng yù qì)

毛茸茸 (máo róng róng)　银条儿 (yín tiáor)　沉甸甸 (chén diàn diàn)　雪球儿 (xuě qiúr)　玉屑 (yù xiè)　似的 (shì de)　雪沫儿 (xuě mòr)

踩 (cǎi)　底下 (dǐ xia)　掷 (zhì)　部分 (bù fen)　渗进 (shèn jìn)　供应 (gōng yìng)　庄稼 (zhuāng jia)　谚语 (yàn yǔ)　馒头 (mán tou)

作品 52 号

丑　石

贾平凹

我常常遗憾我家门前的那块丑石呢：它黑黝黝地卧在那里，牛似的模样；谁也不知道是什么时候留在这里的，谁也不去理会它。只是麦收时节，门前摊了麦子，奶奶总是要说：这块丑石，多占地面哟，抽空把它搬走吧。

它不像汉白玉那样的细腻，可以刻字雕花，也不像大青石那样的光滑，可以供来浣纱捶布；它静静地卧在那里，院边的槐荫没有庇覆它，花儿也不再在它身边生长。荒草便繁衍出来，枝蔓上下，慢慢地，它竟锈上了绿苔、黑斑。我们这些做孩子的，也讨厌起它来，曾合伙要搬走它，但力气又不足；虽时时咒骂它，嫌弃它，也无可奈何，只好任它留在那里了。

终有一日，村子里来了一个天文学家。他在我家门前路过，突然发现了这块石头，眼光立即就拉直了。他再没有离开，就住了下来；以后又来了好些人，说这是一块陨石，从天上落下来已经有二三百年了，是一件了不起的东西。不久便来了车，小心翼翼地将它运走了。

这使我们都很惊奇！这又怪又丑的石头，原来是天上的啊！它补过天，在天上发过热，闪过光，我们的先祖或许仰望过它，它给了他们光明、向往、憧憬；而它落下来了，在污土里，荒草里，一躺就//是几百年了！

我感到自己的无知，也感到了丑石的伟大，我甚至怨恨它这么多年竟会默默地忍受着这一切！而我又立即深深地感到它那种不屈于误解、寂寞的生存的伟大。

重点字词：

hēi yǒu yǒu	shì de	mú yàng	shí hou	huàn shā	chuí bù	huái yīn	bì fù
黑黝黝	似的	模样	时候	浣纱	捶布	槐荫	庇覆
fán yǎn	zhī màn	shí tou	lì jí	yǔn shí	chōng jǐng		
繁衍	枝蔓	石头	立即	陨石	憧憬		

作品 53 号

繁　星

巴金

我爱月夜，但我也爱星天。从前在家乡七八月的夜晚在庭院里纳凉的时候，我最爱看天上密密麻麻的繁星。望着星天，我就会忘记一切，仿佛回到了母亲的怀里似的。

三年前在南京我住的地方有一道后门，我每晚打开后门，便看见一个静寂的夜。下面是一片菜园，上面是星群密布的蓝天。星光在我们的肉眼里虽然微小，然而它使我们觉得光明无处不在。那时候我正在读一些天文学的书，也认得一些星星，好像它们就是我的朋友，它们常常在和我谈话一样。

如今在海上，每晚和繁星相对，我把它们认得很熟了。我躺在舱面上，仰望天空。深蓝色的天空里悬着无数半明半昧的星。船在动，星也在动，它们是这样低，真是摇摇欲坠呢！渐渐地我的眼睛模糊了，我好像看见无数萤火虫在我的周围飞舞。海上的夜是柔和的，是静寂的，是梦幻的。我望着许多认识的星，我仿佛看见它们在对我眨眼，我仿佛听见它们在小声说话。这时我忘记了一切。在星的怀抱中我微笑着，我沉睡着。我觉得自己是一个小孩子，现在睡在母亲的怀里了。

有一夜，那个在哥伦波上船的英国人指给我看天上的巨人。他用手指着：//那四颗明亮的星是头，下面的几颗是身子，这几颗是手，那几颗是腿和脚，还有三颗星算是腰带。经他这一番指点。我果然看清楚了那个天上的巨人。看，那个巨人还在跑呢！

重点字词：

shí hou	shì de	dì fang	jìng jì	rèn de	xīng xing	tā men	péng you
时候	似的	地方	静寂	认得	星星	它们	朋友
hěn shú	xuán zhe	bàn mèi	yáo yáo yù zhuì	yǎn jing	mó hu	wàng zhe	
很熟	悬着	半昧	摇摇欲坠	眼睛	模糊	望着	
rèn shi	zhǎ yǎn	xiǎo hái zi	shēn zi	qīng chu	nà ge		
认识	眨眼	小孩子	身子	清楚	那个		

作品 54 号

海滨仲夏夜

峻 青

夕阳落山不久，西方的天空，还燃烧着一片橘红色的晚霞。大海，也被这霞光染成了红色，而且比天空的景色更要壮观。因为它是活动的，每当一排排波浪涌起的时候，那映照在浪峰上的霞光，又红又亮，简直就像一片片霍霍燃烧着的火焰，闪烁着，消失了。而后面的一排，又闪烁着，滚动着，涌了过来。

天空的霞光渐渐地淡下去了，深红的颜色变成了绯红，绯红又变成浅红。最后，当这一切红光都消失了的时候，那突然显得高而远了的天空，则呈现出一片肃穆的神色。最早出现的启明星，在这蓝色的天幕上闪烁起来了。它是那么大、那么亮，整个广漠的天幕上只有它在那里放射着令人注目的光辉，活像一盏悬挂在高空的明灯。

夜色加浓，苍空中的“明灯”越来越多了。而城市各处的真的灯火也次第亮了起来，尤其是围绕在海港周围山坡上的那一片灯光，从半空倒映在乌蓝的海面上，随着波浪，晃动着，闪烁着，像一串流动着的珍珠，和那一片片密布在苍穹里的星斗互相辉映，煞是好看。

在这幽美的夜色中，我踏着软绵绵的沙滩，沿着海边，慢慢地向前走去。海水，轻轻地抚摸着细软的沙滩，发出温柔的//刷刷声。晚来的海风，清新而又凉爽。我的心里，有着说不出的兴奋和愉快。

夜风轻飘飘地吹拂着，空气中飘荡着一种大海和田禾相混合的香味，柔软的沙滩上还残留着白天太阳炙晒的余温。那些在各个工作岗位上劳动了一天的人们，三三两两地来到这软绵绵的沙滩上，他们浴着凉爽的海风，望着那缀满了星星的夜空，尽情地说笑，尽情地休憩。

重点字词：

yǒng qǐ	shí hou	huò huò	huǒ yàn	shǎn shuò	fēi hóng	sù mù	zhù mù	wéi rào
涌起	时候	霍霍	火焰	闪烁	绯红	肃穆	注目	围绕
dào yìng	huàng	cāng qióng	shà	màn màn de	yǒu zhe	xīng fèn	chuī fú	hùn hé
倒映	晃	苍穹	煞	慢慢地	有着	兴奋	吹拂	混和
xiāng wèir	zhì shài	zhuì	xīng xing	xiū qì				
香味儿	炙晒	缀	星星	休憩				

作品 55 号

济南的冬天

老舍

对于一个在北平住惯的人，像我，冬天要是不刮风，便觉得是奇迹；济南的冬天是没有风声的。对于一个刚由伦敦回来的人，像我，冬天要能看得见日光，便觉得是怪事；济南的冬天是响晴的。自然，在热带的地方，日光是永远那么毒，响亮的天气，反有点儿叫人害怕。可是，在北方的冬天，而能有温晴的天气，济南真得算个宝地。

设若单单是有阳光，那又算不了出奇。请闭上眼睛想：一个老城，有山有水，全在天底下晒着阳光，暖和安适地睡着，只等春风来把它们唤醒，这是不是理想的境界？小山整把济南围了个圈儿，只有北边缺着点口儿。这一圈小山在冬天特别可爱，好像是把济南放在一个小摇篮里，它们安静不动地低声地说：“你们放心吧，这儿准保暖和。”真的济南的人们在冬天是面上含笑的。他们一看那些小山，心中便觉得有了着落，有了依靠。他们由天上看到山上，便不知不觉地想起：“明天也许就是春天了吧？这样的温暖，今天夜里山草也许就绿起来了吧？”就是这点儿幻想不能一时实现，他们也并不着急，因为这样慈善的冬天，干什么还希望别的呢！

最妙的是下点儿小雪呀。看吧，山上的矮松越发的青黑，//树尖上顶着一髻儿白花，好像日本看护妇。山尖儿全白了，给蓝天镶上一道银边儿。山坡上，有的地方雪厚点儿，有的地方草色还露着；这样，一道儿白，一道儿暗黄，给山们穿上一件带水纹儿的花衣；看着看着，这件花衣好像被风儿吹动，叫你希望看见一点儿更美的山的肌肤。等到快日落的时候，微黄的阳光斜射在山腰上，那点儿薄雪好像忽然害羞，微微露出点儿粉色。就是下小雪吧，济南是受不住大雪的，那些小山太秀气。

重点字词：

qí jì	Jǐ nán	kàn de jiàn	dì fang	yǒu diǎnr	zhēn děi	shài zhe	nuǎn huo	ān shì
奇迹	济南	看得见	地方	有点儿	真得	晒着	暖和	安适

shuì zhe	quānr	quē zhe diǎn kǒur	zhuó luò	zháo jí	shù jiānr	yì jìr
睡着	圈儿	缺着点口儿	着落	着急	树尖儿	一髻儿

kān hù	shān jiānr	xiāng	yín biānr	hòu diǎnr	lòu zhe	yí dàor	shān men
看护	山尖儿	镶	银边儿	厚点儿	露着	一道儿	山们

shuǐ wénr	kàn zhe	fēng ér	yì diǎnr	shí hou	nà diǎnr	báo xuě	lù chū
水纹儿	看着	风儿	一点儿	时候	那点儿	薄雪	露出

xiù qi
秀气

作品 56 号

家乡的桥

郑莹

淳朴的家乡村边有一条河，曲曲弯弯，河中架一弯石桥，弓样的小桥横跨两岸。

每天，不管是鸡鸣晓月，日丽中天，还是月华泻地，小桥都印下串串足迹，洒落串串汗珠。那是乡亲为了追求多棱的希望，兑现美好的遐想。弯弯小桥，不时荡过轻吟低唱，不时露出舒心的笑容。

因而，我稚小的心灵，曾将心声献给小桥：你是一弯银色的新月，给人间普照光辉；你是一把闪亮的镰刀，割刈着欢笑的花果；你是一根晃悠悠的扁担，挑起了彩色的明天！哦，小桥走进我的梦中。

我在飘泊他乡的岁月，心中总涌动着故乡的河水，梦中总看到弓样的小桥。当我访南疆探北国，眼帘闯进座座雄伟的长桥时，我的梦变得丰满了，增添了赤橙黄绿青蓝紫。

三十多年过去，我带着满头霜花回到故乡，第一紧要的便是去看望小桥。

啊！小桥呢？小桥躲起来了？河中一道长虹，浴着朝霞熠熠闪光。哦，雄浑的大桥敞开胸怀，汽车的呼啸、摩托的笛音、自行车的叮铃，合奏着进行交响乐；南来的钢筋、花布，北往的柑橙、家禽，绘出交流欢跃图……

啊！蜕变的桥，传递了家乡进步的消息，透露了家乡富裕的声音。时代的春风，美好的追求，我蓦地记起儿时唱//给小桥的歌，哦，明艳艳的太阳照耀了，芳香甜蜜的花果捧来了，五彩斑斓的岁月拉开了！

我心中涌动的河水，激荡起甜美的浪花。我仰望一碧蓝天，心底轻声呼喊：家乡的桥啊，我梦中的桥！

重点字词：

曲曲(qū qū)　足迹(zú jì)　多棱(duō léng)　兑现(duì xiàn)　遐想(xiá xiǎng)　轻吟低唱(qīng yín dī chàng)　露出(lù chū)　稚(zhì)

割刈(gē yì)　涌动(yǒng dòng)　熠熠(yì yì)　摩托(mó tuō)　钢筋(gāng jīn)　柑橙(gān chéng)　家禽(jiā qín)　蜕(tuì)　蓦地(mò dì)

斑斓(bān lán)

作品 57 号

绿

朱自清

梅雨潭闪闪的绿色招引着我们，我们开始追捉她那离合的神光了。揪着草，攀着乱石，小心探身下去，又鞠躬过了一个石穹门，便到了汪汪一碧的潭边了。

瀑布在襟袖之间，但我的心中已没有瀑布了。我的心随潭水的绿而摇荡。那醉人的绿呀！仿佛一张极大极大的荷叶铺着，满是奇异的绿呀。我想张开两臂抱住她；但这是怎样一个妄想啊。

站在水边，望到那面，居然觉着有些远呢！这平铺着，厚积着的绿，着实可爱。她松松的皱缬着，像少妇拖着的裙幅，她轻轻的摆弄着，像跳动的初恋的处女的心，她滑滑的明亮着，像涂了“明油”一般，有鸡蛋清那样软，那样嫩，令人想着所曾触过的最嫩的皮肤，她又不杂些儿尘滓，宛然一块温润的碧玉，只清清的一色——但你却看不透她！

我曾见过北京什刹海拂地的绿杨，脱不了鹅黄的底子，似乎太淡了。我又曾见过杭州虎跑寺近旁高峻而深密的“绿壁”，丛叠着无穷的碧草与绿叶的，那又似乎太浓了。其余呢，西湖的波太明了，秦淮河的也太暗了。可爱的，我将什么来比拟你呢？我怎么比拟得出呢？大约潭是很深的，故能蕴蓄着这样奇异的绿，仿佛蔚蓝的天融了一块在里面似的，这才这般的鲜润呀。

那醉人的绿呀！我若能裁你以为带，我将赠给那轻盈的//舞女，她必能临风飘举了。我若能挹你以为眼，我将赠给那善歌的盲妹，她必能明眸善睐了。我舍不得你，我怎舍得你呢？我用手拍着你，抚摩着你，如同一个十二三岁的小姑娘。我又掬你入口，便是吻着她了。我送你一个名字，我从此叫你“女儿绿”，好吗？

我第二次到仙岩的时候，我不禁惊诧于梅雨潭的绿了。

重点字词：

追捉 zhuī zhuō　揪着 jiū zhe　石穹 shí qióng　瀑布 pù bù　襟袖 jīn xiù　着实 zhuó shí　皱缬着 zhòu xié zhe　拖着的 tuō zhe de

尘滓 chén zǐ　宛然 wǎn rán　什刹海 shí chà hǎi　拂地 fú dì　似乎 sì hū　虎跑寺 hǔ pǎo sì　丛叠着 cóng dié zhe　比拟 bǐ nǐ

蕴蓄着 yùn xù zhe　蔚蓝 wèi lán　挹 yì　明眸善睐 míng móu shàn lài　掬 jū　吻着 wěn zhe　不禁 bù jīn　惊诧 jīng chà

作品 58 号

牡丹的拒绝

张抗抗

其实你在很久以前并不喜欢牡丹，因为它总被人作为富贵膜拜。后来你目睹了一次牡丹的落花，你相信所有的人都会为之感动：一阵清风徐来，妖艳鲜嫩的盛期牡丹忽然整朵整朵地坠落，铺撒一地绚丽的花瓣。那花瓣落地时依然鲜艳夺目，如同一只奉上祭坛的大鸟脱落的羽毛，低吟着壮烈的悲歌离去。

牡丹没有花谢花败之时，要么烁于枝头，要么归于泥土，它跨越萎顿和衰老，由青春而死亡，由美丽而消遁。它虽美却不吝惜生命，即使告别也要展示给人最后一次的惊心动魄。

所以在这阴冷的四月里，奇迹不会发生。任凭游人扫兴和诅咒，牡丹依然安之若素。它不苟且、不俯就、不妥协、不媚俗，甘愿自己冷落自己。它遵循自己的花期自己的规律，它有权利为自己选择每年一度的盛大节日。它为什么不拒绝寒冷？

天南海北的看花人，依然络绎不绝地涌入洛阳城。人们不会因牡丹的拒绝而拒绝它的美。如果它再被贬谪十次，也许它就会繁衍出十个洛阳牡丹城。

于是你在无言的遗憾中感悟到，富贵与高贵只是一字之差。同人一样，花儿也是有灵性的，更有品位之高低。品位这东西为气为魂为//筋骨为神韵，只可意会。你叹服牡丹卓而不群之姿，方知品位是多么容易被世人忽略或是漠视的美。

重点字词：

喜欢（xǐ huan） 膜拜（mó bài） 为之（wéi zhī） 娇艳鲜嫩（jiāo yàn xiān nèn） 坠落（zhuì luò） 奉上（fèng shàng） 低吟着（dī yín zhe） 烁于（shuò yú）

萎顿（wěi dùn） 消遁（xiāo dùn） 吝惜（lìn xī） 即使（jí shǐ） 苟且（gǒu qiě） 贬谪（biǎn zhé） 卓尔不群（zhuó ěr bù qún）

作品 59 号

苏州园林

叶圣陶

我国的建筑，从古代的宫殿到近代的一般住房，绝大部分是对称的，左边怎么样，右边怎么样。苏州园林可绝不讲究对称，好像故意避免似的。东边有了一个亭子或者一道回廊，西边决不会来一个同样的亭子或者一道同样的回廊。这是为什么？我想，用图画来比方，对称的建筑是图案画，不是美术画，而园林是美术画，美术画要求自然之趣，是不讲究对称的。

苏州园林里都有假山和池沼。

假山的堆叠，可以说是一项艺术而不仅是技术。或者是重峦叠嶂，或者是几座小山配合着竹子花木，全在乎设计者和匠师们生平多阅历，胸中有丘壑，才能使游览者攀登的时候忘却苏州城市，只觉得身在山间。

至于池沼，大多引用活水。有些园林池沼宽敞，就把池沼作为全园的中心，其他景物配合着布置。水面假如成河道模样，往往安排桥梁。假如安排两座以上的桥梁，那就一座一个样，决不雷同。

池沼或河道的边沿很少砌齐整的石岸，总是高低屈曲任其自然。还在那儿布置几块玲珑的石头，或者种些花草。这也是为了取得从各个角度看都成一幅画的效果。池沼里养着金鱼或各色鲤鱼，夏秋季节荷花或睡莲开//放，游览者看“鱼戏莲叶间”，又是入画的一景。

重点字词：

duì chèn de 对称的	zěn me yàng 怎么样	bǐ fang 比方	chí zhǎo 池沼	duī dié 堆叠	zhú zi 竹子	chóng luán dié zhàng 重峦叠嶂
zài hu 在乎	jiàng shī men 匠师们	qiū hè 丘壑	bù zhì 布置	mú yàng 模样	léi tóng 雷同	qū qū 屈曲
shí tou 石头	yǎng zhe 养着					

作品 60 号

泰山极顶

杨朔

泰山极顶看日出，历来被描绘成十分壮观的奇景。有人说：登泰山而看不到日出，就像一出大戏没有戏眼，味儿终究有点寡淡。

我去爬山那天，正赶上个难得的好天，万里长空，云彩丝儿都不见，素常烟雾腾腾的山头，显得眉目分明。同伴们都欣喜地说："明天早晨准可以看见日出了。"我也是抱着这种想头，爬上山去。

一路上从山脚往上爬，细看山景，我觉得挂在眼前的不是五岳独尊的泰山，却像一幅规模惊人的青绿山水画，从下面倒展开来。最先露出在画卷的是山根底那座明朝建筑岱宗坊，慢慢地便现出王母池、斗母宫、经石峪。……山是一层比一层深，一叠比一叠奇，层层叠叠，不知还会有多深多奇。万山丛中，时而点染着极其工细的人物。王母池旁边吕祖殿里有不少尊明塑，塑着吕洞宾等一些人，姿态神情是那样有生气，你看了，不禁会脱口赞叹说："活啦。"

画卷继续展开，绿荫森森的柏洞露面不太久，便来到对松山。两面奇峰对峙着，满山峰都是奇形怪状的老松，年纪怕都上千岁了，颜色竟那么浓，浓得好像要流下来似的。来到这儿你不妨权当一次画里的写意人物，坐在路旁的对松亭里，看看山色，听听流//水和松涛。

一时间，我又觉得自己不仅是在看画卷，却又像是在零零乱乱翻着一卷历史稿本。

重点字词：

wèir	yǒu diǎn	yún cai sīr	bào zhe	xiǎng tou	lù chū	dài zōng fāng	dòu mǔ gōng
味儿	有点	云彩丝儿	抱着	想头	露出	岱宗坊	斗母宫
jīng shí yù	bù jīn	bǎi dòng	lòu miàn	duì zhì zhe	nà me nóng	quán dāng	
经石峪	不禁	柏洞	露面	对峙着	那么浓	权当	

第四章

命题说话

第一节 说话测试概述

一、说话测试的要求

命题说话测试是在规定的30个说话题目中随机抽取两份，由应试者选择一份来测试。测试以单向说话为主，主要考查应试者在没有文字凭借的情况下说普通话的能力和所能达到的规范程度。

（1）语音标准。

要求声母、韵母、声调及音变的发音要标准到位，语调规范，没有方音。

（2）词汇语法规范。

说话时所运用的词汇和语法要符合普通话的规范，不能出现方言词汇和语法。

（3）表达自然流畅。

说话时要按照日常口语的语音、语调来说话，不要用朗读或背诵的腔调来说话。

（4）言语风格口语化。

说话尽量采用口语，避免书面化语言。

二、说话测试的评分标准

（1）语音标准程度，共25分。分六档：

一档：语音标准或极少有错误。扣0分、1分、2分。（没有语音错误，扣0分；错误1～2次，扣1分；错误3～4次，扣2分）。

二档：语音错误在10次以下，有方音但不明显。扣3分、4分。（语音错误在5～7次，有方音但不明显，扣3分；语音错误在8～9次，有方音但不明显，扣4分）。

三档：语音错误在10次以下，但方音明显；或语音错误在10~15次，有方音但不明显。扣5分、6分（语音错误在5~7次，但方音明显，扣5分；语音错误在8~9次，但方音明显，扣6分；语音错误在10~15次，有方音但不明显，扣5~6分）。

四档：语音错误在10~15次，方音比较明显。扣7分、8分。

五档：语音错误超过15次，方音明显。扣9分、10分、11分（语音错误在16~30次，但方音明显，扣9分、10分、11分）。

六档：语音错误多，方音重。扣12分、13分、14分（语音错误超过30次，方音重，扣12分、13分、14分）。

语音错误（包括同一个音节反复出错），按出现次数累计，

（2）词汇、语法规范程度，共10分。分三档：

一档：词汇、语法规范。扣0分。

二档：词汇、语法偶有不规范的情况。扣1分、2分。

三档：词汇、语法屡有不规范的情况。扣3分、4分。

（3）自然流畅程度，共5分。分三档：

一档：语言自然流畅，扣0分。

二档：语言基本流畅，口语化较差，类似背稿子的情况有所表现，扣0.5分；明显，扣1分。

三档：语言不连贯，语调生硬，程度一般的，扣2分；程度严重的，扣3分。

（4）说话缺时扣分，不足3分钟，视程度扣1~6分。

缺时1分钟以内（含1分钟），扣1~3分（缺时15秒以内不扣分；缺时16~30秒，扣1分；缺时31~45秒，扣2分；缺时46秒~1分钟，扣3分;）。

缺时1分钟以上。扣4~6分（缺时1分1秒~1分30秒，扣4分；缺时1分31秒~2分钟，扣5分；缺时2分1秒~2分29秒，扣6分）。

说话时间不足30秒（含30秒），该测试项为0分。

（5）离题、内容雷同，视程度扣4分、5分、6分。

“离题”是指应试人所说内容完全不符合或基本不符合规定的话题。完全离题，扣6分；基本离题，视程度扣4~5分。

“内容雷同”是指变相使用《普通话水平测试实施纲要》中的60篇朗读短文的，扣6分；其他内容雷同情况，视程度扣4~5分。

此项可重复扣分，最多扣6分。

（6）无效话语，累计占时酌情扣1~6分。

“无效话语”是指应试人的话语与要测查的语言特征无关，无评判效度。如语句不断重复、口头禅、数数字、简单重复等。

无效话语累计占时1分钟以内（含1分钟），扣1分、2分、3分；累计占时1分钟以上，扣4分、5分、6分，即20秒扣1分；有效话语不满30秒（含30秒），本测试项成绩为0分。

第二节　说话测试的问题与对策

说话测试非常重要，难度也最大。按照适中的语速，3 分钟应该可以说到 700 余个音节。说这么多音节，把错误控制在 15 次之内并非易事。

一、说话测试的语音问题与对策

（一）说话测试的语音问题

（1）字音错误。

这是说话测试中比较突出的问题，由于各地受方言的影响，在声母、韵母、声调方面会出现平翘舌音不分、边鼻音混淆、前后鼻音相混等错误。

（2）音变错误。

在语流音变中，轻声出错率极高。应试者要多注意口语中经常使用的轻声词。

（3）方音问题。

普通话水平测试中的方音问题包括以下内容：方音成分、与普通话相同的但使用上有分歧的成分、方音中的声韵调拼合关系、语音缺陷、方言语调。

（二）说话测试的语音问题的对策

（1）用心投入测试前的培训。

（2）掌握常用字的字音。

（3）平时坚持使用普通话。

二、说话测试的词汇、语法问题与对策

（一）说话测试的词汇、语法问题

（1）使用方音词汇。

说话是想到哪里说到哪里的言语活动，是通过临时组词造句来进行口头讲述。如果平时对方言词语不敏感，就会出现用词不规范的问题。

（2）使用方言语气词。

（3）使用方言句法结构和句法成分。

（4）句子有语病。

多为重复啰唆，句子结构不完整，词语搭配不当等。

（二）说话测试的词汇、语法问题的对策

（1）培养对方言词语和语法的敏感性。

应试者要熟悉具有代表性的方言词汇和语法相对应的普通话的规范说法，从而强化训练。

（2）加强常见方言词语和语法现象的对比训练。

方言词语和语法现象与普通话词汇、语法现象在形式上有比较明显的差异，所以，在学习过程中只要多加对比，就能分辨出哪些是方言词语和语法，哪些是普通话词语和语法。

三、说话测试的说话技巧问题与对策

说话测试的失分率与应试者的普通话水平相关联，也与应试者的说话技巧相关。

（一）心理状态问题的对策

（1）过度紧张与懈怠心理。

应试者考试时由于紧张，常常出现忘词、卡壳、重复、颠三倒四、语速过快或过慢等，因此导致无法完成3分钟的说话内容；无法准确地表达语音和语义。应试者过度懈怠，没有准备选题内容，往往会草草了事。过度紧张与懈怠都不利于正常发挥普通话口语水平。

（2）应对策略。

应试者要多了解说话测试的要求，树立自信心；多做模拟训练，培养在无文字凭借下围绕选题进行口头表述的习惯；学会控制考前紧张情绪。

（二）谋篇问题的对策

（1）巧妙进行谋篇布局。

应试者在3分钟的说话测试中，不能像日常闲聊那样随心所欲，漫无边际，应当注意谋篇布局，讲究审题、取材。说话测试中最常见的问题就是说话离题，材料不充足，条理不清晰。

（2）应对策略。

应试者要说话切题，合理运用叙述方式；材料准备要细致、丰富、典型；结构安排要说清楚“是什么”“为什么”“怎么做”。

（三）背诵腔问题的对策

（1）切忌背稿子。

说话是一种口语行为，口语的语调是自然的、生动的，如果使用背诵腔，容易使口语产生生硬、机械的特点，同时背诵还容易出现忘记稿子、中断说话的情况，从而影响到说话的自然流畅度。

（2）应对策略。

首先要熟悉30个说话题目；其次按照“是什么”“为什么”“怎么做”的结构框架理清思路，拟出提纲；最后要围绕说话题目多练习。

（四）背诵腔问题的对策

（1）语速切忌忽快忽慢。

应试者语速忽快忽慢会导致说话时间不够或者内容无法展开，同时容易出现语音错误或缺陷，会导致语流凝滞不畅，话语不连贯。

（2）应对策略。

加强训练，掌握每分钟 240 字的语速，根据内容、情景、语气的要求控制语速的快慢。

第三节　普通话水平测试用话题与例文

一、普通话水平测试用话题

（1）我的愿望
（2）我的学习生活
（3）我尊敬的人
（4）我喜欢的动物（或植物）
（5）童年的记忆
（6）我喜爱的职业
（7）难忘的旅行
（8）我的朋友
（9）我喜爱的文学（或其他艺术形式）
（10）谈谈卫生与健康
（11）我的业余生活
（12）我喜欢的季节（或天气）
（13）学习普通话的体会
（14）谈谈服饰
（15）我的假日生活
（16）我的成长之路
（17）谈谈科技发展与社会生活
（18）我知道的风俗
（19）我和体育
（20）我的家乡
（21）谈谈美食
（22）我喜欢的节日
（23）我所在的集体

(24) 谈谈社会公德
(25) 谈谈个人修养
(26) 我喜欢的明星
(27) 我喜爱的书刊
(28) 谈谈对环境保护的认识
(29) 我向往的地方
(30) 购物（消费）的感受

二、普通话水平测试用话题练习与例文

30 题中，最好作记叙文处理的有：(1)《我的愿望》；(2) 我的学习生活；(3) 我尊敬的人；(4) 我喜爱的动物（或植物）；(5) 童年的记忆；(6) 我喜爱的职业；(7) 难忘的旅行；(8) 我的朋友；(9) 我喜爱的文学（或其他艺术形式）；(11) 我的业余生活；(12) 我喜欢的季节（或天气）；(15) 我的假日生活；(16) 我的成长之路；(19) 我和体育；(22) 我喜欢的节目；(23) 我所在的集体；(26) 我喜爱的明星；(27) 我喜爱的书刊；(29) 我向往的地方；(30) 购物（消费）的感受。

最好作议论文处理的有：(10) 谈谈卫生与健康；(13) 学习普通话的体会；(14) 谈谈服饰；(17) 谈谈科技发展与社会生活；(21) 谈谈美食；(24) 谈谈社会公德；(25) 谈谈个人修养；(28) 谈谈对环境保护的认识。

最好作说明文处理的有：(18) 我知道的风俗；(20) 我的家乡。

可以作兼类处理的有：(21)《谈谈美食》(说明文或议论文)。

可以根据下列话题拟定以下提纲：

1.《我的愿望》

(1)“我”的愿望是做好每一件小事。(它为什么是我的愿望)

(2) 因为“我”有这样一些经历。(讲述一段难忘的经历、故事)

(3) 所以说，“我的愿望”是……

例文：

俗话说：“祖国山水美不美，全靠导游一张嘴”，喜欢旅游的我从小就想当一名导游，初中毕业后我就义无反顾地选择了这个专业。

我们国家地大物博，拥有世界一流的旅游资源，如雄伟的长城、秦代的兵马俑、奇异的云南石林、险峻的长江三峡、瑰丽的溶洞、秀丽的桂林山水、卓绝的石窟艺术，这一切都吸引着我，我要把这美丽的风景介绍给全世界的游客。

导游是一个非常浪漫的专业。将来当了导游，每天领着游客游山玩水，吃香的喝辣的，多好啊！但同样这也是一个非常艰苦的专业如果当了导游，通常要起三更、累半夜。旅游界有这么两段话：“北京的导游跑断腿，西安的导游磨破嘴，海南的导游晒脱水。”“客人坐着我站着，客人吃着我看着，客人骂着我忍着，客人歇着我累着。”可以说导游是一个“痛并快乐着”的职业。年轻的我活泼开朗，喜欢挑战，喜欢旅游，非常适合这个职业。如今，还有一年我就要毕业了，今年的 12 月我就要参加全国导游资格证的考试了，

离达成我的愿望不远了。在学校读书期间，我学了不少专业知识，如“导游基础”“导游实务”“导游政策与法规”“汉语言文学”等课程，这些课程给我将来从事导游工作奠定了理论基础。将来当我成为一名真正的导游之后，我将用我最真挚的心迎接四面八方的游客。

2. “我的学习生活”

（1）“我”的学习生活内容丰富，形式多样。

（2）读小学的时候，有哪些学习内容。记忆深刻的有……

（3）读初、高中的时候，有哪些学习内容。记忆深刻的有……

（4）读大学的时候，有哪些学习内容。记忆深刻的有……

例文：

我的学习生活是多姿多彩的，它给我带来无穷的乐趣。

在课堂上的学习，是老师跟我们一起进行的。课堂气氛非常活跃，给我的学习生活增添了色彩。除了课堂上的学习之外，在课外时间我的学习生活也是丰富多彩的，比如在宿舍，宿舍既是休息的地方，也是读书的好场所，尤其是午休前的时间。每天吃完午饭，同室舍友一个个像变戏法般翻出各种各样的书来读，有图书馆借来的，有书屋租来的，有自己买的，可谓来源之广。这些书中，有教人自强不息的《假如给我三天光明》，有描述枭雄夺权争霸的《三国演义》……世界名著固然精彩，包罗万象的杂志也令人爱不释手，我们看属于自己的《青年文摘》，看我们的《读者》。还看已经与我们擦肩而过的《故事大王》；心情不佳时去寻觅《知音》。与人交往时找《演讲与口才》，在《中国电影》中目睹心中偶像的风采，在《科幻世界》中创造未来。

我们评中国四大名著的文学价值，论欧·亨利的成名之作《羊脂球》，析《红与黑》在文学上的地位……连作品中的主人公也要评头论足一番；古语说：书中自有黄金屋，书中自有颜如玉。但我们读书既不求黄金屋，也不为颜如玉，我们求的是知识，一种在课堂上学不到的知识，用它来开拓我们的视野，武装我们的头脑，充实我们的精神世界。

3. “我尊敬的人”

（1）“我”尊敬的人是“我”的某老师（爸爸、妈妈……）。

（2）“我”尊敬他（她），因为他（她）品德高尚、学识渊博……讲关于他（她）的故事。

（3）所以，某老师（爸爸、妈妈……）是“我”所尊敬的人。

例文：

在我的世界里，令我尊敬的人有许多，但是令我最尊敬的人是我的妈妈，我的妈妈已经是四十多岁的人了，她中等身材，齐肩的头发，衣服整洁，笑起来很慈祥。

自我呱呱坠地以来，母亲就用心地呵护着我，母亲尝尽辛酸苦辣挑起养育我的担子，从没有半句怨言。

母亲是伟大的。当我生病的时候，着急的不是我本人，而是亲爱的母亲，她会终日守在病床旁无微不至地照顾我，做我爱吃的饭菜，讲我爱听的故事，鼓励我与病魔作战。当我痊愈时，母亲也消瘦了，啊！母亲是我生病时最亲、最关怀我的“护士”！

当我做错事的时候，母亲便会用她那明亮的双眼盯着我，使我不敢正视她，因为我明白，母亲这样看着我，是在告诉我下次别再犯同样的错误。啊！妈妈的眼睛是对我忠实的警告。

当我失败的时候，是母亲以一双温暖的手将我从失败的魔掌中扶起来，鼓励我继续努力，不可灰心。所以，我做事从不曾半途而废，也从不因失败而气馁过，因为母亲曾告诉我失败是成功之母。

当我成功的时候，母亲便会教导我不可骄傲，要我再接再厉，以后要更加努力学习，认真对待每一件事情，这样才能成为建设祖国的有用人才，所以我不曾为一点小成就而骄傲，因为母亲曾告诉我自满是成功的敌人。

虽然我的妈妈是这样的平凡，可是令我尊敬。

4.“我喜爱的动物（或植物）”

（1）“我”喜爱什么动物（或植物）。

（2）它具有什么样的生理特性（强调惹人喜爱的方面）。

（3）“我”喜爱某种动物（或植物），还因为“我”曾经与它结下了一段不解之缘（讲述故事）。

例文：

我没有养过小动物，对所有的小动物都抱着只可远观不可亵玩的态度。自从看了一部名叫《忠犬八公的故事》的电影，对小狗有了不一样的认识。

八公是在火车站流浪的一条秋田犬，而后被一位大学教授收留。此后，八公每天都会在火车站接主人下班。有一天，教授突发心脏病去世，而八公并不知道这一消息，始终等待着主人的归来。八公在火车站安了家，不论春夏秋冬、严寒酷暑，八公就这样一直孤独地等候着。直到一个大雪纷飞的夜晚，孤独地死去。

八公无疑是条聪明的狗，可就是不会去帮主人去捡球。“等有一天它会给你捡球的时候，一定有什么特殊的理由”，教授的日本朋友这样告诉过他。果然，就在教授去世的那一天，八公一直缠着他，并且含着球和他玩，阻止他去上班。狗是一种能够感知未来的动物，他明白主人会发生危险，不过最终教授去上班，没有再回来。

八公明白，明白主人从此不能再和他一起嬉闹、游戏，离它而去，但是它还是一直在火车站等待着它的主人。

“八公，我们回家。”八公在生命中的最后一刻仿佛看到了它的主人，是的，他们终于在一起了，八公终于等到了它的主人。

看完这部电影，一个人静静地回忆着，常常泪流满面。“狗是我们人类的最忠实的朋友”，这句话我们每个人都知道，可是谁又能真正感受到狗与我们之间的感情呢？对于人来说，狗不可能是他唯一的情感寄托，他会有自己的家人、朋友。可是对于一条狗来说，主人可能就是它生命中的唯一。狗的感情很简单，坚持自己的感情，一旦认准了，就会执着地坚持下去，甚至宁愿像八公这样直到自己老去！

许多人会觉得八公真傻，去等待一个永远不可能再出现的人，去憧憬一个不可能实现的梦。人们很多时候注重的都是结果，掺杂了太多的功利，所以忽略了过程。

十年后，帕克教授的妻子重回小镇。看到八公的那一刻，她哭着说：“你怎么还在这里？你居然还在等……”这一刻，许多人哭了，车站旁卖早餐的人哭了，帕克教授的老友们都哭了，而我，也哭了……

5. “童年的记忆”（可以与“难忘的旅行”一起准备）

（1）讲故事。故事里要有爸爸、妈妈、老师、同学……

（2）与“难忘的旅行”一起准备，则强调这次旅行在童年就可以了。加一句：“这次童年时期的旅行，对我后来的人生经历有很大的影响。”

例文：

我回忆儿时，有三件不能忘却的事。

第一件是养蚕。那是我五六岁时我的祖母在日的事。我的祖母是一个豪爽而善于享乐的人，良辰佳节不肯轻轻放过，养蚕也每年大规模地举行。其实，我长大后才晓得，祖母的养蚕并非专为图利，叶贵的年头常要蚀本；然而她喜欢这幕春的点缀，故每年大规模地举行。我所喜欢的是，最初是蚕落地铺。那时我们的三开间的厅上、地上统是蚕，架着经纬的跳板，以便通行及饲叶。蒋五伯挑了担到地里去采叶，我与诸姐跟了去；去吃桑葚。蚕落地铺的时候，桑葚已很紫很甜了，比杨梅好吃得多。我们吃饭之后，又用一张大叶做一只碗，采了一碗桑葚，跟了蒋五伯回来。蒋五伯饲蚕，我就可以走跳板为戏乐，常常失足翻落地铺里，压死许多蚕宝宝，祖母忙喊蒋五伯抱我起来，不许我再走。然而这满屋的跳板，像棋盘街一样，又很低，走起来一点也不怕，真有乐趣。这真是一年一度的难得的乐事！所以虽然祖母禁止，我总是每天要去走。

蚕上山之后，全家静静守护，那时不许小孩子们噪了，我暂时感到沉闷。然而过了几天，采茧，做丝，热闹的空气又浓起来。我们每年照例请牛桥头七娘娘来做丝。蒋五伯每天买枇杷和软糕来给采茧、做丝、烧火的人吃。大家认为现在是辛苦而有希望的时候，应该享受这点心，都不客气地取食，我也无功受禄地天天吃多量的枇杷与软糕，这又是乐事。

七娘娘做丝休息的时候，捧了水烟筒，伸出她左手上的短少半段的小指给我看，对我说：做丝的时候，丝车后面，是万万不可走近去的。她的小指，便是小时候不留心被丝车轴棒轧脱的。她又说：“小囝囝不可走近丝车后面去，只管坐在我身旁，吃枇杷，吃软糕。还有做丝做出来的蚕蛹，叫妈妈油炒一炒，真好吃哩！”然而我始终不要吃蚕蛹，大概是我爸爸和诸姐都不吃的缘故。我所乐的，只是那时候家里的非常的空气。日常固定不动的堂窗、长台、八仙椅子，都收拾去，而变成不常见的丝车、匾、缸。又不断地公然地可以吃小食。

丝做好后，蒋五伯口中唱着“要吃枇杷，来年蚕罢”，收拾丝车，恢复一切陈设。我感到一种兴尽的寂寥。然而对于这种变换，倒也觉得新奇而有趣。

现在我回忆这儿时的事，常常使我神往！祖母、蒋五伯、七娘娘和诸姐都像童话里、戏剧里的人物了。且在我看来，他们当时这剧的主人公便是我。何等甜美的回忆！只是这剧的题材，现在我仔细想想觉得不好：养蚕做丝，在生计上原是幸福的，然其本身是数万的生灵的杀虐！《西青散记》里面有两句仙人的诗句：“自织藕丝衫子嫩，可怜辛苦赦春蚕。”安得人间也发明织藕丝的丝车，而尽赦天下的春蚕的性命！

我七岁上祖母死了，我家不复养蚕。不久父亲与诸姐弟相继死亡，家道衰弱了，我的幸福的儿时也过去了。因此这回忆一面使我永远神往，一面又使我永远忏悔。

节选自丰子恺《忆儿时》

6. “我喜爱的职业”

(1)“我”喜爱的职业是教师（或编辑、警察……）。

(2)“我”为什么喜爱这个职业。

(3) 这个职业有哪些吸引“我”的地方。

(4) 一段经历（讲故事）。

例文：

我喜爱的职业是记者和主持人。

小时候，常常在电视里看到一个人，手拿着话筒讲话，我不知道他在做什么，就问我爸爸，我爸爸回答说，他是记者，在世界各地为我们报道正在发生的事，世界上有什么事情正在发生的，他都首先知道。首先知道？小小的我充满好奇，心里很羡慕他可以第一时间知道世界上事情。我问爸爸怎样才能成为像他那样的人？爸爸用一贯的话说，那当然得认真学习啦。于是，从那天起，我就很认真地学习着，梦想有一天能到世界各地去，去知道正在发生的事，想着我可以第一时间知道别人不知道的事情，小小的虚荣心就充满了欣喜和期待……

长大一点的时候，通过很多电视节目我了解到，很多播音员都是兼职做着记者，而很多主持人、播音员也是由记者转行的！像白岩松、闾丘露薇就是他们的代表！多么令人振奋的事情啊！而这时的我，对记者有更深一层的理解了，这份工作是对事实的报道，以事实说话，是要和一切偏离事实的势力作抗争，把最真实的事情呈现在大众面前。这份工作充满了挑战、刺激和冒险，也会让我的人生充满光彩！直到现在，我还努力地追求着自己喜爱的这项职业，我认为可以为自己喜爱的职业奋斗，是一件很美好的事情。

7. “难忘的旅行”

(1) 何时在何地的一次旅行。

(2) 有哪些景点让你难忘。

(3) 有哪些美食让你难忘。

(4) 有哪些经历（讲故事）。

例文：

周国平先生在《青春不能错过的十件事》中写道：每年小旅行一次，隔几年大旅行一次，不是为了别的，旅行能增长见识，拓宽胸怀。作为一个学生，我的旅游机会不多，但也许因为少，它们都给我留下了美好的记忆。说到“难忘”，我觉得黄山之行是我最难忘的一次旅行。

人们都说：五岳归来不看山，黄山归来不看岳。来到这“云奇山异”的黄山，我被惊呆了：黄山可真奇啊，玲珑隽秀，说不尽的千姿百态，奇瑰艳美，使人疑心它不是天然生成，而是能工巧匠精心制作的盆景；黄山可真高啊，连绵起伏，耸入云端，从山顶向下看，云在脚下飘浮；黄山可真险啊，危峰兀立，怪石嶙峋，崖壁陡似削，山石峭如断，几乎是90度垂直的石梯，隔老远也让人心惊肉跳，似乎一失脚即刻就会从崖上跌下去，摔得粉身碎骨。黄山的云可真白啊，白得就像一匹白缎，又犹如刚下的白雪，那么洁净，那么润泽，别有一番神采。

这样的云环绕着这样的山，这样的山衬托着这样的云，再加上空中五彩缤纷的彩霞，山顶郁郁葱葱的松林，山间红叶似火的枫林，山下淙淙作响的清泉，让你感觉像是走进了连绵不断的画卷里，这真是“日照香炉生紫烟，遥看云海涌山间，奇山异树云中裹，天下美景归黄山”。

8. “我的朋友”

（1）“我”的朋友是谁，肖像、性格、为人……

（2）“我”的朋友在学习上帮助“我”：有一次……

（3）“我”的朋友在精神上安慰“我”：有一次……

（4）“我”也经常帮助“我”的朋友：有一次……

例文：

人们常说，朋友易找，知心难寻。我的朋友很多，其中我最要好的一位朋友，他的名字叫“李国”，是国家的“国”，我管他叫“国哥”。“国哥”长着 1.72 米的个头，方形脸，高鼻梁，两笔浓黑的大眉毛，再配上他常穿的黑色的大西装，看起来挺威武神气的，人们都叫他“酷哥”。我和他是偶然认识的，我们都在同一所学校读书，当时他读高中，我读初中，有一次在饭堂打饭的时候，由于人多，并且拥挤，“国哥”一不小心碰掉我刚打的饭菜，他便立即蹲下来拾起碗筷，连说了好几声对不起，并且执意帮我重新买了一份饭菜，然后我们便在一起吃饭，边吃边聊。当时我就觉得他挺和善的，说起话来也很风趣幽默，后来，我们就渐渐成了好朋友。

我初中毕业后，考上了一所职业技术学校，令我高兴的是他也在本地读大学。在那里，他就像大哥一样给我无微不至的帮助和关怀，每逢周末，他经常过来跟我聊天，教我学习，有时还给我讲人生道理，偶尔，他还给我买上几本好书。在那段时间里，我过得非常开心。

现在我们各奔东西了，有空的时候，我们总忘不了给对方打个电话，相互说一声祝福，但这已足矣。能交上这么一个知心朋友，真是终生难忘。

9. “我喜爱的文学（或其他艺术形式）”

（1）“我”喜爱的文学（或其他艺术形式）是……

（2）它有什么样的特性让“我”喜爱。

（3）“我”怎样喜爱它（讲故事）：什么时候开始喜爱它的，小学时怎么做的，中学时怎么做的，现在读中专，又做了些什么。

例文：

我喜爱的文学艺术形式是诗歌，是因为它那简洁而意境深远的语言魅力，在诗歌的世界里我可以自由地驰骋，美丽的意境常常让我流连忘返。

我最喜欢的一首诗是徐志摩的《再别康桥》，“轻轻的我走了，正如我轻轻的来”，一首带有淡淡哀愁的离别诗牵动很多读者的心。这首诗意境优美，情感真挚含蓄，诗思精巧别致。诗人以康桥的自然风光为直接抒情对象，采取间接抒情的方式，寓情于景，人景互化。通读整首诗，无一处不是在写景，又无一处不是包含着诗人那淡淡的离别愁绪。

全诗以“轻轻的”“走”“来”“招手”“作别云彩”起笔，接着用虚实相间的手法，描绘了一幅幅流动的画面，构成了一处处美妙的意境，细致入微地将诗人对康桥的爱恋，对往昔生活的憧憬，对眼前的无可奈何的离愁，表现得真挚、浓郁、隽永。诗人闻一多 20

世纪20年代曾提倡现代诗歌的“音乐的美”“绘画的美”“建筑的美”，《再别康桥》一诗，可以说是“三美”具备，堪称徐志摩诗作中的绝唱。

10. “谈谈卫生与健康”

（1）关系：讲卫生才能健康，不讲卫生则易生病。

（2）个人不讲卫生的情形：①贫穷，“讲究”不了。②懒惰，“不干不净，吃了没病”。③“吝啬”，老年人过于节约，舍不得倒掉变质的剩饭菜……

（3）人类：环保与健康。

例文：

健康是我们生活愉快的基本保障。要健康就离不开卫生。我们想拥有健康，就要注意卫生，不讲卫生容易生病，影响人际关系，影响个人和他人情绪，污染环境。一个人是否讲究卫生，跟自己能不能有一个健康的身体有很大的关系。下面我来谈一谈饮食卫生与健康的关系。

民以食为天，食是生活不可缺少的因素。在吃东西时一定要注意卫生。在日常生活中，常常出现细菌性食物中毒事件，那么我们就需要养成良好的洗手习惯。最好用流动水洗手，同时手的正反两面要反复搓洗，这样可以保证手的所有部位都能洗到。如有可能，最好用肥皂或者香皂洗手，这样对清除病菌有更好的效果。

我们要消除“不干不净，吃了没病”的错误观念，最好不要吃隔夜的食物，对路边小吃店要敬而远之。还要从以下生活细节入手：洗澡、洗衣、晒被子。对这些小事，可不能小看。洗澡、勤换内外衣，阳光充足时把被子晒一晒，这些卫生习惯能使人远离病毒，有效抵御病毒侵害。因为在阳光和空气流动的作用下，病毒在很短的时间内就会被杀灭。我们知道，病毒多是通过直接接触感染的，其次是因接触打喷嚏或咳嗽产生的带菌空气而受感染。感冒就是一个很好的例子。所以，脏手不要随便碰触口鼻。为让我们有一个健康的体魄，为了健康快乐地生活，请大家讲究卫生。

在物质文明和精神文明共同进步的今天，健康这个话题越来越受到人们的广泛关注。良好的物质生活配合健康的身体才能让生活更加丰富多彩。健康与卫生又是息息相关、不可分割的。卫生是健康的保证，要健康就离不开讲卫生。

11. “我的业余生活”

（1）学习。

（2）娱乐：旅游、下棋……

（3）串门，走亲戚……

例文：

我的业余生活可以用一个词来形容，那就是：丰富多彩。因为我有着广泛的爱好：我爱交朋友、喜欢运动、酷爱音乐、读书更是我的最爱，还有就是女孩子都喜欢的购物，我也不例外地爱着……

每到周末，我就会邀三两好友去爬爬山。一边运动着，一边与朋友畅谈心事，不能不说这是人生一大乐事呀！如果有什么不开心，爬到山顶大吼几声，发泄完了心情也转晴了。

放学回寝室，我喝着茶、听着音乐、读着我最爱读的书。

读书是让我享受的乐事。读散文、诗歌，似乎自己也开始充满诗意了；读历史传记，历史人物的智慧、思维、处世方法都能带给我人生的启示；读小说，从别人的故事中有时也能找到自己的影子呢；读跟教学有关的书，提高自己的业务水平，可以让自己的工作更加得心应手。总之，我说，读书真的很惬意！

还有一件我的最爱，只是一直没机会去完全实现——那就是旅游。我的梦想是周游世界，虽然现在还没有得以实现，但我一直在为它努力着。

我的业余生活就是这样——丰富多彩，它们让我享受，让我充实。

12. “我喜欢的季节（或天气）”

（1）“我”喜欢的季节（或天气）是什么。

（2）它有怎样的特性（让你喜欢……）。

（3）在这样的季节（或天气）里，曾经发生了一件令“我”（终生）难忘的事情……

例文：

夏天一般给人的印象是大汗淋漓和待在空调房里的人们，或高温或暴雨。可是我喜欢夏天。

夏天的来临，对学生来说就是一个长长的暑假，可以休息两个月。在这长长的假期里，可以做很多有意义的事情，游泳这个小技能就是我在夏天学会的。我喜欢夏天，这个热情洋溢的季节。

夏天，青蛙叫了，蝉出来了，荷叶长出来了，荷花开了，清香飘来了，蛤蟆开始吃虫了。夏季里花草树木最为旺盛，树木被墨色的绿叶笼罩了，到处绿树成荫、花团锦簇，放眼望去，一片花的海洋、树的海洋。在暖暖的夏风中，大树摇起一把把绿扇子为自己扇风、降温，也为树下乘凉的人们带来习习凉风。花儿们在夏天里开得更美，在炎热的天气里依然争奇斗艳，非要比个高低不可，在烈日的烘托下都格外美丽、不相上下。小草在夏日也分外美丽，毫不示弱地顶着烈日，努力挺起腰来。夏季的天空也是四季中最美的，早晨天蓝得像用水洗过的蓝宝石，云白得像小绵羊身上乳白色的毛，就像一幅只用蓝色和白色渲染、不用墨线勾勒的一幅绝好的水墨丹青那样美丽、独特。夏季的夜空也很美，浓黑浓黑，像一瓶墨水泼在白纸上，但是还有成千上万的“明灯”和一个“大灯笼”为你照明。

但夏季的天气就像孙猴子的脸说变就变，刚刚还是晴空万里，不一会儿就是倾盆大雨，弄得人们不知如何是好。也难怪，夏季的每一场雨都来得那么突然，让你措手不及，像泼，像倒，不一会儿地上就积满了水，雨滴大得像沙里的小石子一样，密得像地上的灰尘一样。

夏天虽然没有春天的灿烂，没有秋天金黄的果实，更没有冬天一望无际的白雪，但它有自己独特的美，我爱这骄阳似火的夏天！

13. “学习普通话的体会”

（1）很重要。

（2）人际交往：如与不同方言区的老师、同学相处；旅游到外地……

（3）学习生活：课堂学习、课后交流……

例文：

学习普通话是一件非常锻炼意志、催人上进的事，我学习普通话最大的一点感受就是坚持。

刚开始我对普通话不太重视，从小说方言已成了习惯，一口流利的地区方言也能和老师、同学交谈。除非在上课的时候，老师问问题时，被要求用普通话回答。因此，这一切语言环境，给学习普通话带来了很大的干扰。

练习普通话是个漫长的过程，需要一点一滴去提高，不可能达到立竿见影的效果。不用着急，关键是你要一如既往地坚持下去，每天朗诵一小时以上，或读名家名篇或读教材中的朗读篇目。像这些经典文章通篇朗读几遍，不但普通话大有长进，在为人处世方面、在进退应对上也会提高。可谓一举多得！刚开始一定会觉得很累，读得口干舌燥，但没有练习哪里会提高呢，千万不要气馁和退缩。

在练习的过程中，如果遇到读音不清楚的字，一定要随手记下来，在朗读结束后，立即查阅字典，标出读音。要一点点地积累，反复熟记。平翘舌的区分，这个是需要下功夫的。可以先从平舌音入手，因为它数量比较少，好识别，剩下的就都是翘舌音了！朗读时，最好保持站立姿势，因为这样气息使用最均匀，可以气运丹田，含住半口气，如同唱歌一样，不能扯着嗓子喊。

最后给你推荐一个好方法，在朗读有了一定的基础之后，找一个语感好的观众听你读，所谓当局者迷，旁观者清，请他指出你的语音缺陷，便于加以改正。

除了多读，还要多听，我每天坚持听广播，下载了音频文件有事没事进行跟读练习。每天早操、晚自习后，我都要边听边练习，睡觉前就会静下心来，仔细地用心倾听别人富于感情的阅读，把它当成一种习惯，听别人朗读也是一种愉悦的感受。

生活中的很多道理和学习普通话一样，学习的收获远远不止奋斗的过程及本身的提高，更是一种精神演练和提升。我学习普通话，学到的就是这点精神，用许三多的话说，就是一种“不抛弃，不放弃”的精神。

14. 谈谈服饰

（1）恰到好处的服饰可以使人精神面貌焕然一新，让别人看起来舒服。服饰是否恰当，与经济实力没有必然联系，不穿名牌也能吸引别人的眼球。

（2）例如，“我”的一位同学……

（3）服饰恰当与否的关键在于搭配，例如……

例文：

前段时间有一则新闻，一对新婚小夫妻穿遍五十六个民族的服装拍了结婚大片！这个像白日梦一样的结婚幻想，被这对新婚小夫妻一步一个脚印地走成现实。我们国家的民族服饰是非常漂亮的。我是校汉服社的成员，所以比较关注汉服，今天我就来谈谈汉服。

汉服，又称为汉装、华服，是指从三皇五帝时期一直到明朝末年这五千年间，在中原这块土地上，华夏民族所习惯穿着的服饰。它是具有浓郁华夏民族风格的一系列华夏民族服饰的总体集合。

“织为云外秋雁行，染作江南春水色。广裁衫袖长制裙，金斗熨波刀翦纹。”汉服，有大而宽的袖子，长长的裙摆婀婀娜娜地拖至地上，典雅清新，线条柔美流畅。身着汉服的女子以小碎步飘至台间，右手压着左手藏袖里，手举至额间，鞠躬九十度相对揖礼，一个轻巧的转身，一个洒脱的拂袖，那个美啊，犹如嫦娥舒广袖，令人浮想联翩。那鼓声点点伴飘逸的汉家霓裳，那春江花月夜流淌的华夏文明，旧日芳华，如幻如梦。

久远的记忆闸门打开了，在活着的人们的世界里消失了三百多年的汉服又重新出现在了人们面前。那“右衽、交领、曲裾、广袖、博带”的样式，飘逸、洒脱、自信。在许多人的心目中，汉族从来就没有民族服装，穿民族服装是少数民族的特色。汉族人并非没有自己的民族服装，从上古时代开始，自成一系的汉族服饰，就伴随着华夏人民的生活点滴，其显着特点就是宽衣大袖、峨冠博带，它构成华夏民族延续上千年的独特风景线，成为古典中国文明的重要象征。

日本的和服是由汉服发展而来的，但经过漫长的历史进程，已经发展出自己的民族特色；而韩国的韩服吸收了明朝服装式样，演变成如今的高腰、下摆宽大蓬松的襦裙。所以，穿着和服的日本“丽佳娃娃”，穿着韩服的韩国娃娃，准确地说，都应该称为“中国娃娃”，我想：如果她们穿上汉服，那一定会更加飘逸、更加可爱、更加美丽。

我希望我们这一代，能在继承和发扬汉文化上，找到一个最佳结合点。把古典的与现代的有机结合，吸收外民族的精华，弥补汉文化某些方面的不足，这样才会使其更有生命力。汉服的复兴终于弥补了我的遗憾。我憧憬着哪一天，我能戴上象征少女时期的发钗，穿上淡紫色的飘逸而典雅的汉服，在金碧辉煌的宫殿里，伴着《春江花月夜》翩翩起舞，那一定是一幅美丽的画面。

一个人穿着自己民族的服装才是最美的。

15. “我的假日生活”

可以考虑与《我的业余生活》整合。

例文：

说起我的假日生活，我觉得应该分为两种，一种就是平常的星期六、星期天，一种就是时间比较长的那一种，比如说寒假、暑假。

在学习不紧张的时候，我最喜欢做的事情就是读书。一有空，我就会去图书馆，找一本自己喜欢的书，一读就是好几个小时。其实图书馆是一个很好的资源库，但很多同学都没有发现这一点，图书馆里有很多种书，可以满足任何同学的需求。

我还喜欢看电影，每个星期都会看一到两部电影。电影也是一种文化，导演只用一两个小时的时间就可以讲述一件事，而通过这件事我们可看到更多的东西。我们可以通过看电影体会到不同的人生，虽然我们自己不能经历许多有意义的事，但通过看电影，我们可以亲身体会不同时期不同性格的人的生活。

有时候，我也会上网，其实上网已经成为学生日常生活中很重要的一部分。我经常会浏览新闻和学校、学院的网站。和远方的家人、朋友联系，也时常要上网聊天或收发邮件，以便及时地了解他们的近况。当然，偶尔也轻松一下，看看动画片、听听音乐。

总的来说，我的假日生活是非常充实的，让我觉得生活特别有意义。希望自己能够继续保持这样的感觉，让自己的假日生活更有意义，更丰富多彩。

16. “我的成长之路”

（1）“我”今年××岁了。××年来，“我”从一个不懂事的娃娃成长为一名大学生，其间，我过了一段不寻常的成长之路。“我”的老师、父母、同学都曾给“我”很大的关心和帮助……

（2）讲故事：小学的时候；初中的时候；如今……

例文：

我国台湾作家刘墉说："成长是一种美丽的疼痛。"

成长之路是条艰难的路，我们在成长为一个社会人之前会经历很多的磨难，当时或许苦恼，或许迷茫，当过了那个阶段便会觉得豁然开朗。

印象中比较深刻的是一次摸底考试全年级倒数而不敢回家，在街上流浪了一晚，最后被痛哭流涕的妈妈找到。

妈妈没有责骂我，问我：知道毛毛虫是怎么过河的吗？我给出了三个答案：

"从桥上过。"妈妈摇摇头说："没有桥。"

"从叶子上过。"妈妈说："叶子被水冲走了。"

我又接着说："被鸟吃到肚子里就过河了。"妈妈强调："那样的话，毛毛虫就死掉了，也便失去了过河的意义。"

那么毛毛虫究竟是怎么过河的呢？

最后妈妈告诉我说："毛毛虫要想过河，只有一种方法，那就是变成蝴蝶。毛毛虫在变成蝴蝶之前要经历一个痛苦的阶段，它在一个茧里面，暗无天日、没吃没喝。这种痛苦要经历很长一段时间。"

其实每个人也是一样的，在生命的历程中，都会遇到这样或者那样的挫折与磨难，有人面对困难悲观失望，无法转换自己的角色，而有的人却能勇敢地摒弃原有的观念，不断挑战自我，不断脱胎换骨，最后轻松自如地飞过了毛毛虫时代那条痛苦的河流。

生命其实就是毛毛虫过河的过程，每个人都有成功的机会，但是成长与成熟都是痛苦的，要想成功，必须勇敢地冲破厚厚的茧，才能变成蝴蝶任意飞舞。

17. "谈谈科技发展与社会生活"

（1）科技发展使社会生活发生很大变化。

（2）穿的：面料更多样化……

（3）吃的：保鲜技术的发展，使我们能吃到很多以前极不容易吃到的食物，尤其使新鲜水果，如荔枝……

（4）住的：楼层更高，也更安全。

（5）交通：更方便。火车大提速……

（6）联络：更快捷。手机的普及，功能多样化……

例文：

随着社会的发展，今天的生活里到处都是科技发展的成果。衣、食、住、行每一样都离不开科技发展。就拿通信这方面来说吧，在古代，想念远方的人，要翻几座山，过几条河，才能见上一面。

记得电视剧《乔家大院》里就有这样长途跋涉的场面：乔致庸从北京到福建武夷山贩茶，通过陆路、水路，得走一个月的时间。当地的官府因为怕遭到太平军的袭击，没能按时向朝廷缴纳饷银，而极有经商头脑的乔致庸正想利用这个机会开办票号，也就是我们现在的银行。首先必须由他在北京的总部在半个月的时间里代替地方官府向朝廷缴纳饷银。他在北京经营多家商铺，所以钱不是问题，重要的是如何让北京的总部知道这项任务，而且按时完成。

当时看这部电视剧挺为他着急的，因为在我们今天看来，这简直不是问题，只要一个电话就可以解决的事在他那个社会里却困难到以至要拿性命来作抵押。结果，他的下人，十五个昼夜都没有停歇一下，快马加鞭赶到北京。就这点来说，电话真是一个伟大的发明。

但是凡事都有两面性，随着手机的普及，越来越多的“低头族”错过了真实生活中的美好。当你长时间沉溺于虚拟世界中，是否想到与现实生活的距离越来越远？你又是否意识到，那些仿真的大型网络游戏是依据现实而改编的呢？生活才是活生生的，人生只有一次，我们何不追求那些更真实、更自然的美好生活呢？

科技的快速发展为人们的生活带来了种种便利，手机是为了方便人们的生活而发明的，不应该成为人们的累赘。有了手机，我们的生活方便，没有手机，明天的太阳还是照常升起。手机是人类的工具，而不是人类的主人。

18. “我知道的风俗”

(1)“我”知道的风俗很多：情人节送花、端午节吃粽子、中秋节赏月，以及结婚、生小孩的风俗……

(2)“我”对××节（或具体事情）的风俗更加熟悉（介绍这个风俗的一些内容）。

(3) 记得有一年的××节（某一次什么场合），“我”见到这样一些令人难忘的情景……

例文：

农历五月初五，是我国民间古老的传统节日“端午节”。

在农村，端午节吃粽子的风俗最为普遍。记得我很小的时候，家境贫寒，每年端午节只能包米少豆多的粽子，母亲叫它“豆粽”。粽子里除糯米外，就是那些赤豆、白豆，这些都是母亲在房前屋后的空地上种的。不过，豆子多了，吃起来很香。包豆粽这个活儿，还要有一定的技术的，包不好的话，在煮的时候，粽子会散开来。

粽子的形状最常见的就是一种宝塔粽，尖尖的顶，三角形的底座，竖起来放在桌子上，它不会倒下来。这种粽子大的约有半尺长短，小的也有三四寸，一些心灵手巧的小媳妇还会包十分有趣的“连环粽”，两个小粽子中间有一根红线牵连着，还有别出心裁包的“月牙粽”“枕头粽”“拳形粽”“方粽”等等，五花八门。

端午节这天，家家户户不管贫富都要包粽子，左邻右舍串门的，按村里的规矩，也一定要尝一下主人家包的粽子。吃的时候，把青青的芦叶从下面一张张地剥开，再用两根筷子戳进底部，从粽子的宝塔尖咬起，直到吃完为止。有些大的粽子一次吃不完，只好带回家去，不能留在主人家。这个时候，满屋、满村都散发着芦叶的清香。家家户户不仅自己吃，还要挑上几只包得最好、最大的粽子，用红线串着扔到村旁的河浜里去，连我们偏僻小乡的农民也知道纪念屈原，这个忧国忧民重气节的诗人。

19. “我和体育”

(1)“我”从小就喜爱体育运动，例如……

(2)“我”特别喜爱××体育运动项目。

(3) 小学的时候……中学的时候……现在……（讲故事）

(4) 体育运动给了“我”强健的体魄，“我”喜爱体育运动。

例文：

“奥林匹克之父”皮埃尔·德·顾拜旦说过，体育就是天神的欢娱，生命的动力。

在体育运动员中，我有一个偶像，那就是王皓。他是一个乒乓球运动员，1990 年开始参加专业训练，1996 年进入八一队，1998 年年底入选国家二队，1999 年获亚洲少年锦标赛男单冠军，2000 年年初升入一队。2004 年在雅典奥运会上不敌柳承敏（韩国），获得男单亚军。2008 年在北京奥运会上获男单亚军。2008 年获世乒赛男团冠军，2009 年获世乒赛男单冠军，2010 年获世界杯男单冠军，2010 年获广州亚运会男子双打冠军。2011 年 8 月 27 日，入驻国际乒联名人堂。2011 年，王皓在世乒赛男单决赛中惜败队友张继科。2012 年在伦敦奥运会上获男单亚军，并与张继科、马龙一起获男子团体冠军。

2014 年 12 月 21 日，王皓宣布退役。王皓在其职业生涯中共获得 18 个世界冠军，和马琳与邓亚萍并列第三，仅次于张怡宁的 19 个和王楠的 24 个。2017 年 3 月，担任 2017 年国家乒乓球队教练。

他在赛场上打乒乓球可以说是光芒万丈，看他的比赛多了，我也慢慢地开始喜欢上打乒乓球了。

记得第一次打乒乓球的时候，看着小小的乒乓球，我想：这有什么难的，就是简单的接球和发球。可是真正打起来，却不像我想的那样简单，这球就根本不受控制，一会儿前，一会儿后，一会儿左，一会儿右，把我累得气喘吁吁就是接不住。

想着老师告诉我的动作要领，于是我将球拍向下压并放在体侧，然后小臂摆动收向胸前到身体左侧，就在收拍的一瞬间，调皮的乒乓球让我狠狠地教训了一下，把它打到对方的台子上。啊，我终于接住了！我高兴地跳了起来。从此乒乓球变得乖巧多了，不再捣乱了。从学会打乒乓球后，我的兴致越来越高了。现在，我已经学会了快球、拉球、搓球……而且我能和同学们在一起打比赛了。渐渐地我的球技也提高了。我越来越爱打乒乓球了，自信心也越来越强了。这项运动不仅锻炼了我的身体，而且让我有种自豪感。我希望将来有一天我也能代表国家队去打比赛，为国争光！

20. “我的家乡”

（1）“我”的家乡是哪里。

（2）那里的人勤劳、善良、好客……有一次（讲故事）……

（3）那里有哪些名胜古迹……（穿插一些神话、传说、先烈事迹等）

（4）那里有哪些美食：名称、特色……（有一次，我和朋友们吃……）

例文：

德阳，是一个美丽的城市，历史悠久，人文景观甚多。

三星堆文化灿烂而神秘，无数神奇的未知让世人惊奇，让世人思索；石刻艺术墙的独具匠心让人流连，让人赞叹；历史悠久的孔子庙宇，向世人传递着儒家文化的精髓；白马关、庞统祠给我们留下了一代古人的傲人风采；特级英雄黄继光更为我们展现了当代儿女勇往直前、不怕牺牲的崇高品格。

可爱的家乡山清水秀，鸭子河的流水从城中潺潺穿过。小河两岸绿树成荫，风景宜人。还有那拦河而建的旌湖，是家乡的又一道美丽的风景线——碧绿的湖水波平如镜、清澈明净，与蔚蓝的天空交相辉映。更有那彩虹桥、珠江桥、岷江桥、凯江桥、黄河大桥，桥桥凌空飞架，将城市的东西两岸紧紧相连，给这个城市平添了一分活力。清晨，你可见那白鹤在湖上翩翩起舞；晚上你可看那野鸭相约而行，流连忘返。傍晚或假日，游人们或徜徉在湖畔，或荡舟在湖中，那份闲适和惬意无以言表。

我爱德阳，爱自己的家乡。无论走到哪里，故乡的山山水水、一草一木都牵动着我，让我不能忘怀。

故乡的山水养育了我们，今天，我们以美丽的家乡为荣，明天我们将让家乡以我们为傲。

21. “谈谈美食”

（1）“美食”有狭义和广义之分，广义的美食包括一切好吃的、让人喜爱吃的食物。

（2）狭义的美食有很多，我吃过……（大讲特讲是可以的）

（3）中国的美食已经形成了文化系列，有根据地域不同形成的八大菜系，有根据文艺作品的描述而形成的专门菜谱，例如“红楼菜谱”……

（4）美食资料：……

例文：

常言道：“民以食为天”。今天我就来介绍一下过桥米线，有个闻名遐迩的有关过桥米线的传说：清朝时滇南蒙自县城外有一湖心小岛，一秀才常到岛上读书，贤慧的娘子常常弄了米线送去给他当饭，但等到了岛上，米线已不热。后来一次偶然送鸡汤的时候，娘子发现鸡汤上覆盖着那层厚厚的鸡油，可以让汤保持温度，如果把佐料和米线等吃时再放，还能更加爽口。于是她先用肥鸡、童子鸡骨等煮好清汤，上覆厚厚的鸡油；而配料切得薄薄的到岛上后用滚油烫熟，之后加入煮熟的米线，鲜香滑爽。此法一经传开，人们纷纷仿效，因为到岛上要过一座桥，也为纪念这位贤妻，后世就把它叫作“过桥米线”。

第一次吃过桥米线一定要先学点常识，云南就曾发生过滚汤烫伤外国游客的事件。吃过桥米线会同时上滚汤、荤料盘、素料盘和风味咸菜碟。表面上看起来的一碗不冒热气的滚汤温度能达到170度。吃惯了过桥米线的云南人会不慌不忙地先端起荤料盘，按先生后熟的顺序把各种肉片一一入汤，并用筷子将肉片在汤内轻轻涮几下，顿时肉片变成白色；之后放入鹌鹑蛋，接着放素料盘中的各种配料。这时，大海碗内已五色交映，令人胃口大开、垂涎欲滴。就请慢慢品尝吧！

22. “我喜欢的节日”

（1）“我”喜欢什么样的节日。

（2）这个假日的设定有很多优点：意义重大；时间长，可以旅游。

（3）在某年的这个节日，有一件事情使“我”难以忘怀……

（4）假日资料：“五一”劳动节、国庆节、元旦……

例文：

在中国，有很多很传统又很重要的节日，比如春节、端午节、清明节，但我却独喜欢中秋节。中秋节是团圆的节日，充满了祝福与思念之情。中秋节的历史悠久，从唐朝开始，就成为固定的节日。

关于中秋节的传说数不胜数，除了嫦娥奔月之外，还有一个“吴刚伐桂”的故事。相传月亮上的广寒宫前的桂树生长繁茂，有五百多丈高，下边有一个人常在砍伐它，但是每次砍下去之后，被砍的地方又立即合拢了。几千年来，就这样砍砍合合，这棵桂树永远也不能被砍倒。据说这个砍树的人名叫吴刚，曾跟随仙人修道，到天界后犯了错误，仙人就把他贬到月宫，日日做这种徒劳无功的苦差使，以示惩处。也有的说他学仙不够专心，天帝为锤炼他的心志，罚他砍桂树，并允诺如果砍倒了，即可成仙。于是吴刚便在清冷的月宫中日复一日、年复一年地砍下去。

中秋节也是诗人们最愿意借以抒发情感的节日，比如苏轼在中秋佳节因思念弟弟而作的一首《水调歌头·明月几时有》，其中有一句最为著名，那就是"但愿人长久，千里共婵娟"。我想，不管是在过去、现在还是将来，思念家乡及家人的心情永远都不会改变。我喜欢中秋节，喜欢它的意境。

23. "我所在的集体"

（1）"我"所在的集体是什么。

（2）这是一个很好的集体：有严明的纪律、像家庭一样温馨……

（3）集体中的领导：有一次……

（4）集体中的同事（同学）：有一次……

例文：

我所在的班集体是一个充满活力、团结互助、温暖快乐的大家庭。

我们班的同学大多数来自农村，一样的装束，一样的朴素，一样的乡村风俗，使得我们在一起生活、学习相处得很融洽。大家没有高贵贫贱之分，有的只是平等，互助友爱。

我们班的同学在一起生活、学习，相处得很融洽，大家团结友爱、平等互助。

团结、和谐、友爱的班级风气，还让每名同学的心里感到踏实、温暖。哪位同学有自己不能解决的问题，他（她）首先想到的是班集体，找同学们帮助解决；哪位同学有了困难，首先向他（她）伸出援助之手的是自己班的同学；哪位同学的成绩落后了，班里大家帮他（她）把学习赶上。

总之，我们班是一个充满活力、团结、互爱、互助、温暖、快乐的大家庭。我爱我们这个大集体。

24. "谈谈社会公德"

（1）社会良好秩序的形成需要社会成员有良好的社会公德（对于从事某项职业的人而言，需要有良好的职业道德）。

（2）社会公德的内容很丰富。着重讲讲有关诚信的问题。讲诚信的重要性：社会经济生活可以良好发展、人与人之间的信任度提高等；不讲诚信的害处：经济生活受影响、人和人之间缺乏必要的相互信任。举例说明（金华火腿、南京冠生园的月饼……）

（3）"我"的一次遭遇……

例文：

古人云："勿以善小而不为，勿以恶小而为之。"但现实生活中的情况呢？细心观察就会发现，公共场所和校园里破坏公物的现象比比皆是：有同学为求近路而不惜践踏草坪；踢球时不小心打碎了教室的门窗；路边上被弄坏的路灯、栏杆和垃圾桶……不论有意还是无意，这些行为都对公物造成了损坏，也给其他人的学习和生活带来了不便。

每每看到这些不文明行为，你也许会皱着眉头嘟囔一句：缺德！是的，这些人所缺少的正是公德心，不讲社会公德，不遵规守纪。他们从来也不曾意识到原来自己也是这些公物的“主人”，不知道公物是大家公用的物品，每一个人都有爱护公物的义务。

如果你失去了今天，你不算失败，因为明天时光会再来。

如果你失去了金钱，你不算失败，因为人生的价值不在钱袋里。

如果你失去了社会公德，你是彻彻底底的失败，因为你已经失去了做人的真谛。

“人无德不立，国无德不兴。”公民道德的好坏，体现着一个民族的精神状态，影响着一个民族事业的兴衰。一个人的言行往往表现出个人素质的高低，进而影响整个集体的总体素质状况。一个公民是否爱护公共设施，从小处讲，可以反映出一个人道德素质的高低，一个学校校风的好坏；从大处讲，也反映了一个国家的文明程度及民族素质的高低。我国颁布的《公民道德建设实施纲要》中提出了“文明礼貌、助人为乐、爱护公物、保护环境、遵纪守法”的社会公德要求，作为中华人民共和国公民，我们都应该按这个要求规范自己的行为。

25. “谈谈个人修养”

（1）当今社会，强调得多的是弘扬个性，但也别忽略了个人修养。个人修养的内容主要有：

①内省：“严于律己、宽以待人”；②谦让：“退一步，海阔天空”……

（2）加强个人修养有利于人际关系的良好发展。有一次……（讲故事）

例文：

一个人修养如何，要看个人的德行如何。德，即品德，是内在的东西，是个人修养的主要内涵。行，是由内在品德素质决定的外在表现。这两样构成了个人修养。

修养常常与个人的文化、背景和地域有关。古人形容一个世代文人之家为书香门第，而真正能透出书香的，能够让人在交谈中感受到那种浓浓的书香气息的是人的修养，只有有修养的人才能在举手投足之间显现出“书香”的魅力来。

那么，一个有修养的人应该是怎样的呢？首先，对人要和善亲切、诚恳热情。从内心去爱、去关心、去帮助别人。朋友之间更要互相理解、互相宽容。其次，谦虚随和。谦虚总是受人欢迎的美德，社交场合上任何自傲情绪的流露都会成为你通向成功的障碍。最后，诚信守约。一个人能够在社会上立足，靠的是信用。一个有修养的人，是一个你乐于交往的人，与这样的人交往，不论是谈古论今，还是聊家常琐事，都会是人生快事。在这样的交往中，你会发现时间过得很快；反之，如果和一个毫无修养的人交往，则会令你感觉如坐针毡，感觉时间过得太慢，分分秒秒都是一种折磨。相信大家都是这样想的。

26. “我喜欢的明星”

（1）“我”喜欢的明星是谁。

（2）他（她）有哪些高尚品德和精湛技艺让“我”喜欢……

例文：

自从看了中央电视台的《诗词大会》节目，喜欢上了董卿。她大方得体的装束，配上很有才情的主持，时时显示出的文学功底，真是应了那句“腹有诗书气自华”。当台下的专家探讨李贺的诗词说出那句“天若有情天亦老”时，董卿随口就能接上“月如无恨月长圆”，紧接着董卿又来了一句“天若有情天亦老，世间原只无情好”。

提到董卿，人们最先想到的应该是“春晚主持人”的形象，从 2005 年第一次登上春晚的舞台，她已经陪伴了我们十二年。

2017年2月18日，中央电视台文化类节目《朗读者》开播，在电视行业工作了二十二年的董卿不仅是节目主持人，还第一次担任了制作人。这档节目是董卿从主持人到制作人的转型之作。首期播出后在豆瓣上的评分高达9.3分。

“你有多久没有朗读了？很久了吧？因为很多人都觉得朗读那是学生时代的事情或者说它只属于一小部分人。不，朗读属于每一个人。”

这段《朗读者》的开场白，敲击着每一位观众的心。

“朗读者就是朗读的人，在我看来可以分为两部分来理解：朗读是传播文字，而人则是展现生命。将值得尊敬的生命和值得关注的文字完美结合，就是我们的朗读者。”这是这档节目的自白，也是出彩之处，重点放在挖掘人的百态——每位嘉宾带来的是自身的真实写照，自己的人生感悟。

一名孩童清脆地唱着《春夜喜雨》，父亲轻轻地和着，董卿被这一幕感动，眼里闪着泪花，随口便念出了叶赛宁的《我记得》：“当时的我是何等温柔，我把花瓣撒在你的发间，当你离开，我的心不会变凉，想起你，就如同读到最心爱的文字那般欢畅。”

其实董卿的才华和气质一直都在那里啊，没有减少，不会离去，只会随着岁月的流逝日日加深。

这些渗透着董卿文学功底的应对台词，是她自小坚持学习的积累和沉淀。愿兰质蕙心的董卿一直美好下去。

27. “我喜爱的书刊”

（1）“我”喜爱的书刊是什么……《青年文摘》《收获》……

（2）这些书刊为什么让“我”喜爱（哪些优点……）。

（3）特别是其中的……（讲述情节等）

例文：

从小我就喜欢读书，什么《故事大王》《儿童文学》《少年文艺》，寓言神话小人书，都会使我着迷。现在，我仍然喜欢看一些书和散文，《格言》《读者》《意林》《人生与伴侣》《微型小说选刊》《青年文摘》，都是我喜欢的。

这其中我最喜欢的就是《格言》这本杂志，它能带给我一些信息、一些快乐、一些启迪。有一次，我看到这样一个小小的格言故事非常有意思，也令人深思：一道数学式的语文题：1+1=？第一个人写道：1+1=2。编辑说：退稿，平铺直叙，文不喜平。第二个人：1+1=3。编辑说：退稿，胡言乱语，不合时宜。第三个人：1+1=3-1。编辑说：采用，迂回曲折。朋友，如果你是那位编辑，你会更喜欢谁的答案呢？是第一个人的实话实说，第二个人的异想天开，还是第三个人的顾左右而言他？或是，经过你的思考才得出最后的答案？

如果你是那第一个填写答案的人，你会不会觉得冤屈？如果你是那第二个，会不会觉得没有遇到伯乐？又如果你是那第三个，你会不会感到你是多么幸运？或者，你觉得理应如此？

你看，《格言》中的一个小小的故事，都能引发这么多的思考，让人怎么会不喜爱阅读它呢？

28. “谈谈对环境保护的认识”

（1）很重要：大到人类的生死存亡，小到个人的身体健康。例如……

（2）当前环境保护中存在哪些问题。举例说明：我看到……

（3）环境保护要讲究科学性。不能先污染后治理。

例文：

如今，随着社会经济日新月异的发展，地球环境似乎也越来越不及过去了。我们地球的森林覆盖率在减少，可耕地面积在减少。风沙、洪水、干旱及各种自然灾害发生得是那么的频繁。而且“死亡”时刻在我们周围发生着，清新的空气在“死亡”，清澈的河水在“死亡”，肥沃的土地在“死亡”，斑斓的树木花草在“死亡”，众多的野生动物也在“死亡”。

我们曾经听信一些专家的话，地球“死”了不要紧，我们可以在外层空间找到新的家园。在我看来，这类以科学的名义行“抛弃地球母亲”之实的言论是真实的谎言。从根本上说，不是地球需要人类，而是人类只有一个地球。德国著名大哲学家尼采曾用“强奸万物”这个词来概括今人对自然万物的态度虽骇人听闻，却是实情。今天失去家园的切肤之痛已开始让我们这些普通人哀叹不已。

就算我们不能为环保作出什么大的贡献，但我们可以从身边的小事做起，从身边的一点一滴做起……

29. “我向往的地方”

可以和“我的家乡”整合起来准备：

（1）“我”向往的地方是哪里（我在外地读书或工作，现在最向往的地方就是我的家乡）

（2）那里的人勤劳、善良、好客……

（3）那里有哪些名胜古迹……（穿插一些神话、传说、先烈事迹等）

（4）那里有哪些美食：名称、特色……（我和朋友们吃……）

例文：

云南丽江是我最向往的地方，我一直梦想着有朝一日能在那里定居，过着丽江人的生活。

水是丽江的血液。丽江的水很清很秀，一如玉龙雪山那般圣洁。一方水土养育一方人，好水造就了丽江这样一个人杰地灵、钟灵毓秀的好地方。我们常说“水灵”，有水就有了灵气。如此清秀的水才养育了如此灵秀的丽江人。

桥是丽江的骨骼。在丽江，桥就跟柴米油盐一样离不开人们的生活。丽江的桥是那么古朴、那么纯粹，不加任何修饰，桥就是桥，比那些经过豪华装饰的桥更加自然，更加具有亲和力和生命力。那密如繁星的桥仿佛是自盘古开天地之初就已经立在那里似的。可以毫不夸张地说，在丽江，人们走过的桥甚至比走过的路还长。

丽江淳朴的民风是我向往它的另一个主要原因。那里的人们勤劳、善良，日出而作，日落而息，怡然自得，过着与世无争的生活。那里的生活是慢节奏的，没有城市的声色犬马、灯红酒绿，少了一分喧嚣，多了一分恬静、祥和。那里的人们走路不急不慌，不像都市男女那样行色匆匆、神情疲惫。我想，假如当年陶渊明先生去过丽江，他就不会采菊南山下了，那篇千古传颂的《桃花源记》也要改名为“丽江行”了。

丽江，我梦中的香格里拉！

30. “购物（消费）的感受”

（1）感受是什么？（累）

（2）为什么会有这样的感受：

①生活水平提高，消费品品种繁多、琳琅满目，拿不定主意；

②科技含量高，很难短时间内完全弄明白；

③“诚信”缺失，使消费者在商品质量和价格的把握上大费周折……

（3）我到……买……

例文：

消费是人类生存的基本条件，是人与生俱来的本能行为。通常所说的消费是指个人消费，包括物质消费和精神文化消费两个方面。我们每个人都是消费者，但真正会消费的人并不多，很多人都是买名牌，盲目赶潮流，有些人是看到便宜就买，也不管是否适用。我们应该科学消费，要做到以下两点：

一要把钱用在点子上，花最少的钱办最多的事，有计划地消费，不盲目赶潮流。比如，看到有减价的商品，一定要看是不是自己需要的，如果不是的话，就是再便宜也不要买。

二要根据自己的实际需要适度消费，不要盲目从众和攀比。量力而行，量入而出。自己需要的才是合理的。盲目从众就是看别人都买的东西，自己也随大流去购买，而买的东西往往并不需要。别人说好的东西，别人都买的东西，有时也并不见得好，即使这些东西比较好，也不一定符合你自己的需要，所以买东西要有自己的主见、有计划，保持头脑冷静，避免盲目性。

总之，我们应该擦亮眼睛，做一名理智的消费者。

拓展练习

1. 根据提供的故事背景进行故事接龙。

A. 早上上班，好不容易挤上了21路公交车（投币车），一搜包包，完了，既没有带钱包，也没有带交通卡，身上一分钱也没有。

B. 今天，我坐在电脑前写日记，突然感觉一阵眩晕……

2. 欣赏下面的文章。

蜡　梅

余秋雨

一

人真是奇怪，蜗居斗室时，满脑都是纵横千里的遐想，而当我在写各地名山大川游历记的时候，倒反而常常有一些静定的小点在眼前隐约，也许是一位偶然路遇的老人，也许是一只老是停在我身边赶也赶不走的小鸟，也许是一个让我打了一次瞌睡的草垛。有时也未必是旅途中遇到的，而是走到哪儿都会浮现出来的记忆亮点，一闪一闪的，使飘飘忽忽的人生线络落下了几个针脚。

是的，如果说人生是一条一划而过的线，那么，具有留存价值的只能是一些点。

把那些枯萎的长线头省略掉吧，只记着那几个点，实在也够富足的了。

为此，我要在我的游记集中破例写一枝花。它是一枝蜡梅，地处不远，就在上海西郊的一个病院里。

它就是我在茫茫行程中经常明灭于心间的一个宁静光点。

二

步履再矫健的人也会有生病的时候，住医院对一个旅行者来说可能是心理反差最大的一件事。要体力没体力，要空间没空间，在局促和无奈中等待着，不知何时能跨出人生的下一站。

看来天道酬勤，也罚勤。你们往常的脚步太洒泼了，就驱赶到达个小院里停驻一些时日，一张一弛。不管你愿意不愿意，习惯不习惯。

那次我住的医院原是一位外国富商的私人宅邸，院子里树木不少，可惜已是冬天，都凋零了。平日看惯了山水秀色，两眼全是饥渴，成天在树丛间寻找绿色。但是，看到的只是土褐色的交错，只是一簇簇相同式样的病房服在反复转圈，越看心越烦。病人偶尔停步攀谈几句，三句不离病，出于礼貌又不敢互相多问。只有两个病人一有机会就高声谈笑，护士说，他们得的是绝症。他们的开朗很受人尊敬，但谁都知道，这里有一种很下力气的精神支撑。他们的谈笑很少有人倾听，因为大家拿不出那么多安慰的反应、勉强的笑声。常常是护士陪着他们散步，大家远远地看着背影。

病人都喜欢早睡早起，天蒙蒙亮，院子里已挤满了人。大家赶紧在那里做深呼吸，动动手脚，生怕天亮透，看清那光秃秃的树枝和病恹恹的面容。只有这时，一切都将醒未醒，空气又冷又清爽，张口开鼻，抢得一角影影绰绰的清晨。

一天又一天，就这么过去了。突然有一天清晨，大家都觉得空气中有点异样，惊恐四顾，发现院子一角已簇拥着一群人。连忙走过去，踮脚一看，人群中间是一枝蜡梅，淡淡的晨曦映着刚长出的嫩黄花瓣，赶着过去的人还在口中念叨着它的名字，一到它身边都不再作声，一种高雅淡洁的清香已把大家全都慑住。

故意吸口气去嗅，闻不到什么，不嗅时却满鼻都是，一下子染透身心。

花，仅仅是一枝刚开的花。但在这儿，是沙漠驼铃，是荒山凉亭，是久旱见雨，是久雨放晴。病友们看了一会，慢慢侧身，把位置让给挤在后面的人，自己在院子里踱了两圈，又在这儿停下，在人群背后耐心等待。从此，病院散步，全成了一圈一圈以蜡梅为中心的圆弧线。

三

住院病人多少都有一点神经质。天地狭小，身心脆弱，想住了什么事怎么也排遣不开。听人说，许多住院病人都会与热情姣好的护士产生一点情感牵连，这不能全然责怪病人们逢场作戏，而是一种脆弱心态的自然投射。待他们出院，身心恢复正常，一切也就成为过眼烟云。

现在，所有病人的情感都投射在蜡梅上了，带着一种超常的执迷。与我同病房的两个病友，一早醒来就说闻到了蜡梅的香气，有一位甚至说他简直是被香气熏醒的，而事实上我们的病房离蜡梅不近，至少隔着四五十米。

依我看来，这枝蜡梅确也当得起病人们的执迷。各种杂树乱枝在它身边让开了，它大模大样地站在一片空地间，让人们可以看清它的全部姿态。枝干虬曲苍劲，黑黑地缠满了岁月的皱纹，光看这枝干，好像早就枯死，只在这里伸展着一个悲怆的历史造型。实在难以想象，就在这样的枝干顶端，猛地一下涌出了那么多鲜活的生命，花瓣黄得不夹一丝混浊，轻得没有质地，只剩片片色影，娇怯而透明。整个院子不再有其他色彩，好像叶落枝黄地闹了一个秋天，天寒地冻地闹了一个冬天，全是在为这枝蜡梅铺垫。梅瓣在寒风中微微颤动，这种颤动能把整个铅蓝色的天空摇撼。病人们不再厌恶冬天，在蜡梅眼前，大家全部懂了，天底下的至色至香，只能与清寒相伴随。这里的美学概念只剩下一个词：冷艳。

它每天都要增加几朵，于是，计算花朵和花蕾，成了各个病房的一件大事。争论是经常发生的，争执不下了就一起到花枝前仔细数点。这种情况有时发生在夜里，病人们甚至会披衣起床在寒夜月色下把头埋在花枝间。月光下的蜡梅尤显圣洁，四周暗暗的，唯有晶莹的花瓣与明月遥遥相对。清香和夜气一拌和，沁人心魄。

有一天早晨起来，天气奇寒，推窗一看，大雪纷飞，整个院子一片银白，蜡梅变得更醒目了，袅袅婷婷地兀自站立着，被银白世界烘托成仙风道骨，气韵翩然。几个年轻的病人要冒雪赶去观看，被护士们阻止了。护士低声说，都是病人，哪能受得住这般风寒？还不快回！

站在底楼檐廊和二楼阳台上的病人，都柔情柔意地看着蜡梅。有人说，这么大的雪一定打落了好些花瓣，有人不同意，说大雪只会催开更多的蓓蕾。这番争论终于感动了一位护士，她自告奋勇要冒雪去数点。这位护士年轻苗条，刚迈出去，一身白衣便消融在大雪之间。她步履轻巧地走到蜡梅前，捋了捋头发，便低头仰头细数起来。她一定学过一点舞蹈，数花时的身段让人联想到《天女散花》。最后，她终于直起身来向大楼微微一笑，冲着大雪报出一个数字，惹得楼上楼下的病人全都欢呼起来。数字证明，承受了一夜大雪，蜡梅反而增加了许多朵，没有凋残。

这个月底，医院让病人评选优秀护士，这位冒雪数花的护士得了全票。

过不了几天，突然下起了大雨，上海的冬天一般不下这么大的雨，所有的病人又一下子拥到了檐廊、阳台前。谁都明白，我们的蜡梅这下真的遭了难，几个眼尖的，分明已看到花枝地下的片片花瓣。雨越来越大，有些花瓣已冲到檐下，病人们忧愁满面地仰头看天，声声惋叹。就在这时，一个清脆的声音在耳边响起：“我去架伞！”

这是另一位护士的声音，冒雪数梅的护士今天没上班。这位护士虽然身材颀长，却还有点孩子气，手上夹把红绸伞，眸子四下一转。人们像遇到救星一样，默默看着她，忘记了道谢。有一位病人突然阻止了她，说红伞太刺眼，与蜡梅不太搭配。护士噘嘴一笑。转身回到办公室，拿出来一把黄绸伞。病人中又有人反对，说黄色对黄色会把蜡梅盖住。好在护士们用的伞色彩繁多，最后终于挑定了一把紫绸伞。

护士穿着乳白色雨靴，打着紫伞来到花前，拿一根绳子把伞捆扎在枝干上，等她捆好，另一位护士打着伞前去接应，两个姑娘互搂着肩膀回来。

四

春天来了，蜡梅终于凋谢。病人一批批出院了，出院前都到蜡梅树前看一会儿。

各种树木都绽出了绿芽，地上的青草也开始抖擞起来，病人的面色和眼神都渐渐明朗，不久，这儿有许多鲜花都要开放，蜜蜂和蝴蝶也会穿墙进来。

病房最难捱的是冬天，冬天，我们有过一枝蜡梅。

这时，蜡梅又萎谢躲避了，斑剥苍老，若枯枝然。

几个病人在打赌："今年冬天，我要死缠活缠闯进来，再看一回蜡梅！"

护士说："你们不会再回来了，我们也不希望健康人来胡调。健康了，赶路是正经。这蜡梅，只开给病人看。"

说罢，微微红了点脸。

第五章

综合练习

普通话水平测试模拟训练

一

（一）读单音节字词（100个音节，共10分，限时3.5分钟）

岳	抓	桃	水	淹	憾	辽	纳	昂	品
罚	美	伸	北	揭	拐	费	暖	外	盆
穷	睁	绕	湿	错	而	绿	谎	洒	印
略	织	用	许	鬼	灾	换	雄	全	松
篇	察	披	囚	胞	则	账	枪	运	拴
闯	薪	嘴	锋	洒	瓶	肠	腔	帕	衡
总	截	疮	坟	两	贼	翁	讹	军	蚕
甭	俏	裆	钠	妾	笙	南	秦	鳃	彭
囊	棵	冼	遮	凝	槛	纫	邬	虐	踹
邹	犁	舜	蔫	胎	藕	浊	瞟	伪	闩

（二）读多音节词语（共20分，限时2.5分钟）

纠正	锦标赛	否则	出生	方针
重叠	云彩	混乱	偶尔	零碎
佩服	玩意儿	赠送	飞快	测量
年头儿	扩张	停留	雕塑	发誓
内在	卷尺	疟疾	卡壳	兵力
小曲儿	怪话	迥然	窘迫	给以
战略	盎然	分别	祖宗	凉爽
撇开	画家	走访	因而	身边
拐弯儿	下游	热闹	起草	利用
哀愁	悄声	与日俱增		

（三）朗读课文（400个音节，共30分，限时4分钟）

（四）说话（共40分，限时3分钟）

二

(一) 读单音节字词（100 个音节，共 10 分，限时 3.5 分钟）

垮	婉	根	户	期	犯	缰	垒	绢	灰
盆	弼	柱	垮	联	蕊	肾	膺	渠	令
柴	有	悦	家	控	索	川	恒	尊	拔
绺	恩	赘	皿	池	香	指	绳	捆	夏
民	推	陪	宰	鹿	扭	戒	凝	棒	霜
末	北	您	陡	瓮	雏	用	奎	糟	捻
勺	黑	效	筐	皖	畔	肿	天	者	军
诚	庵	仿	牙	栋	坪	拐	僻	额	拟
爹	唯	液	昂	鬓	萍	有	凳	琼	坤
面	梯	羽	抓	耿	端	渴	批	簧	赶

(二) 读多音节词语（共 20 分，限时 2.5 分钟）

快乐	西欧	意思	发狂	掌管
从而	谬误	国王	悲哀	吵嘴
诚恳	火苗儿	名牌儿	窘迫	疼痛
换算	温带	部分	卤水	力量
比较	授予	难怪	责任感	今日
少女	未遂	馒头	探讨	怎么
作风	亏损	儿童	蚂蚁	日见
柔软	火星儿	英雄	仙女	及时
出类拔萃				

(三) 朗读课文（400 个音节，共 30 分，限时 4 分钟）

(四) 说话（共 40 分，限时 3 分钟）

三

（一）读单音节字词（100 个音节，共 10 分，限时 3.5 分钟）

募	堪	水	字	眯	碾	丢	阵	胚	住
末	北	您	陡	瓮	雏	用	奎	糟	捻
勺	黑	效	筐	皖	畔	肿	天	者	军
诚	庵	仿	牙	栋	坪	拐	僻	额	拟
侵	踹	您	呆	饱	浑	古	伶	缓	掠
其	至	疼	垮	隔	摘	测	贼	君	蒋
二	寡	怯	闻	享	茬	下	米	松	日
艘	蟹	云	登	块	柑	伐	缺	愁	朽
贪	绞	忠	咧	醒	泛	驱	袄	踱	迁
忘	酸	粤	兜	悬	扯	弓	喂	从	眨

（二）读多音节词语（共 20 分，限时 2.5 分钟）

规律	儿童	破坏	佛典	村子
瓦斯	无穷	品味	牙签儿	血管
人才	家伙	美酒	书卷	苗头
爱国	温柔	抢险	按照	高涨
碎步儿	观光	弱点	由于	渗透
妇女	半道儿	红润	老爷	飘带
上层	拼命	夸张	媒人	白色
操纵	大娘	侵占	显微镜	持久
宾客	钢铁	手绢儿	英雄	质量
选举	创作	一丝不苟		

（三）朗读课文（400 个音节，共 30 分，限时 4 分钟）

（四）说话（共 40 分，限时 3 分钟）

四

（一）读单音节字词（100 个音节，共 10 分，限时 3.5 分钟）

堪	募	水	字	眯	碾	丢	柴	所	逼
柄	戴	陇	夏	狗	尘	孤	软	崩	撵
暗	短	孵	莫	朽	如	走	丸	搜	志
寻	底	蓬	案	禹	洪	促	贼	充	棍
锦	良	徽	申	仄	弯	糖	漏	值	狗
历	尺	最	来	物	狠	谭	订	运	彭
挂	骚	坎	油	广	捐	袄	瘸	我	阳
扩	烦	需	筒	尊	欠	德	秸	蓉	面
黑	娘	傻	屑	警	迭	踹	偏	剃	脓
陡	鳃	闯	抛	弱	倪	刷	醋	甩	载

（二）读多音节词语（共 20 分，限时 2.5 分钟）

配合	爽快	佛寺	热爱	马车
侵略	蒜瓣儿	频率	篡夺	窘迫
清楚	干脆	透明	加以	灭亡
浪费	螺旋桨	荒谬	虐待	盎然
恰好	因而	妇女	开垦	教训
夸张	唱歌儿	年龄	跳高儿	影响
冬天	主人翁	缘故	洗澡	扇子
怀抱	未曾	随便	日用	群众
拱手	花纹	记事儿	低洼	纳税
区别	牛顿	奔走	先生	

（三）朗读课文（400 个音节，共 30 分，限时 4 分钟）

（四）说话（共 40 分，限时 3 分钟）

五

(一) 读单音节字词（100 个音节，共 10 分，限时 3.5 分钟）

遮	总	浮	攥	洒	臣	每	绳	惯	绝
品	而	特	蠢	秧	钱	癞	踱	貂	粉
袜	白	小	聂	说	洞	宝	凑	斑	跃
儒	内	铡	冰	您	莫	拦	锥	歪	夏
髓	巨	耕	恰	桌	孔	市	缝	挽	铀
怎	陶	溢	遵	垮	爹	日	仿	蜡	惹
派	选	求	卵	侧	丢	萍	捐	靠	功
暗	均	溺	推	辈	颇	窘	抓	国	丝
衡	许	滩	闯	篇	踹	昂	语	寻	谎

(二) 读多音节词语（共 20 分，限时 2.5 分钟）

虐待	奔涌	妥当	马匹	新娘
核算	豆芽儿	成本	婴儿	老头儿
收购	主宰	障碍	她们	谬论
亲切	命运	望远镜	群体	赔偿
超额	然而	战略	宣传	嗓子
奇怪	话筒	红润	科学家	坚持
土匪	定律	小瓮儿	干脆	少女
交流	成为	私人	念叨	财政
辩驳	打击	撇开	做活儿	衰弱
线圈	八卦	层出不穷		

(三) 朗读课文（400 个音节，共 30 分，限时 4 分钟）

(四) 说话（共 40 分，限时 3 分钟）

六

(一) 读单音节字词 (100 个音节，共 10 分，限时 3.5 分钟)

两　群　选　戳　怎　靠　瓶　手　衡　谜
穷　赖　您　用　魂　届　盆　跳　纺　运
爽　赘　田　二　请　内　藕　沾　河　跌
块　装　吮　拎　袄　镶　词　镇　留　踹
坑　甲　牢　蛙　米　肝　持　腔　猿　波
垮　基　骗　窗　自　飘　倦　窝　舌　拖
聊　圈　丢　管　扛　法　招　鸟　帛　雪
涮　沏　壤　猜　梅　熊　笋　下　腺　闪儿
察　字　琼　搓　讽　禹　睁　次　哑

(二) 读多音节词语 (共 20 分，限时 2.5 分钟)

窘迫　日益　军粮　月份　嫂子
而且　叫好儿　根据　国王　花瓶
办公室　审美　新娘　坎肩儿　牛顿
悲哀　群体　钻头　收成　串联
开会　政权　荒谬　面孔　宣布
客气　英雄　挂帅　压力　大伙儿
规格　作者　孙女　水鸟　消灭
策略　中外　主人翁　佛法　恰当
灾难　盎然　图钉儿　思考　先生
拼凑　引导　出类拔萃

(三) 朗读课文 (400 个音节，共 30 分，限时 4 分钟)

(四) 说话 (共 40 分，限时 3 分钟)

七

(一) 读单音节字词（100 个音节，共 10 分，限时 3.5 分钟）

民　推　陪　宰　鹿　牛　戒　凝　棒　爽
貂　死　源　剑　活　犬　梭　氦　苯　耗
墩　唱　词　略　州　逃　组　仍　滤　软
驱　咧　礁　世　铃　征　坟　闭　腔　抬
抓　遵　免　波　很　蹿　窘　川　簇　损
瞥　窘　博　粪　袁　贬　髻　脸　恩　设
炎　谎　说　团　润　窟　外　壤　下　蠢
末　该　次　鼻　跟　饶　恐　台　艘　迟
拿　生　而　孙　许　掐　碰　嘴　瓮　裙

(二) 读多音节词语（共 20 分，限时 2.5 分钟）

恰当　砂轮儿　核算　丰满　疟疾
表演　加工　破坏　开外　寻找
恩情　从而　生产力　无穷　荒谬
群体　花脸　佛学　挨个儿　匪徒
锥子　操办　命运　何况　进化论
凉爽　飞快　涅槃　钢镚儿　山川
飘动　录音机　正确　总结　天鹅
妇女　英雄　日益　差别　完全
被窝儿　开垦　课程　妥当　大娘
横扫　遵循　有的放矢

(三) 朗读课文（400 个音节，共 30 分，限时 4 分钟）

(四) 说话（共 40 分，限时 3 分钟）

八

（一）读单音节字词（100 个音节，共 10 分，限时 3.5 分钟）

趋	穴	彼	孵	坎	蹄	整	锈	窘	漾
凝	温	团	健	书	筒	摸	垮	录	厥
腊	彩	吨	遣	徐	尺	进	堵	挥	远
笨	霉	册	偏	芽	谎	代	锁	沟	尝
扰	硫	追	遣	徐	尺	进	堵	挥	远
笨	霉	册	偏	芽	谎	代	锁	沟	尝
扰	硫	追	棚	蛙	扣	桩	蛋	纺	运
条	怪	您	娇	瑞	楼	安	示	层	劣
虹	攥	买	穷	超	民	选	巴	蜜	西

（二）读多音节词语（共 20 分，限时 2.5 分钟）

军队	融合	根据地	挫折	汹涌
成名	意思	疲倦	清爽	仍旧
棉球儿	虽说	病人	天下	佛典
被窝儿	权利	终身	扭转	破坏
宾主	价值	怎么	刷新	大娘
爱好	小瓮儿	感慨	临床	猫头鹰
拱桥	循环	钢铁	咳嗽	舞蹈
缺乏	昂贵	快板儿	频率	花鸟
内外	贩子	节日	粗略	早春
善良	存在	不言而喻		

（三）朗读课文（400 个音节，共 30 分，限时 4 分钟）

（四）说话（共 40 分，限时 3 分钟）

九

（一）读单音节字词（100 个音节，共 10 分，限时 3.5 分钟）

拨	鸣	法	捅	垒	颊	颇	掐	振	瓷
否	岭	掘	审	捐	若	槽	乙	赴	熏
夏	秧	袍	鳃	磁	统	掠	蹿	廓	峰
急	蜕	漆	垂	份	卤	逗	欢	垦	掐
窘	拔	陇	赘	爽	果	樊	宽	丢	子
洒	盒	滥	歪	退	穴	蔑	再	元	滨
条	耗	熏	爬	曰	鸟	投	景	穷	女
啃	蝶	波	囊	蚕	耳	白	讲	跟	险
丁	膜	肺	端	腿	泥	面	刮	扭	蹲

（二）读多音节词语（共 20 分，限时 2.5 分钟）

看法	哥们儿	篡改	圈套	群体
效率	思维	虐待	英雄	牛顿
冲刷	大伙儿	今日	流传	轻快
多么	奥秘	亏损	状况	军事
太阳能	面前	戏曲	佛像	主人翁
同伴	收回	厌倦	暖和	拼命
如果	墨水儿	森林	开会	人民
恐怕	裙子	衬衫	田野	保存
抓紧	描写	喧闹	枪决	短语
装甲	广博	凶横	天经地义	

（三）朗读课文（400 个音节，共 30 分，限时 4 分钟）

（四）说话（共 40 分，限时 3 分钟）

十

（一）读单音节字词（100 个音节，共 10 分，限时 3.5 分钟）

雄	判	眉	自	码	赛	煌	卧	嘘	耐
瞥	既	耍	用	群	尚	柔	耕	蚕	眨
帛	枪	霖	松	膜	袄	瘸	稿	凝	蔗
此	滩	虫	土	瓢	瑟	托	耳	堆	挡
负	糟	刁	软	赵	翁	驯	亏	某	桩
捷	胎	撤	拈	癖	原	朵	放	滚	歪
文	江	热	尊	亮	捐	陈	方	赤	法
掐	缓	沾	拐	皆	琴	葱	儒	爽	夺
复	藤	略	槽	款	擦	鳍	波	死	束

（二）读多音节词语（共 20 分，限时 2.5 分钟）

钢铁	盖子	磁场	主人翁	成品
飞快	说话	家畜	灵敏	矮小
全部	红包儿	症状	趋向	国务院
虐待	牙刷儿	佛教	棒槌	存亡
搬运	横扫	管理	大娘	窘迫
群众	丢掉	按钮	仍然	爪子
电压	存在	均匀	后面	编写
健全	花瓶儿	恰巧	风格	半导体
报废	红娘	钢铁	盖子	磁场
主人翁	成品	飞快	说话	

（三）朗读课文（400 个音节，共 30 分，限时 4 分钟）

（四）说话（共 40 分，限时 3 分钟）

十一

(一) 读单音节字词 (100 个音节，共 10 分，限时 3.5 分钟)

武	日	赡	管	扭	摆	肉	扣	疮	醉
墙	退	名	够	碑	药	碾	丢	眷	共
坡	整	舜	弱	肥	寨	园	活	贫	讯
涌	挥	清	捡	膜	宁	宵	券	梨	乖
亡	掘	闯	决	御	蛆	涩	克	诈	押
凭	鹰	删	酿	团	抓	土	铸	慌	废
均	嫂	拖	匀	辆	层	蹑	铃	扔	孔
雄	昌	洗	裆	枕	镖	滑	份	要	算
邻	偿	踹	引	家	洒	总	播	妾	尊
门	褥	踩	剜	春	店	谢	何	跃	源

(二) 读多音节词语 (共 20 分，限时 2.5 分钟)

安静	保存	超过	吃惊	承认
丈夫	动身	耳朵	赶紧	仿佛
合理	画家	下旬	模糊	那边
漂亮	球场	手指	衰退	跳远
凑巧	拐弯儿	黑夜	聘用	保险
锐利	娘胎	剧院	旷课	抽空儿
涅槃	象征	踊跃	硫酸	麻雀
莫非	群婚	胚芽	让座儿	认罪
屈尊	夸耀	韵味	怨言	远洋
尾巴	武松	彩色	纪律	小曲儿

(三) 朗读课文 (400 个音节，共 30 分，限时 4 分钟)

(四) 说话 (共 40 分，限时 3 分钟)

十二

（一）读单音节字词（100个音节，共10分，限时3.5分钟）

帮	存	镁	瞧	评	丢	暖	添	肯	隔
梦	大	刮	肥	醉	出	雄	从	装	夺
女	孔	滑	晌	振	走	勤	锅	押	软
丝	映	茶	穷	歪	甩	仍	尺	银	剩
癌	趴	俯	旅	亏	掘	投	总	灵	冤
耐	彼	磷	俊	护	卸	贰	施	液	叁
泼	返	怒	茁	尊	翁	算	帘	特	悬
跛	盲	褪	勺	贯	匡	泅	痣	赠	幌
锉	豫	仁	瘳	梯	焚	徽	戛	箫	驴
糍	培	慰	萨	巢	讹	酱	瘟	婵	瘸

（二）读多音节词语（共20分，限时2.5分钟）

造句	轮船	强调	飞机	本领
综合	客人	材料	夏天	牛仔裤
能够	伯母	外国	著作	快乐
约会	群众	游泳	全部	迅速
风味	妥协	贬低	赞美	起身
高粱	侧面	猖狂	纽扣儿	敏感
绷带	散发	恰当	平日	铲子
算卦	锐角	凝滞	藕节儿	来龙去脉
血缘	收摊儿	瑞雪	家园	改进
针对	航模	小曲儿	槽床	儿孙

（三）朗读短文（400个音节，共30分，限时4分钟）

（四）命题说话（共40分，限时3分钟）

十三

（一）读单音节字词（100 个音节，共 10 分，限时 3.5 分钟）

梦	仅	拐	夺	折	闪	早	枪	浪	瘦
凡	盆	床	白	软	胸	趁	捕	峡	肉
岁	吹	鱼	针	湿	歪	暗	刺	抓	梨
爬	响	顶	猜	二	胃	俩	日	登	瞧
走	黑	优	擦	宽	扔	仰	些	劝	甩
托	肥	隔	多	蹭	瞥	阔	怒	内	穴
硅	崖	莫	聘	捅	寺	映	寻	乙	弦
捏	祸	吞	眨	搀	泼	溜	掷	挎	堤
免	涌	蒜	旅	掐	总	偿	湾	岔	涮
病	闹	滑	约	较	共	接	矿	准	扶

（二）读多音节词语（共 20 分，限时 2.5 分钟）

熊猫	原谅	背后	而且	教训
这样	此外	专业	好玩儿	可以
鸦片	困难	光荣	没事儿	丧失
采访	胆怯	狭窄	军装	削弱
声调	表彰	态度	办公室	聪明
预赛	咨询	墨水儿	恒星	播送
徘徊	悬挂	犹如	贫乏	转化
最初	穷人	力争	尺寸	检查
否决	能够	妇女	皮板儿	邻居
供给	身边	尊敬	稍微	因地制宜

（三）朗读短文（400 个音节，共 30 分，限时 4 分钟）《差别》

（四）命题说话（共 40 分，限时 3 分钟）

十四

（一）读单音节字词（100个音节，共10分，限时3.5分钟）

讯	锄	乳	因	勃	涛	凯	习	润	秧
倍	翻	拿	古	穷	摔	催	围	壁	撵
青	丑	饶	笋	帮	兜	盥	骗	女	椰
飘	防	您	孔	修	肉	死	遇	聘	灵
平	灯	俩	黄	织	字	赛	月	末	夸
征	视	罪	映	嘭	佟	话	缺	沙	旺
密	段	亮	井	吃	早	鹅	军	粉	狠
啄	生	雌	丸	渺	驽	袈	枕	痤	辕
灭	甜	根	春	册	而	流	拟	火	全
终	要	叁	翁	妃	联	谨	踹	涩	匈

（二）读多音节词语（共20分，限时2.5分钟）

存在	标题	所有	憎恶	破坏
发明	机械	乔装	纤维	山区
特点	购买	永远	稳当	工夫
科学	会客	随手	匆忙	牛奶
土壤	顾虑	箩筐	超过	年头儿
贯彻	亲身	挖掘	宣言	氨基酸
类似	内政	病毒	林场	抓举
壮实	窜犯	混杂	认领	柏树
顶针	难听	羊毛	草莓	不以为然
打算	称赏	心慌	琼脂	小曲儿

（三）朗读短文（400个音节，共30分，限时4分钟）《第一场雪》

（四）命题说话（共40分，限时3分钟）

十五

（一）读单音节字词（100 个音节，共 10 分，限时 3.5 分钟）

群	窗	所	确	字	而	使	虚	这	拐
披	秒	方	丢	跨	搭	吴	逃	留	块
领	摸	搞	灰	临	够	红	桥	他	您
举	雄	嘉	穷	军	次	棵	撞	抓	嘴
捐	涌	昏	网	掘	翁	娘	匀	要	曰
彼	棚	原	抽	饶	欲	窑	寺	播	迷
偿	砸	奶	蚕	泄	捅	霞	怒	瑞	粉
稗	莽	玷	沦	撰	锉	羌	绚	颂	旨
湘	僻	胚	哽	霍	疹	铲	舜	聂	茯
铿	痱	儒	蔫	赊	惶	晶	煽	遣	臣

（二）读多音节词语（共 20 分，限时 2.5 分钟）

虽然	耳朵	抄写	下课	聊天儿
人民	所有	聪明	声音	诚恳
影子	压迫	窗户	内容	外面
品种	存在	头发	勇敢	大学生
胸膛	地毯	磋商	寡妇	沼泽
敞开	疲倦	饱满	玩意儿	饲养
取代	月光	财会	加油儿	婀娜
叱咤	蔷薇	桎梏	堑壕	卑怯
琉黄	迸裂	疆域	辩证法	眩晕
痉挛	勋爵	嘟囔	绸缎	划分

（三）朗读短文（400 个音节，共 30 分，限时 4 分钟）

（四）命题说话（共 40 分，限时 3 分钟）

十六

（一）读单音节字词（100 个音节，共 10 分，限时 3.5 分钟）

纺　贰　帅　袄　憋　吞　搓　鹰　鸣　废
穷　厚　花　膜　软　收　群　木　块　拔
质　疮　视　锁　子　晾　此　掐　霉　涝
翁　拒　须　匀　绝　聋　犬　颇　兄　瓜
砍　瓶　夏　醋　逛　愁　丢　讲　留　您
灯　王　捅　脱　走　暖　伞　阴　坐　由
秒　疯　亩　忍　隔　望　滚　拿　输　袋
稗　耿　蝙　吝　飘　脓　饯　聂　犊　涛
瑰　郑　愧　甄　赫　驯　酵　癣　俊　迄
茬　粤　嫦　按　赦　穗　涮　豺　褥　孳

（二）读多音节词语（共 20 分，限时 2.5 分钟）

军种　改变　葡萄　瓜分　帐篷
蒙受　奇怪　狂风　予以　旦角儿
叵测　优美　笔直　孪生　洽谈
骚乱　筷子　柔软　寻找　拔尖儿
黑枣　值得　履行　帮工　粮食
费劲　采取　汹涌　吵嘴　别处
着想　说明　锻炼　混纺　风景
滚动　花色　纽扣　司机　标准化
假定　小麦　那么　格言　而且
劝告　词素　勇敢　决斗　因地制宜

（三）朗读短文（400 个音节，共 30 分，限时 4 分钟）

（四）命题说话（共 40 分，限时 3 分钟）

十七

（一）读单音节字词（100 个音节，共 10 分，限时 3.5 分钟）

银	类	而	药	碑	爱	冷	份	烤	穷
罪	腔	烟	棚	师	涌	曰	赏	啄	阔
摸	夏	郊	怕	群	次	刮	洒	您	波
流	私	皇	普	吨	略	圆	怪	铜	女
岁	赢	忍	棒	雄	日	愁	耐	疼	顾
娃	啃	坯	厚	芽	岔	怀	置	讹	捐
铡	鹤	枷	龋	辙	蝎	侈	挠	斐	糙
樊	屉	潺	莽	邹	漱	冥	鼎	赘	匡
匠	湍	戎	碘	鳃	颧	盟	薛	硕	吝

（二）读多音节词语（共 20 分，限时 2.5 分钟）

悔改	摆脱	革新	范畴	导体
纳税	品质	断绝	紧迫	年头儿
马虎	口语	运用	假条	所有
文章	存在	原因	快乐	聊天儿
葬送	参差	啮齿	吹奏	甚而
刷新	思谋	冤家	牛蝇	出类拔萃
罪孽	群众	业余	明确	爆肚儿
测验	可能	漂亮	足球	容易
于是	感染	荒凉	废除	创造性
表彰	倒霉	冶炼	揣摩	外甥

（三）朗读短文（400 个音节，共 30 分，限时 4 分钟）

（四）命题说话（共 40 分，限时 3 分钟）

十八

（一）读单音节字词（100 个音节，共 10 分，限时 3.5 分钟）

嘴	陈	开	嚷	穷	军	女	矮	睡	望
耍	脆	掰	搓	否	蹦	氮	赴	绑	文
抓	丢	吹	躲	刺	肥	蠢	拐	闯	号
割	肩	黑	肯	灭	克	扫	您	飘	牛
坡	齐	扔	缺	洒	筐	探	雄	疼	雪
患	节	料	里	驴	命	娘	泉	挺	碑
寻	蠕	态	愣	尊	拴	庸	梳	憨	众
拼	翁	耸	偶	玄	雇	擦	愈	蛙	尚
而	痴	改	靠	剖	密	表	夏	聂	恰
久	乾	莲	泯	亮	快	凝	享	痣	辎

（二）读多音节词语（共 20 分，限时 2.5 分钟）

北方	脑袋	否则	冰棍儿	体面
潦草	退还	峡谷	洽谈	猛然
品德	化妆	军用	磁铁	衰弱
窜犯	囊括	疙瘩	禅让	那样
阻挡	孔雀	夸奖	老爷	分子
雄伟	旅馆	小孩儿	本质	女儿
平等	便宜	迅速	重叠	放射性
球场	玻璃	破坏	杈子	窘况
任务	绕远儿	蜷缩	诈降	揣测
遂心	就学	卷宗	大多数	没事儿

（三）朗读短文（400 个音节，共 30 分，限时 4 分钟）

（四）命题说话（共 40 分，限时 3 分钟）

十九

（一）读单音节字词（100个音节，共10分，限时3.5分钟）

拟	溜	产	视	捏	赏	料	瞎	荡	秉
翁	脆	情	酿	葱	阔	型	抡	俊	履
毁	娶	寻	霜	券	笋	悬	税	督	聘
割	塔	吃	耳	紫	脖	勇	确	浓	蹲
雄	宽	团	孔	逛	存	闯	富	躲	决
怪	喊	追	换	锅	组	卖	赔	扫	刷
座	摔	愁	找	私	摘	费	挖	忍	冒
探	肩	别	肯	药	灭	飘	肉	疼	奖
另	敲	填	家	匹	逢	脸	如	梦	软
搜	何	眨	锌	陌	崩	帆	奏	优	惨

（二）读多音节词语（共20分，限时2.5分钟）

自觉	突然	教训	构造	朋友
狭窄	化学	排球	准时	大学生
快乐	宾馆	朗读	积累	操场
侵略	辅导	描写	宿舍	聊天儿
指挥	老头儿	配合	而且	价格
聪明	内容	柏树	思想	广阔
耐用	笨拙	群体	干活儿	采访
抹杀	平凡	捐款	纯粹	请柬
储蓄	勉强	穷人	短暂	自力更生
纳闷儿	旋律	灯笼	挂念	称呼

（三）朗读短文（400个音节，共30分，限时4分钟）

（四）命题说话（共40分，限时3分钟）

二十

（一）读单音节字词（100个音节，共10分，限时3.5分钟）

奏	咬	脆	爱	挪	飞	葱	唱	荒	逢
吞	软	客	牙	卸	款	瓷	熟	聘	拟
闻	稍	腔	正	熊	面	抖	爬	妥	碗
梗	垒	挖	匹	刁	糠	煮	伞	贰	钟
翁	佳	籽	真	用	富	舵	娶	庙	帮
卖	坡	色	圈	黑	找	运	首	病	咽
惹	浓	饱	辆	填	插	拐	扔	刮	罪
广	望	眯	甩	拨	雨	秃	吹	嫩	园
夸	占	动	染	约	茎	溜	室	狠	歪
赖	裙	就	拆	悬	肋	印	尺	按	穴

（二）读多音节词语（共20分，限时2.5分钟）

战略	群众	锻炼	整理	所谓
差点儿	蓬勃	潦草	尊敬	打算
忍耐	内科	洽谈	描写	粮食
充足	安排	墨水儿	狂风	秋天
兄弟	目前	回头	次数	背诵
态度	勇敢	寻找	瓜分	代理人
花色	捐款	窗户	说明	全体
鸦片	衰弱	纺织	让步	玩意儿
筷子	而且	举行	挫折	新陈代谢
法律	决心	刚才	样品	春节

（三）朗读短文（400个音节，共30分，限时4分钟）

（四）命题说话（共40分，限时3分钟）

二十一

(一) 读单音节字词 (100 个音节, 共 10 分, 限时 3.5 分钟)

伙	伞	托	训	瘸	窘	聚	从	目	涌
紧	贼	侧	而	洒	织	拽	吃	翁	巧
嗅	勤	扣	锌	券	箱	带	视	辣	尝
丝	掐	跌	衔	哼	难	乖	疼	粥	替
身	家	棉	昏	懒	给	流	煤	赶	破
酿	膜	发	宝	赔	摆	鸣	描	穴	恶
拨	梁	籽	草	捐	认	教	游	富	扩
熊	追	均	归	春	霜	前	鲜	虹	日
情	要	如	嘴	柄	喷	防	娶	绝	浓
旋	坑	广	暖	屯	断	荒	挂	稍	挎

(二) 读多音节词语 (共 20 分, 限时 2.5 分钟)

胸怀	洽谈	改变	穷人	盆地
入手	困难	选举	几乎	滑雪
动用	黄瓜	创作	心情	陌生
寻求	分割	烟卷儿	农村	有关
耳朵	辞职	愉快	好玩儿	扩充
插嘴	冰棍儿	奖品	内战	商量
码头	起飞	自卑	保险	此起彼伏
倒霉	考虑	反正	叫唤	蛋白质
确凿	热爱	冤枉	丧失	军队
思想	铁路	破碎	材料	年龄

(三) 朗读短文 (400 个音节, 共 30 分, 限时 4 分钟)

(四) 命题说话 (共 40 分, 限时 3 分钟)

二十二

（一）读单音节字词（100 个音节，共 10 分，限时 3.5 分钟）

多	推	肿	狂	缺	选	灭	评	托	绿
兄	民	扑	而	伞	内	桃	家	色	词
翁	高	记	学	侵	开	寺	烟	资	合
爸	坡	飞	投	缸	列	讲	请	瓜	甩
从	云	播	盘	粉	地	用	娘	乖	困
虹	倦	取	寻	拥	杯	盆	凤	丢	棉
漆	虾	多	体	恰	团	瓦	绕	志	插
手	粗	且	屯	球	山	周	完	视	肉
赞	伤	寒	章	扔	走	岁	如	胜	先
若	钱	戏	喘	拆	潦	银	组	让	鸟

（二）读多音节词语（共 20 分，限时 2.5 分钟）

能源	风俗	私自	爱人	只有
面前	海军	针对	伺候	来龙去脉
决战	铁路	奖品	好玩儿	尺寸
巴结	破旧	怎么	口袋	美术
老头儿	倒霉	儿童	被子	厕所
放大	难得	包干儿	批发	模型
暖和	在于	询问	旷工	水果
轻快	春季	抓紧	聊天儿	胸怀
捐款	常用	安心	空虚	大自然
纲要	融洽	抢救	刷洗	光明

（三）朗读短文（400 个音节，共 30 分，限时 4 分钟）

（四）命题说话（共 40 分，限时 3 分钟）

二十三

（一）读单音节字词（100 个音节，共 10 分，限时 3.5 分钟）

苔	盯	诽	秒	聘	卜	鸣	泼	否	堤
涂	撵	粒	逛	槛	哼	绝	挠	播	美
圈	辙	熏	冲	闪	若	籽	损	铀	窜
改	肋	家	面	蹄	逢	畔	辈	岛	踏
磕	坏	俊	墙	峡	掷	疮	润	邹	涮
存	涩	鸥	国	翁	私	痤	葬	忍	诗
岔	巷	捉	穷	夹	鹤	筐	篝	磷	锯
御	而	雌	嘴	痈	臊	要	味	软	铡
许	桩	瘸	嫌	胶	红	铐	流	瞪	挂
赖	闷	俯	蚌	瞥	笨	趟	捏	揣	裆

（二）读多音节词语（共 20 分，限时 2.5 分钟）

磁场	疹子	愣神儿	凯旋	婆家
隔壁	水果	夏天	抽屉	尊重
拐弯	党羽	治学	小朋友	撒谎
拱挢	反悔	魔术	法庭	内疚
快乐	贬低	跑腿儿	列入	疟疾
费用	色彩	电视剧	搜查	使唤
猥琐	聪明	人群	凶猛	产业
安全	民族	热情	爱护	标准
确信	村庄	旅行	恐怕	平均
别扭	夸奖	凝固	强化	有点儿

（三）朗读短文（400 个音节，共 30 分，限时 4 分钟）

（四）命题说话（共 40 分，限时 3 分钟）

二十四

(一) 读单音节字词（100个音节，共10分，限时3.5分钟）

呼　罗　者　磁　厅　劝　闩　尊　人　远
叶　资　奖　丝　温　影　史　亮　换　暖
耻　桑　拱　扣　虐　等　柔　枪　客　增
村　缺　楼　衰　晓　固　上　笔　溪　靠
促　今　宾　糟　坑　写　拽　走　狂　操
租　英　晕　鸡　鱼　递　设　康　扣　癣
明　抨　弄　捕　梦　凹　优　饿　耳　翁
百　藏　别　牛　黑　喘　岸　绒　欧　月
恩　哑　春　炯　巷　家　润　鸟　蓝　昧
军　矿　若　周　松　亲　佛　嫩　欢　职

(二) 读多音节词语（共20分，限时2.5分钟）

否则　广场　寻求　聊天儿　窗户
旅行　举重　角色　儿童　小孩儿
演讲　藕粉　棉被　英语　绿豆
烟嘴儿　甘苦　南宁　青蛙　磁铁
北京　女兵　体力　讨论　发动机
改良　了解　粉笔　玻璃　处理
一直　黑暗　司机　烹调　月夜
飘扬　声音　聪明　小组　紫花
汹涌　三轮儿　善良　尺寸　当事人
内脏　容易　血液　脉搏　迥然

(三) 朗读短文（400个音节，共30分，限时4分钟）

(四) 命题说话（共40分，限时3分钟）

二十五

（一）读单音节字词（100 个音节，共 10 分，限时 3.5 分钟）

寺	映	寻	乙	弦	捏	祸	吞	眨	搀
多	捅	泼	掷	揪	挎	堤	免	蒜	旅
病	闹	滑	约	较	共	接	矿	准	扶
梦	仅	拐	夺	折	闪	早	枪	浪	瘦
凡	盆	床	白	愿	胸	捕	趁	肉	鱼
岁	吹	针	湿	歪	暗	刺	梨	抓	响
顶	猜	二	胃	俩	日	登	瞧	走	黑
擦	宽	扔	抑	些	劝	甩	托	肥	隔
瞥	阔	怒	内	穴	硅	崖	莫	翁	聘
掐	总	偿	湾	岔	优	蹭	涌	溜	匀

（二）读多音节词语（共 20 分，限时 2.5 分钟）

预赛	咨询	播送	恒星	墨水儿
徘徊	悬挂	犹如	贫乏	转化
最初	穷人	力争	尺寸	检查
否决	聊天儿	能够	妇女	邻居
采访	胆怯	狭窄	军装	削弱
供给	身边	尊敬	稍微	球场
声调	表彰	态度	没事儿	果然
聪明	熊猫	原谅	背后	服务员
教训	这样	此外	专业	别有用心
好玩儿	鸦片	光荣	困难	丧失

（三）朗读短文（400 个音节，共 30 分，限时 4 分钟）

（四）命题说话（共 40 分，限时 3 分钟）

二十六

（一）读单音节字词（100 个音节，共 10 分，限时 3.5 分钟）

加	伤	踩	犯	门	江	肉	风	锅	充
乖	消	贰	枚	库	雄	优	获	暖	配
绝	实	断	叠	捐	容	翁	归	塌	君
挺	违	霞	葬	匀	堤	旅	琴	腮	餐
粉	胞	蔫	薛	舜	隋	瞟	惬	朱	涩
剜	裆	襄	笙	宋	钠	梯	邢	踹	讴
嗑	舔	铡	川	秧	赡	挠	痣	唇	邹
败	幅	跨	劝	人	斯	班	电	矿	穷
杂	我	坡	黑	许	则	回	平	流	画
窄	膜	临	超	咱	吹	光	即	词	废

（二）读多音节词语（共 20 分，限时 2.5 分钟）

草率	增产	在于	苍蝇	指甲
混淆	劝阻	说谎	齿轮	出人意料
死活	直溜	娘胎	悲叹	剖析
谋划	团粉	允诺	藕节儿	瞥见
旦角儿	鸟枪	穷酸	碎步儿	落后
人民	安静	去年	广场	纠正
快乐	下课	然而	词典	城市
费用	挂号	公路	群众	全面
拼命	雄伟	旅馆	宣传	根据地
剥削	魔术	得罪	开水	倒腾

（三）朗读短文（400 个音节，共 30 分，限时 4 分钟）

（四）命题说话（共 40 分，限时 3 分钟）

二十七

（一）读单音节字词（100 个音节，共 10 分，限时 3.5 分钟）

我	词	风	跌	超	人	闻	员	跳	短
始	苗	筐	棉	顺	谋	阔	废	寻	堤
债	购	挪	耷	帐	迟	翁	善	播	饶
墨	贰	捏	怀	瞥	广	贫	众	夸	泉
无	撕	于	除	鬼	用	秋	缩	砸	含
约	派	拔	直	黑	修	名	擦	丢	鹅
层	夹	在	团	扔	绿	同	早	瓶	表
熊	捐	俊	虐	幅	否	踹	软	瞎	窘
爽	尊	隋	孙	脆	挂	炉	枪	话	宾
洽	垦	放	特	泪	热	联	笔	先	匠

（二）读多音节词语（共 20 分，限时 2.5 分钟）

狮子	友好	选择	统治	咳嗽
体重	人造	区别	忍受	破坏
黑暗	漂亮	开辟	国家	发表
耳朵	群众	全部	面包	自力更生
组长	飞船	胸膛	云彩	轮船
使节	撒谎	仍旧	穷人	柠檬
绿化	纳税	全民	念头	敏感
中耳	丑角儿	瑕疵	脸蛋儿	船篷
匡算	杂拌儿	翡翠	一顺儿	宽心
虐待	当今	挂齿	快艇	决定性

（三）朗读短文（400 个音节，共 30 分，限时 4 分钟）

（四）命题说话（共 40 分，限时 3 分钟）

二十八

（一）读单音节字词（100个音节，共10分，限时3.5分钟）

败	猫	富	而	杂	岸	次	考	则	笔
来	朵	肥	呆	闹	敢	害	诗	涨	家
聊	前	奖	描	搭	喝	拆	矮	神	超
日	夏	巧	甜	党	刮	货	摔	软	全
雄	女	跟	南	密	酸	存	油	热	抓
铁	举	乱	画	军	员	如	略	船	广
罢	配	抖	粉	扯	饶	邻	舟	坑	呈
翁	酿	聘	拽	税	攻	柄	蜂	锁	葱
寻	涌	厅	穴	蚕	形	评	蹦	胶	锈
硅	狂	量	笋	腔	亏	终	罪	耸	破

（二）读多音节词语（共20分，限时2.5分钟）

雄厚	课本	光荣	成长	裤子
发挥	墨水儿	散步	美丽	清楚
曾经	旅馆	活跃	方案	化合物
悲痛	坚持	暖气	耳朵	表演
互相	当然	采购	领导	工商业
激烈	热心	迫切	森林	能源
逮捕	造价	寻求	纳闷儿	快速
刹车	血压	阐明	趣味	瓜分
文凭	舆论	失踪	群体	磁铁
小孩儿	选用	夸奖	投掷	徘徊

（三）朗读短文（400个音节，共30分，限时4分钟）

（四）命题说话（共40分，限时3分钟）

二十九

(一) 读单音节字词（100 个音节，共 10 分，限时 3.5 分钟）

旅	聘	颇	括	尊	凭	瞪	翁	瞒	兜
屑	窜	耕	聚	拟	捐	猛	桩	敬	格
锁	锅	艇	搓	法	嫩	蠢	锌	验	氢
屉	胞	鹤	妾	冼	粽	赘	褂	藕	潘
裆	宠	刑	铸	虐	秦	邹	童	润	浙
痣	笙	鳃	凋	淌	悦	黯	韵	涩	薛
摸	拨	次	秒	摔	矿	插	伤	早	吹
类	唱	娘	乱	军	环	扶	扔	全	而
紫	加	牛	催	穷	百	从	左	逛	脸
日	跌	坏	女	花	肺	输	辆	雄	夏

(二) 读多音节词语（共 20 分，限时 2.5 分钟）

出息	天下	人生	纯粹	苍蝇
悔改	洽谈	海滨	停顿	盘旋
拍照	巡逻	播送	悲哀	爽快
想念	风景	繁荣	隔壁	刀把儿
森林	美丽	抓紧	缺乏	永远
履行	侵略	总结	苹果	朗读
允许	厕所	热情	旦角儿	马虎
匡算	揣摩	暖房	焦油	机械化
琼脂	石榴	孽障	阔气	酿造
谋划	死扣儿	种子	表演机器人	

(三) 朗读短文（400 个音节，共 30 分，限时 4 分钟）

(四) 命题说话（共 40 分，限时 3 分钟）

三十

（一）读单音节字词（100个音节，共10分，限时3.5分钟）

茎	秦	摔	穴	刷	沤	惹	剜	啮	留
分	煤	黑	兆	蛙	赐	洒	秤	足	匹
胖	碑	即	闩	捆	塞	神	尊	否	抡
从	妾	梗	窗	踹	镖	嗑	孙	瘸	惨
徐	通	夏	菌	索	皆	扛	蹲	虐	穷
癣	供	券	骨	防	鹤	室	贰	丝	铀
脏	嵌	随	翁	卷	左	寻	绿	拨	判
寒	绕	邹	涌	凹	铡	贵	刁	磨	幢
苔	增	痣	拆	窄	因	翎	催	酿	趴
摈	扶	妊	戛	缅	坑	嫡	命	暖	猜

（二）读多音节词语（共20分，限时2.5分钟）

缺少	曾经	枕套	和煦	小孩儿
优良	群众	谄谀	妖怪	藏匿
秋天	花色	裁缝	穷困	热烈
纯粹	党员	广播	跟头	调查
团结	快乐	增长	白炽	千方百计
收入	指引	东南	纳闷儿	蹦跶
奖品	剖析	告示	作呕	墨水儿
抓瞎	然而	送礼	嗓子	古文
唱片儿	劳驾	混乱	劝阻	费用
暧昧	咯血	军装	明年	农产品

（三）朗读短文（400个音节，共30分，限时4分钟）

（四）命题说话（共40分，限时3分钟）

三十一

（一）读单音节字词（100个音节，共10分，限时3.5分钟）

碑 投 泡 蓝 脑 掐 痣 增 二 溜
丢 镖 拈 乐 晒 俏 邻 掂 判 盟
购 相 刮 福 摔 粗 坡 缔 来 趁
夸 鸣 尼 糖 怪 就 漱 才 班 动
均 不 能 去 宽 砣 聘 槛 沓 姜
混 讯 缩 追 床 瘸 兵 晃 铡 让
草 苏 约 雄 矿 丁 接 舜 砖 吞
蚌 税 夹 揉 司 鹤 非 暖 秦 隋
员 童 篇 煤 云 踹 且 枕 自 犬
絮 逢 扎 人 红 邹 薛 米 池 翁

（二）读多音节词语（共20分，限时2.5分钟）

八成 蜜蜂 投降 摆摊 瓜子儿
苍老 墨水儿 挂号 三角 公文
女性 强盗 规律 穷苦 决定性
会计 松懈 出圈儿 准确 皮肤
代表 窜犯 梅雨 品名 得病
耳朵 球场 次数 偏差 太阳能
困难 巡逻 杂碎 纠正 针对
翠绿 瑞雪 家园 改进 聊天儿
下课 厚实 电车 日光 因地制宜
藕粉 坏处 走神儿 综合

（三）朗读短文（400个音节，共30分，限时4分钟）

（四）命题说话（共40分，限时3分钟）

三十二

（一）读单音节字词（100个音节，共10分，限时3.5分钟）

歪	右	城	丢	夏	内	吨	孔	挂	趁
装	杂	春	私	草	催	软	日	胸	运
盆	胖	而	车	学	左	页	猜	穷	朵
鱼	慌	按	再	亏	拟	均	目	捐	坑
颇	品	谋	封	归	粉	桨	腹	联	滴
翁	卵	本	狂	遮	夸	虹	窜	置	居
石	胞	秧	笙	铐	雁	宁	梨	哑	鹤
螨	响	蟹	脑	武	舌	轴	宵	判	膛
应	团	刺	略	膜	胃	泉	丁	耐	辣
碑	药	鳃	邢	妾	踹	秦	她	润	砣

（二）读多音节词语（共20分，限时2.5分钟）

首都	方针	电台	家庭	明年
玻璃	女儿	费用	咳嗽	法律
干活儿	喜欢	登记	群众	资格
墨水儿	帮助	能源	漂亮	积极性
尽管	聊天儿	替代	恩爱	妄想
殴打	散文	宣告	执照	迟疑
冰棍儿	场所	培训	敏锐	挖掘
迥然	沙瓤	寸阴	怀旧	憋气
掐算	撇嘴	疮口	词序	滑动
赠阅	牛虻	族人	快慰	半导体

（三）朗读短文（400个音节，共30分，限时4分钟）

（四）命题说话（共40分，限时3分钟）

三十三

（一）读单音节字词（100 个音节，共 10 分，限时 3.5 分钟）

赛	二	脆	彼	屉	胞	丢	坏	搓	叠
锈	嘣	两	块	帆	钙	梨	裆	略	根
播	茧	捺	囊	群	孔	荒	浸	妾	剜
逛	抓	捐	谋	润	蛆	瓶	字	掐	俊
佘	笙	球	富	涌	跃	舜	闩	风	松
熊	冤	粟	孙	草	趁	续	翁	榻	竣
穿	黑	熔	拽	挪	满	武	裹	瞟	面
顶	贼	要	宵	铡	您	超	抽	挎	唁
内	停	醒	酿	辙	捧	硬	颇	药	墙
烫	扯	邹	港	忘	郑	冷	袄	壤	安

（二）读多音节词语（共 20 分，限时 2.5 分钟）

粮食	领导	出息	早点	病因
怪癖	暖和	日常	商榷	开玩笑
讨教	佛经	企图	深厚	云彩
谬论	训词	穷困	南方	分配
组成	牙齿	绿肥	梅雨	质量
白干儿	农村	矿藏	转化	调查
拼命	藕节儿	贵重	人权	无可奈何
增长	所谓	思念	碎步儿	同样
可以	开拓	旦角儿	请假	热爱
装载	凯旋	发拦	揣摩	牛蛙

（三）朗读短文（400 个音节，共 30 分，限时 4 分钟）

（四）命题说话（共 40 分，限时 3 分钟）

三十四

(一) 读单音节字词 (100 个音节，共 10 分，限时 3.5 分钟)

治 师 犁 硅 庙 捺 哼 耗 偶 坡
惊 郓 蹲 磷 猸 跳 刮 贰 军 彼
挠 赌 黑 翁 明 港 掰 秦 赚 拖
揍 鸭 雌 潘 泥 熔 摸 纫 枚 鳃
初 驾 晌 瘸 份 司 疯 混 榻 倦
揪 隋 乖 浮 锣 于 叠 草 蛙 则
贱 圆 尊 旺 扔 鸣 掐 歇 酿 愁
犯 襄 软 克 用 贫 褶 略 踹 连
洗 留 层 剜 胸 铡 苦 嘣 亩 筐
旬 捞 闩 捆 妾 傻 童 争 抓 笋

(二) 读多音节词语 (共 20 分，限时 2.5 分钟)

粮票 登记 陈规 好奇 缺少
别提 至今 内耳 香皂 太阳能
碎步 彩色 怪癖 战胜 世界
旦角儿 参观 播送 走道 喘息
袜子 划分 拥有 那些 洽谈
群众 丘陵 赃款 锅贴儿 谬论
匀实 庄严 屡次 累赘 扯谎
经销 收获 裤衩儿 日语 穷人
民主 怀念 模仿 卖弄 免费
许可 标准 热爱 党员 轻而易举

(三) 朗读短文 (400 个音节，共 30 分，限时 4 分钟)

(四) 命题说话 (共 40 分，限时 3 分钟)

三十五

（一）读单音节字词（100 个音节，共 10 分，限时 3.5 分钟）

搬	硅	药	插	墨	而	终	蔫	揪	聊
清	踹	堆	用	缸	秦	唤	奖	爷	尼
盯	逛	临	贰	俏	窜	修	婶	闩	旱
灭	哭	草	奸	煤	怪	挥	淌	翁	涩
胸	籽	罚	坨	优	评	类	铐	枕	池
拼	钠	捆	嘣	略	蛙	镖	龙	驴	司
怀	邢	扔	岸	孙	棚	捐	吴	灾	改
旬	稍	匀	猜	旺	艘	蛆	夏	蜂	藕
至	凝	若	黑	憋	因	点	坡	浙	跃
门	加	选	梯	浮	惨	锅	杂	论	熔

（二）读多音节词语（共 20 分，限时 2.5 分钟）

奶羊	寒战	所属	女婿	偶然性
麻烦	恰当	街道	双全	小孩儿
胚胎	苍蝇	感动	军装	旦角儿
豁免	胜利	群众	随时	冰棍儿
可爱	疟蚊	从头	瓜分	批准
穷人	近亲	儿童	快乐	脉搏
歪斜	怎么	能量	词素	氨基酸
支援	把关	自流	酿造	佛教
秋天	嘴唇	矿床	化学	雄伟
打扰	后顾	下颌	热心	非常

（三）朗读短文（400 个音节，共 30 分，限时 4 分钟）

（四）命题说话（共 40 分，限时 3 分钟）

三十六

(一) 读单音节字词 (100 个音节，共 10 分，限时 3.5 分钟)

犯	襄	软	克	用	贫	褶	略	踹	连
镖	龙	驴	拼	钠	捆	嘣	略	蛙	司
怀	邢	扔	岸	孙	瘸	兵	晃	铡	让
旬	稍	匀	猜	旺	艘	蛆	夏	蜂	藕
夸	鸣	尼	糖	怪	就	漱	才	班	动
均	不	能	去	宽	砣	聘	槛	沓	姜
混	讯	缩	棚	捐	吴	灾	改	追	床
草	苏	约	雄	矿	丁	接	舜	砖	吞
蚌	税	夹	揉	司	鹤	非	暖	秦	隋
絮	逢	扎	人	红	邹	薛	米	池	翁

(二) 读多音节词语 (共 20 分，限时 2.5 分钟)

民主	怀念	模仿	卖弄	免费
许可	标准	热爱	党员	染色体
苍老	墨水儿	挂号	三角	公文
会计	松懈	出圈儿	准确	生产力
代表	窜犯	梅雨	品名	皮肤
耳朵	球场	次数	偏差	得病
困难	巡逻	杂碎	纠正	太阳能
翠绿	瑞雪	家园	改进	针对
下课	厚实	电车	日光	聊天儿
藕粉	坏处	走神儿	综合	加速度

(三) 朗读短文 (400 个音节，共 30 分，限时 4 分钟)

(四) 命题说话 (共 40 分，限时 3 分钟)

三十七

（一）读单音节字词（100 个音节，共 10 分，限时 3.5 分钟）

卧	鸟	纱	悔	掠	酉	终	撤	甩	蓄
秧	车	仍	叫	台	婶	贼	耕	半	掐
布	癣	翁	弱	刷	允	床	改	逃	春
驳	纯	导	虽	棒	伍	知	末	枪	蹦
港	评	犬	课	淮	炯	循	纺	拴	李
赛	捡	梯	呕	绳	揭	陇	搓	二	棉
桩	皿	宋	内	啃	字	环	州	秒	狭
抛	代	关	停	祛	德	孙	旧	崔	凝
烈	倪	荆	擒	案	砸	垮	焚	帝	聊
颠	涌	牛	汝	粤	篇	竹	草	迟	泛

（二）读多音节词语（共 20 分，限时 2.5 分钟）

参考	船长	艺术家	聪明	她们
红军	煤炭	工厂	发烧	嘟囔
黄瓜	效率	别针儿	责怪	大娘
喷洒	保温	产品	佛学	童话
男女	做活儿	缘故	谬论	穷困
今日	完整	决定性	斜坡	疲倦
爱国	能量	英雄	口罩儿	让位
叶子	封锁	核算	而且	转脸
人群	飞快	牙签儿	丢掉	往来
罪恶	首饰	此起	彼伏	寂静

（三）朗读短文（400 个音节，共 30 分，限时 4 分钟）

（四）命题说话（共 40 分，限时 3 分钟）

三十八

（一）读单音节字词（100 个音节，共 10 分，限时 3.5 分钟）

锅 兑 挺 休 缴 朱 循 榜 弗 彼
捏 廓 茬 搜 褶 挖 谎 投 举 晒
砍 耐 夺 信 稿 啼 粪 存 列 虫
窘 蒜 要 略 江 码 颇 闯 恩 首
缺 末 巅 阳 遵 媚 婚 磁 巴 旁
底 抓 自 擒 远 绕 喊 用 掐 值
敲 蛾 筐 雅 铭 闹 评 善 汞 时
叶 搭 讽 埠 扔 团 乖 渺 群 件
摧 嗓 楼 卧 贼 逆 亡 根 泵 儒
选 而 柳 震 惊 骗 升 怀 票 吕

（二）读多音节词语（共 20 分，限时 2.5 分钟）

胸口 爆炸 儿童 衰竭 温柔
民歌 乐曲 冠军 傲慢 飞快
做活儿 配偶 农产品 柜子 语法
得到 凄凉 妓女 佛寺 方向盘
改编 清楚 状态 日益 画面
无穷 疲倦 黑人 鲁莽 谬论
深层 顶牛儿 在乎 本领 完全
苍蝇 豪爽 虽然 下等 财政
夸张 小瓮儿 维持 中学 亏损
运动 铁索 掉价儿 传播

（三）朗读短文（400 个音节，共 30 分，限时 4 分钟）

（四）说话（共 40 分，限时 3 分钟）

三十九

(一) 读单音节字词 (100 个音节，共 10 分，限时 3.5 分钟)

急	澈	艇	腻	裹	外	妈	酿	盘	衬
暖	录	丢	唤	棕	驾	仍	毁	曰	四
硅	乱	颠	牛	晒	眨	寸	取	立	蕊
材	讨	哑	旺	守	仓	苯	设	贫	双
日	咸	谎	钩	匹	膜	她	词	僧	罗
翻	寝	蒜	穷	对	允	台	押	做	津
扣	瞥	雄	叠	镁	轮	敢	牵	寡	波
苦	堂	抚	招	肥	踹	脂	鸣	疆	穴
掉	熏	昂	并	桥	癣	快	袄	虹	鞭
导	蛀	耳	苑	贼	春	禾	亩	橘	怎

(二) 读多音节词语 (共 20 分，限时 2.5 分钟)

也许	客观	战略	时光	亏损
赞成	佛经	拥有	香肠儿	应酬
夸张	骚扰	风格	从而	打盹
强烈	聋子	排斥	状况	玩耍
民族	婢女	难怪	摧残	老虎
窘迫	被窝儿	全体	觉悟	妥当
情怀	恶化	面条儿	群众	恰好
公司	柔软	卫生	活塞	配偶
主人翁	细菌	地下水	门票	整修
厌倦	头发	内在	来宾	

(三) 朗读短文 (400 个音节，共 30 分，限时 4 分钟)

(四) 说话 (共 40 分，限时 3 分钟)

四十

(一) 读单音节字词（100 个音节，共 10 分，限时 3.5 分钟）

软　清　柳　篾　身　肿　堆　放　湖　裂
桃　赠　摔　甲　胎　嫩　垂　厅　霖　堤
掠　移　军　惹　循　该　每　脱　齿　遵
滑　滚　库　窘　蚕　渺　趁　牛　驻　俞
首　磁　典　肠　酚　粤　畦　促　悬　耳
双　反　财　寝　盟　瞎　死　撑　老　桑
团　兄　巧　州　踹　香　文　闭　糟　魔
疤　准　拿　配　炎　绢　瞟　日　鸥　葬
碑　到　萍　外　寡　醉　偏　握　迁　谎
破　砍　位　扬　矩　额　三　晒　荣　寇

(二) 读多音节词语（共 20 分，限时 2.5 分钟）

总理　妇女　风筝　镇压　傀儡
夸张　传播　小瓮儿　灯光　奔跑
境界　柔顺　冒尖儿　公元　质量
挫折　搜索　法西斯　红娘　测定
人群　奥秘　打嗝儿　进去　村庄
包含　怀念　关卡　先生　费用
贫穷　佛学　差别　叫唤　然而
撇开　安全　录音机　虐待　谬误
痛快　运行　钢铁　碎步儿　课堂
玩耍　丢失　领子　创作

(三) 朗读短文（400 个音节，共 30 分，限时 4 分钟）

(四) 说话（共 40 分，限时 3 分钟）

四十一

（一）读单音节字词（100 个音节，共 10 分，限时 3.5 分钟）

背	群	丢	女	挺	捐	雄	晕	闯	拽
夸	枪	却	醋	晌	遭	嘎	稚	邢	逆
帘	航	灰	实	标	聘	而	妇	沫	绿
涌	邹	暗	踹	人	贼	雌	鹅	摊	沓
槛	犁	球	酿	信	书	天	哼	杂	灭
替	抓	猿	寡	筒	昏	翁	荒	绝	润
隋	坐	篡	趁	钩	诱	逮	饶	散	栋
发	惹	开	夹	凋	赛	煤	污	爱	关
尊	选	捶	说	卸	坡	往	剖	尿	俩

（二）读双音节词语（共 20 分，限时 2.5 分钟）

倒退	恶心	防御	骨肉	混乱
闺女	被子	表扬	病菌	彩色
公斤	用处	粮食	排球	区别
学院	盼望	英雄	好玩儿	捐赠
巡逻	决定	衰弱	瓦解	漂流
奶水	假托	深浅	差点儿	铁证
磨难	卡钳	拷打	夸赞	虾酱
唇裂	揣测	美感	透支	一圈儿
粉笔	而后	容易	作者	嗓音
短促	波动	操场	纳闷儿	散光

（三）朗读课文（400 个音节，共 30 分，限时 4 分钟）

（四）说话（共 40 分，限时 3 分钟）

四十二

(一) 读单音节字词（100 个音节，共 10 分，限时 3.5 分钟）

播	坠	配	迟	美	湿	烽	乳	叠	暂
疼	刺	拟	私	芦	翁	龟	咔	黑	即
牵	絮	病	纸	捧	禅	膜	闪	否	惹
盗	怎	佟	醋	凝	扫	聊	而	够	槛
挥	茎	且	胸	准	剖	喘	民	刷	纺
人	兑	灾	炭	擦	挠	撒	绿	锅	肯
耗	窘	瘸	绣	章	镖	沉	眯	硕	润
色	测	脓	苔	俩	逛	慨	滑	夹	圈
陷	谱	揣	帅	若	霜	凑	扭	嘎	暖
捐	囊	浸	酿	绝	抢	宣	军	薛	困

(二) 读双音节词语（共 20 分，限时 2.5 分钟）

拥抱	训斥	穷苦	军事	捐税
宏伟	需要	虐待	创新	公费
掠取	软弱	光明	囤积	快餐
准备	窜逃	权益	坏处	凉棚
破裂	有点儿	座谈	仰角	画家
袜子	抵挡	评审	恋爱	留念
而且	僧俗	民航	下课	病号儿
眼色	感想	振奋	口语	老伴儿
手段	刺杀	这会儿	玻璃	挂彩
赞美	答应	法规	埋伏	人体

(三) 朗读课文（400 个音节，共 30 分，限时 4 分钟）

(四) 说话（共 40 分，限时 3 分钟）

四十三

(一) 读单音节字词（100 个音节，共 10 分，限时 3.5 分钟）

偶	铡	红	我	姨	秋	次	剜	逮	平
翁	挠	氧	食	判	镖	佣	涩	糖	野
敏	痣	丢	遍	捐	而	仍	接	水	日
音	劣	奖	花	邹	源	兄	咱	润	发
旬	线	扯	拐	虐	品	爱	尚	约	劝
梦	留	共	撕	否	案	框	旅	搓	瘫
踹	蛙	踩	纫	怀	襄	瓜	俩	主	撒
鸣	准	击	穿	嘣	迟	肥	均	窜	混
销	偏	苔	醉	你	擂	阔	缺	克	胞
裆	女	苏	子	氢	申	门	光	掐	度

(二) 读双音节词语（共 20 分，限时 2.5 分钟）

选举	鹌鹑	用力	军事	豆芽儿
赌博	运输	原则	恳请	全面
草包	约会	女子	旅馆	死扣儿
光明	海洋	痛快	遵守	暖气
推动	挂号	抓紧	恐怖	牛奶
支持	描写	灯笼	穷人	群岛
略微	削弱	荒唐	装配	旦角儿
损坏	着想	柠檬	硫酸	藕节儿
夹杂	篡改	怪癖	耍滑	飘洒
帮厨	搀扶	非分	惨然	恶心

(三) 朗读课文（400 个音节，共 30 分，限时 4 分钟）

(四) 说话（共 40 分，限时 3 分钟）

四十四

（一）读单音节字词（100个音节，共10分，限时3.5分钟）

摆	瞥	卖	肥	打	踢	内	邻	憋	品
枚	分	党	私	难	略	色	卵	涂	对
方	灭	评	波	泯	破	懂	女	蓝	刮
考	换	鸡	桥	喜	过	垮	荒	家	求
行	怪	款	虹	健	强	需	逛	聚	清
捐	穷	熏	兄	权	制	压	绽	液	阵
优	吃	严	愁	翁	逞	忘	出	吻	垂
为	春	歪	拾	丸	哨	阿	手	额	日
贰	揉	爱	紫	袄	租	岸	擦	恩	测
绝	瓷	军	猜	阳	沧	能	草	跳	所

（二）读双音节词语（共20分，限时2.5分钟）

药材	卡片	武器	专门	爆肚儿
怕羞	仪表	开拓	院子	准确
本色儿	发愣	阴谋	看作	语调
状态	岔道儿	翻脸	盈利	仍旧
担任	抓紧	嘀咕	风琴	瓦解
损伤	革命	曾经	管教	脑髓
云彩	化学	蛤蟆	泥塑	罢工
后边	沉默	奶嘴儿	酿造	怠慢
高中	呼声	热心	山区	从前
下课	参天	月亮	快乐	祝贺

（三）朗读课文（400个音节，共30分，限时4分钟）

（四）说话（共40分，限时3分钟）

四十五

（一）读单音节字词（100 个音节，共 10 分，限时 3.5 分钟）

女　贼　宣　弱　童　思　驴　略　东　虹
邹　穷　军　邢　兄　远　训　剜　撞　拐
泉　柔　广　堆　怀　短　翁　嫩　胞　垮
吹　吞　蚌　刷　嗑　肥　尼　垒　经　鳃
觉　角　我　阳　价　催　抢　谋　热　腺
额　浮　俩　勤　算　字　尊　仍　野　紧
省　骨　含　槛　缝　止　分　浊　逞　俏
濒　闪　沉　拔　丢　港　靠　鸣　擦　索
埋　扒　伤　庙　贰　海　超　拗　坡　百
实　梯　枕　挠　舔　劣　撤　草　乳　苍

（二）读双音节词语（共 20 分，限时 2.5 分钟）

旅途　掠夺　迥然　暖和　民间
儿歌　贵重　偏差　爽朗　模型
容易　岁月　快板儿　慷慨　沙发
漂亮　眉毛　篡改　面条儿　只好
搜集　寻找　取得　聘书　裁定
损害　如果　洽谈　滑冰　群岛
参政　自焚　最初　捐献　皇帝
困难　衰退　丝绸　始祖　寡妇
全部　下放　痴心　别人　内在
碾盘　牛油　蝶泳　草垫儿　铿锵

（三）朗读课文（400 个音节，共 30 分，限时 4 分钟）

（四）说话（共 40 分，限时 3 分钟）

四十六

（一）读单音节字词（100 个音节，共 10 分，限时 3.5 分钟）

软 清 寇 容 桃 赠 迁 谎 移 掠
魔 糟 滚 滑 桑 老 磁 首 耳 悬
犯 双 俞 驻 兄 团 遵 齿 准 疤
堤 霖 到 碑 湖 列 砍 破 柳 蔑
晒 伞 甲 摔 卧 偏 惹 君 葬 鸥
窘 日 瞟 碘 肠 闭 文 死 惩 财
寝 促 畦 皱 巧 趁 拗 拿 配 寐
脱 垂 厅 外 频 位 扬 堆 放 身
肿 胎 嫩 循 该 蚕 渺 酚 粤 萌
虾 踹 香 炎 绢 寡 醉 矩 额 帧

（二）读多音节词语（共 20 分，限时 2.5 分钟）

总理 妇女 风筝 镇压 丢失
创作 领子 钢铁 碎步儿 课堂
玩耍 谬误 运行 痛快 境界
奔跑 小瓮儿 灯光 差别 交换
然而 录音机 安全 撇开 虐待
关卡 怀念 包含 挫折 质量
搜索 法西斯 村庄 公元 贫穷
进去 奥秘 打嗝儿 人群 测量
红娘 佛学 传播 夸张 傀儡
柔顺 费用 先生 冒尖儿

（三）朗读课文（400 个音节，共 30 分，限时 4 分钟）

（四）说话（共 40 分，限时 3 分钟）

四十七

（一）读单音节字词（100 个音节，共 10 分，限时 3.5 分钟）

匀 婿 聊 掷 腮 寺 踝 要 陨 铿
漾 寅 蜷 褒 遍 额 贰 襄 胚 疮
襟 迭 穗 摆 略 盥 押 踹 遣 妞
恻 邹 插 饶 猩 皴 朕 垣 诏 凹
茬 荤 亘 坯 眩 播 蛇 仄 者 戈
杏 您 晋 韧 畔 演 贩 找 贼 能
掐 谬 酿 厌 垫 欠 涮 怒 撰 揣
触 税 窜 乖 蜕 类 幢 爽 忖 穷
钵 郝 鳗 眸 拈 坯 沏 沁 渍 吮
崽 恃 荚 啮 冀 扼 犊 掺 皓 刷

（二）读多音节词语（共 20 分，限时 2.5 分钟）

混纺 仍然 桃仁 雄壮 花园
唾沫 斯文 年头儿 跋涉 球场
保证 材料 蔬菜 规律 命运
产品 否则 课程 蜜蜂 干活儿
循环 草率 自身 超越 虚假
全民 懒得 永久 光棍儿 调皮
制冷 挂彩 火焰 鸟枪 实惠
岁首 洪峰 圈阅 夜间 疲倦
佛典 眉毛 日趋 旅馆 纵队
一筹莫展 尊重 标准 加塞儿

（三）朗读课文（400 个音节，共 30 分，限时 4 分钟）

（四）说话（共 40 分，限时 3 分钟）

四十八

（一）读单音节字词（100个音节，共10分，限时3.5分钟）

手	关	迸	者	兑	嗓	松	尺	灰	潮
恰	袍	呆	邪	秋	您	缠	剑	愁	缕
鸟	笋	改	绳	很	墙	润	垫	练	躲
伶	捐	足	钧	鲸	鸭	用	宾	社	趴
乌	试	自	害	博	息	坪	词	隋	弧
腿	刮	袜	末	癖	锅	噎	亡	瞻	蹿
迂	帅	贼	脓	晾	雄	诊	必	内	淌
嫩	允	坑	眸	法	刘	癣	眯	灭	框
雪	丙	蜂	入	坎	返	椒	而	广	袄
软	歪	欧	焚	侧	枚	特	确	容	衔

（二）读多音节词语（共20分，限时2.5分钟）

干脆	儿女	少年	热门	早婚
双方	宽阔	贫寒	所属	定额
饲料	撒谎	主人翁	花白	劳动力
大约	飞快	规格	群众	窘迫
苟且	膀子	位置	后跟儿	佛像
曲解	日益	苗头	朋友	丢失
存在	传说	被窝儿	通讯	新娘
开创	苍穹	冲刷	难怪	绝招儿
来源	阴阳	正面	甲板	附近
露馅儿	命题	下级	昆仑	

（三）朗读课文（400个音节，共30分，限时4分钟）

（四）说话（共40分，限时3分钟）

四十九

（一）读单音节字词（100 个音节，共 10 分，限时 3.5 分钟）

肥　桥　贼　镁　裹　棕　晒　守　匹　对
旺　钩　腻　唤　牛　苑　并　爪　跌　琼
哑　艇　谎　丢　颠　耳　昂　抚　胸　蒜
帆　日　畸　暖　傀　裁　祷　掉　绔　抠
舷　撤　戮　乱　娲　荤　趟　瞥　寝　涛
霜　趁　寺　睿　洛　怎　匾　穴　泊　筋
僧　品　盘　曰　梨　狙　弘　匠　寡　撮
崖　姥　酿　秽　屈　涉　伺　阡　茗　坳
券　淳　揣　外　稼　咤　舱　摹　陨　囹
劾　快　掷　赣　太　码　仍　村　苯　塌

（二）读多音节词语（共 20 分，限时 2.5 分钟）

应酬　湛蓝　笼子　摧残　情怀
卫生　征询　婢女　率领　打盹儿
国务院　拥有　地下水　公私　全体
从而　佛经　老本　血迹　恰好
民政　妥当　学生　香肠儿　难怪
门票　仍然　客观　群众　嘴唇
主人翁　责成　奉告　完善　内政
棉桃儿　配偶　考生　虽然　真空
窘迫　头发　扩张　水果　厌倦
函授　而后　零活　排斥

（三）朗读课文（400 个音节，共 30 分，限时 4 分钟）

（四）说话（共 40 分，限时 3 分钟）

五十

(一) 读单音节字词（100个音节，共10分，限时3.5分钟）

搔	枕	瘫	舔	判	抬	洒	邹	肾	怕
漱	旁	粟	淹	索	剜	宋	勺	税	狂
卵	拽	屯	罪	翁	驴	续	非	训	霜
剧	葱	司	铡	涩	她	绉	武	碑	掌
劝	缺	选	军	米	跌	油	刮	学	刺
群	胸	晌	惹	摸	各	车	海	梨	地
决	二	扭	醋	置	坡	夜	口	盖	玫
恨	某	嚷	哼	肯	撑	而	聊	电	穷
留	鸟	昏	嫁	捏	淋	掐	酿	锌	晾
鸣	要	灵	夸	福	蹂	乘	偌	踹	皴

(二) 读多音节词语（共20分，限时2.5分钟）

人民	所有	聪明	声音	诚恳
影子	压迫	窗户	内容	外面
虽然	耳朵	抄写	勇敢	墨水儿
下课	聊天儿	品种	存在	头发
沼泽	敞开	饱满	胸膛	地毯
磋商	寡妇	疲倦	划分	玩意儿
饲养	取代	月光	卑怯	硫黄
迸裂	疆域	要目	眩晕	痉挛
勋爵	嘟囔	绸缎	财会	婀娜
叱咤	蔷薇	桎梏	帷幄	粗犷

(三) 朗读课文（400个音节，共30分，限时4分钟）

(四) 说话（共40分，限时3分钟）

短文训练

熟读下面的文章

（一）牡丹的拒绝

其实你在很久以前并不喜欢牡丹，因为它总被人作为富贵膜拜。后来你目睹了一次牡丹的落花，你相信所有的人都会为之感动：一阵清风徐来，娇艳鲜嫩的盛期牡丹忽然整朵整朵地坠落，铺撒一地绚丽的花瓣。那花瓣落地时依然鲜艳夺目，如同一只奉上祭坛的大鸟脱落的羽毛，低吟着壮烈的悲歌离去。

牡丹没有花谢花败之时，要么烁于枝头，要么归于泥土，它跨越萎顿和衰老，由青春而死亡，由美丽而消遁。它虽美却不吝惜生命，即使告别也要展示给人最后一次的惊心动魄。

所以在这阴冷的四月里，奇迹不会发生。任凭游人扫兴和诅咒，牡丹依然安之若素。它不苟且、不俯就、不妥协、不媚俗，甘愿自己冷落自己。它遵循自己的花期自己的规律，它有权利为自己选择每年一度的盛大节日。它为什么不拒绝寒冷？

天南海北的看花人，依然络绎不绝地涌入洛阳城。人们不会因牡丹的拒绝而拒绝它的美。如果它再被贬谪十次，也许它就会繁衍出十个洛阳牡丹城。

于是你在无言的遗憾中感悟到，富贵与高贵只是一字之差。同人一样，花儿也是有灵性的，更有品位之高低。品位这东西为气为魂为筋骨为神韵，只可意会。你叹服牡丹卓而不群之姿，方知品位是多么容易被世人忽略或是漠视的美。

（二）一个美丽的故事

有个塌鼻子的小男孩儿，因为两岁时得过脑炎，智力受损，学习起来很吃力。打个比方，别人写作文能写二三百字，他却只能写三五行。但即便这样的作文，他同样能写得很动人。

那是一次作文课，题目是《愿望》。他极认真地想了半天，然后极认真地写，那作文极短。只有三句话：我有两个愿望，第一个是，妈妈天天笑眯眯地看着我说："你真聪明。"第二个是，老师天天笑眯眯地看着我说："你一点儿也不笨。"

于是，就是这篇作文深深地打动了他的老师，那位妈妈式的老师不仅给了他最高分，在班上带感情地朗读了这篇作文，还一笔一画地批道："你很聪明，你的作文写得非常感人，请放心，妈妈肯定会格外喜欢你的，老师肯定会格外喜欢你的，大家肯定会格外喜欢你的。"

捧着作文本，他笑了，蹦蹦跳跳地回家了，像只喜鹊。但他并没有把作文本拿给妈妈看，他是在等待，等待着一个美好的时刻。

那个时刻终于到了，是妈妈的生日——一个阳光灿烂的星期天：那天，他起得特别早，把作文本装在一个亲手做的美丽的大信封里，等着妈妈醒来。妈妈刚刚睁眼醒来，他就笑眯眯地走到妈妈跟前说："妈妈，今天是您的生日，我要送给您一件礼物。"

果然，看着这篇作文，妈妈甜甜地涌出了两行热泪，一把搂住小男孩儿，搂得很紧很紧。

是的，智力可以受损，但爱永远不会。

（三）朋友和其他

朋友即将远行。

暮春时节，又邀了几位朋友在家小聚。虽然都是极熟的朋友，却是终年难得一见，偶尔电话里相遇，也无非是几句寻常话。一锅小米稀饭，一碟大头菜，一盘自家酿制的泡菜，一只巷口买回的烤鸭，简简单单，不像请客，倒像家人团聚。

其实，友情也好，爱情也好，久而久之都会转化为亲情。

说也奇怪，和新朋友会谈文学、谈哲学、谈人生道理等等，和老朋友却只话家常，柴米油盐，细细碎碎，种种琐事。很多时候，心灵的契合已经不需要太多的言语来表达。

朋友新烫了个头，不敢回家见母亲，恐怕惊骇了老人家，却欢天喜地来见我们，老朋友颇能以一种趣味性的眼光欣赏这个改变。

年少的时候，我们差不多都在为别人而活，为苦口婆心的父母活，为循循善诱的师长活，为许多观念、许多传统的约束力而活。年岁逐增，渐渐挣脱外在的限制与束缚，开始懂得为自己活，照自己的方式做一些自己喜欢的事，不在乎别人的批评意见，不在乎别人的诋毁流言，只在乎那一份随心所欲的舒坦自然。偶尔，也能够纵容自己放浪一下，并且有一种恶作剧的窃喜。

就让生命顺其自然，水到渠成吧，犹如窗前的乌桕，自生自落之间，自有一份圆融丰满的喜悦。春雨轻轻落着，没有诗，没有酒，有的只是一份相知相属的自在自得。

夜色在笑语中渐渐沉落，朋友起身告辞，没有挽留，没有送别，甚至也没有问归期。

已经过了大喜大悲的岁月，已经过了伤感流泪的年华，知道了聚散原来是这样的自然和顺理成章，懂得这点，便懂得珍惜每一次相聚的温馨，离别便也欢喜。

（四）我为什么当教师

我为什么非要教书不可？是因为我喜欢当教师的时间安排表和生活节奏。七、八、九三个月给我提供了进行回顾、研究、写作的良机，并将三者有机融合，而善于回顾、研究和总结正是优秀教师素质中不可缺少的成分。

干这行给了我多种多样的“甘泉”去品尝，找优秀的书籍去研读，到“象牙塔”和实际世界里去发现。教学工作给我提供了继续学习的时间保证，以及多种途径、机遇和挑战。

然而，我爱这一行的真正原因，是爱我的学生。学生们在我的眼前成长、变化。当教师意味着亲历“创造”过程的发生——恰似亲手赋予一团泥土以生命，没有什么比目睹它开始呼吸更激动人心的了。

权力我也有了：我有权力去启发诱导，去激发智慧的火花，去问费心思考的问题，去赞扬回答的尝试，去推荐书籍，去指点迷津。还有什么别的权力能与之相比呢？

而且，教书还给我金钱和权力之外的东西，那就是爱心。不仅有对学生的爱，对书籍的爱，对知识的爱，还有教师才能感受到的对“特别”学生的爱。这些学生，有如冥顽不灵的泥块，由于接受了老师的炽爱才勃发了生机。

所以，我爱教书，还因为在那些勃发生机的“特别”学生身上，我有时发现自己和他们呼吸相通，忧乐与共。

(五) 陶行知的“四块糖果”

育才小学校长陶行知在校园看到学生王友用泥块砸自己班上的同学，陶行知当即喝止了他，并令他放学后到校长室去。无疑，陶行知是要好好教育这个“顽皮”的学生。那么他是如何教育的呢?

放学后，陶行知来到校长室，王友已经等在门口准备挨训了。可一见面，陶行知却掏出一块糖果送给王友，并说：“这是奖给你的，因为你按时来到这里，而我却迟到了。”王友惊疑地接过糖果。

随后，陶行知又掏出一块糖果放到他手里，说：“这第二块糖果也是奖给你的，因为当我不让你再打人时，你立即就住手了，这说明你很尊重我，我应该奖你。”王友更惊疑了，他眼睛睁得大大的。

陶行知又掏出第三块糖果塞到王友手里，说：“我调查过了，你用泥块砸那些男生，是因为他们不守游戏规则，欺负女生；你砸他们，说明你很正直善良，且有批评不良行为的勇气，应该奖励你啊!”王友感动极了，他流着眼泪后悔地喊道：“陶……陶校长你打我两下吧！我砸的不是坏人，而是自己的同学啊……”

陶行知满意地笑了，他随即掏出第四块糖果递给王友，说：“为你正确地认识错误，我再奖给你一块糖果，只可惜我只有这一块糖果了。我的糖果没有了，我看我们的谈话也该结束了吧!”说完，就走出了校长室。

附件一

容易读错的字一览表

名 míng　志 zhì　梦 mèng　剖 pōu　斐 fěi　掘 jué　撤 chè　喘 chuǎn
饶 ráo　仍 réng　冰 bīng　贼 zéi　烩 huì　翁 wēng　钓 diào　榷 què
湍 tuān　景 jǐng　暧 ài　讣 fù　栋 dòng　讹 é　弩 nǔ　彪 biāo
僻 pì　蜷 quán　雕 diāo　褥 rù　牍 dú　施 shī　虞 yú　阑 lán
郭 guō　宛 wǎn　廓 kuò　疫 yì　坎 kǎn　窘 jiǒng　勘 kān　匪 fěi
畔 pàn　园 yuán　池 chí　奠 diàn　匀 yún　乃 nǎi　揉 róu　蜂 fēng
规 guī　姿 zī　筐 kuāng　庙 miào　索 suǒ　饮 yǐn　搭 dā　殉 xùn
浓 nóng　篇 piān　桶 tǒng　鹅 é　肺 fèi　凡 fán　金 jīn　掀 xiān
恐 kǒng　昼 zhòu　迷 mí　先 xiān　粘 zhān　幕 mù　靴 xuē　娘 niáng
嫩 nèn　机 jī　蕊 ruǐ　家 jiā　跪 guì　绝 jué　趣 qù　全 quán
炒 chǎo　次 cì　渴 kě　酸 suān　勤 qín　鱼 yú　筛 shāi　院 yuàn
腔 qiāng　爱 ài　司 sī　滕 téng　寸 cùn　峦 luán　岸 àn　勒 lè
歪 wāi　尔 ěr　熊 xióng　妥 tuǒ　刷 shuā　袤 mào　皈 guī　枭 xiāo
瓤 ráng　搓 cuō　嘈 cáo　耿 gěng　妞 niū　箴 zhēn　酶 méi　挎 kuà
宁 nìng　愿 yuàn　噩 è　聂 niè　褡 dā　瞪 dèng　祛 qū　砝 fǎ
虻 méng　霓 ní　揪 jiū　蹬 dēng　腿 tuǐ　肆 sì　趴 pā　陨 yǔn
傀 kuǐ　捺 nà　撵 niǎn　掮 qián　瑟 sè　咂 zā　蹭 cèng　闩 shuān
匈 xiōng　嫩 nèn　豚 tún　惘 wǎng　蕊 ruǐ　萧 xiāo　瑕 xiá　猞 shē
蚱 zhà　厄 è　痞 pǐ　薛 xuē　殉 xùn　宛 wǎn　臀 tún　桨 jiǎng
愈 yù　羌 qiāng　冽 liè　赦 shè　渍 zì　溯 sù　涩 sè　掐 qiā
跛 bǒ　筢 pá　幛 zhàng　匣 xiá　兹 zī　衔 xián　儡 lěi　咱 zán
晖 huī　髋 kuān　辕 yuán　誊 téng　婪 lán　驯 xùn　诏 zhào　叱 chì
倭 wō　昭 zhāo　翎 líng　砌 qì　墙 qiáng　淮 huái　疹 zhěn　茉 mò
涡 wō　冕 miǎn　聊 liáo　翡 fěi　豺 chái　祠 cí　唉 āi　颚 è
甩 shuǎi　蠕 rú　懦 nuò　眩 xuàn　憔 qiáo　赈 zhèn　炫 xuàn　髓 suǐ

坯 pī	胚 pēi	儡 lěi	斋 zhāi	坠 zhuì	衙 yá	崽 zǎi	秤 chèng
虾 xiā	仁 rén	桼 qī	偎 wēi	滂 pāng	标 biāo	褛 lǚ	讴 ōu
迸 bèng	嚣 xiāo	憎 zēng	膀 bǎng	肿 zhǒng	枢 shū	怄 òu	沤 ōu
酥 sū	拆 chāi	蚓 yǐn	稣 sū	帛 bó	匡 kuāng	怀 huái	揣 chuāi
崇 chóng	琅 láng	霎 shà	疵 cī	咤 zhà	拟 nǐ	榛 zhēn	寰 huán
壑 hè	害 hài	差 chà	饵 ěr	豇 jiāng	勒 lè	扉 fēi	锌 xīn
鳖 biē	悬 xuán	鲨 shā	鱿 yóu	胱 guāng	拐 guǎi	掷 zhì	滓 zǐ
绽 zhàn	挑 tiāo	拔 bá	梏 gù	熏 xūn	疚 jiù	襁 qiǎng	厥 jué
蛲 náo	坨 tuó	眷 juàn	箔 bó	狞 níng	馁 něi	肘 zhǒu	蓑 suō
瘴 zhàng	咽 yān	毗 pí	攫 jué	镣 liào	辍 chuò	攮 nǎng	脏 zāng
悴 cuì	皿 mǐn	峭 qiào	肴 yáo	痍 yí	扒 bā	拉 lā	贮 zhù
牡 mǔ	灼 zhuó	啷 lāng	痦 wù	墒 shāng	暧 ài	娑 suō	隅 yú
蜍 chú	刎 wěn	媲 pì	绦 tāo	酪 lào	恕 shù	釉 yòu	拽 zhuài
氮 dàn	捌 bā	莽 mǎng	恍 huǎng	祀 sì	淤 yū	湍 tuān	恤 xù
锢 gù	债 zhài	券 quàn	栓 shuān	诠 quán	盯 dīng	萱 xuān	鹌 ān
媚 mèi	耶 yē	颊 jiá	甬 yǒng	呵 hē	气 qì	擒 qín	蓄 xù
肇 zhào	栀 zhī	梢 shāo	寅 yín	突 tū	窥 kuī	积 jī	傧 bīn
鹑 chún	檐 yán	觅 mì	抨 pēng	溪 xī	芍 sháo	攒 zǎn	咒 zhòu
煦 xù	菩 pú	虚 xū	晃 huǎng	骇 hài	鸠 jiū	押 yā	槁 gǎo
阑 lán	酣 hān	揩 kāi	钻 zuān	研 yán	疮 chuāng	肾 shèn	拂 fú
咛 níng	硅 guī	撬 qiào	迥 jiǒng	瓢 piáo	摹 mó	俗 sú	尚 shàng
伦 lún	谰 lán	湃 pài	嗉 sù	溜 liu	养 yǎng	匀 yún	下 xià
诤 zhèng	嗤 chī	渲 xuàn	捐 juān	窑 yáo	簇 cù	愣 lèng	韭 jiǔ
盔 kuī	萨 sà	遁 dùn	幢 zhuàng	寨 zhài	颈 jǐng	椎 zhuī	洼 wā
渎 dú	恻 cè	颓 tuí	扼 è	瘾 yǐn	翱 áo	悄 qiāo	鹞 yào
着 zháo	急 jíyī	噎 yē	绷 bēng	硼 péng	嗑 kē	骸 hái	挎 kuà
跨 kuà	侩 kuài	吐 tǔ	痰 tán	刽 guì	烩 huì	荟 huì	掖 yē
谙 ān	肮 āng	焙 bèi	掰 bāi	黯 àn	粘 zhān	贴 tiē	痤 cuó
遏 è	谒 yè	镖 biāo	鳔 biào	踝 huái	扈 hù	炽 ch	忖 cǔn
拗 niù	不 bù	过 guò	啮 niè	龋 qǔ	辍 chuò	糍 cí	挛 luán
蛊 gǔ	凝 níng	疥 jiè	泯 mǐn	嚼 jiáo	舌 shé	囵 lún	缫 sāo
磐 pán	讧 hòng	邋 lā	瑟 sè	榈 lǘ	沤 ōu	黏 nián	数 shǔ
九 jiǔ	斡 wò	簪 zān	妾 qiè	聩 kuì	恃 shì	庶 shù	孳 zī
叩 kòu	鼾 hān	泡 pāo	桐 tóng	劾 hé	窘 jiǒng	昵 nì	咎 jiù
藿 huò	猥 wěi	筛 shāi	杷 pá	腻 nì	塞 sāi	子 zi	沏 qī

肾 shèn　榫 sǔn　赊 shē　佘 shé　痈 yōng　铀 yóu　撤 chè　腮 sāi
地 dì　褶 zhě　癣 xuǎn　剜 wān　婉 wǎn　仄 zè　蜷 quán　邵 shào
胭 yān　蒲 pú　凸 tū　谑 xuè　谀 yú　腌 yān　饨 tún　钝 dùn
砣 tuó　唢 suǒ　穴 xué　荫 yīn　虫 chóng　蜇 zhē　贰 èr　篡 cuàn
纂 zuǎn　坞 wù　瞳 tóng　憧 chōng　骟 shàn　擎 qíng　锱 zī　折 shé
本 běn　娃 wá　邬 wū　絮 xù　蛹 yǒng　舔 tiǎn　吮 shǔn　赡 shàn
佟 tóng　区 ōu　涮 shuàn　铡 zhá　滓 zǐ　啕 táo　囫 hú　踵 zhǒng
诌 zhōu　漱 shù　眶 kuàng　氯 lǜ　刍 chú　绉 zhòu　冤 yuān　枉 wang
邹 zōu　訇 hōng　蠹 dù　讹 é　皱 zhòu　蠖 huò　腥 xīng　臊 sāo
瞑 míng　蹶 jué　馄 hún　镢 jué　涩 sè　抡 lūn　驽 nǔ　叼 diāo
汾 fén　他 tā　俩 liǎ　侃 kǎn　佝 gōu　愕 è　涝 láo　鹑 chún
泞 nìng　诲 huì　辙 zhé　梗 gěng　一 yī　沓 tà　盥 guàn　虐 nuè
犒 kào　幌 huǎng　憨 hān　瞰 kàn　凛 lǐn　钹 bó　澈 chè　油 yóu
炸 zhá　怯 qiè　滂 pāng　跺 duò　攫 jué　茯 fú　麸 fū　郓 yùn
烘 hōng　喋 dié　压 yā　轴 zhòu　戮 lù　戳 chuō　樯 qiáng　啬 sè
瘙 sào　疱 pào　斐 fěi　诽 fěi　扎 zhā　被 bèi　腿 tuǐ　玷 diàn
拈 niān　鳔 biào　剽 piāo　饬 chì　瞟 piǎo　陲 chuí　溺 nì　褒 bāo
漂 piǎo　白 bái　叁 sān　踹 chuài　谄 chǎn　濒 bīn　蹑 niè　颞 niè
颧 quán　铐 kào　拷 kǎo　电 diàn　线 xiàn　杆 gān　丐 gài　跷 qiāo
伞 sǎn　淬 cuì　纰 pī　攒 zǎn　襻 pàn　蛰 zhé　诺 nuò　谁 shuí
笸 pǒ　苤 piě　榻 tà　遢 tā　渗 shèn　粕 pò　甄 zhēn　撰 zhuàn
壕 háo　埋 mán　怨 yuàn　蹭 cèng　殡 bìn　摈 bìn　髌 bìn　璨 càn
楦 xuàn　衍 yǎn　聘 pìn　搀 chān　尿 niào　泡 pào　璀 cuǐ　沧 cāng
挠 náo　亢 kàng　痣 zhì　砒 pī　琵 pí　穹 qióng　墒 shāng　轧 yà
道 dào　机 jī　泅 qiú　鬃 zōng　嗅 xiù　褪 tuì　瘸 qué　熏 xūn
叵 pǒ　珀 pò　佤 wǎ　掖 yē　着 zhe　醇 chún　瞥 piē　莜 yóu
蔫 niān　盂 yú　铙 náo　靡 mí　怅 chàng　跨 kuà　囊 nāng　膪 chuài
裆 dāng　档 dàng　梆 bāng　搐 chù　攮 nǎng　漕 cáo　稗 bài　憋 biē
珐 fà　凹 āo

附件二

容易读错的词语一览表

A

1. 挨(āi)次　2. 挨(ái)时间　3. 方兴未艾(ài)　4. 自怨自艾(yì)
5. 皑皑(ái)　6. 狭隘(ài)　7. 不谙(ān)水性　8. 熬(āo)菜
9. 煎熬(áo)　10. 鏖(áo)战　11. 拗(ǎo)断　12. 拗(ào)口令

B

1. 纵横捭阖(bǎihé)　2. 稗(bài)官野史　3. 扳(bān)平　4. 同胞(bāo)
5. 炮(bāo)羊肉　6. 薄(báo)纸　7. 并行不悖(bèi)　8. 蓓蕾(bèilěi)
9. 奔波(bō)　10. 投奔(bèn)　11. 迸发(bèng)　12. 包庇(bì)
13. 麻痹(bì)　14. 奴颜婢膝(bìxī)　15. 刚愎(bì)自用　16. 复辟(bì)
17. 濒(bīn)临　18. 针砭(biān)　19. 屏(bǐng)气　20. 摒(bǐng)弃
21. 剥削(bōxuē)　22. 波(bō)涛　23. 菠(bō)菜　24. 停泊(bó)
25. 淡薄(bó)　26. 哺(bǔ)育

C

1. 粗糙(cāo)　2. 嘈(cáo)杂　3. 参差(cēncī)　4. 差(chāi)遣
5. 偏差(chā)　6. 差(chà)劲　7. 搽(chá)粉　8. 猹(chá)
9. 刹(chà)那　10. 钗(chāi)　11. 谄(chǎn)媚　12. 忏(chàn)悔
13. 羼(chàn)水　14. 场(cháng)院　15. 一场(cháng)雨　16. 赔偿(cháng)
17. 徜(cháng)徉　18. 绰(chāo)起　19. 风驰电掣(chè)　20. 瞠目结舌(chēng)
21. 乘(chéng)机　22. 惩(chéng)前毖后　23. 惩处(chéngchǔ)　24. 驰骋(chěng)
25. 鞭笞(chī)　26. 痴(chī)呆　27. 痴(chī)心妄想　28. 白痴(chī)
29. 踟蹰(chíchú)　30. 奢侈(chǐ)　31. 整饬(chì)　32. 炽(chì)热
33. 不啻(chì)　34. 叱咤(chìzhà)风云　35. 忧心忡忡(chōng)　36. 憧(chōng)憬
37. 崇(chóng)拜　38. 惆怅(chóuchàng)　39. 踌躇(chóuchú)　40. 相形见绌(chù)

41. 黜(chù)免　42. 揣(chuǎi)摩　43. 椽(chuán)子　44. 创(chuāng)伤
45. 凄怆(chuàng)　46. 啜(chuò)泣　47. 辍(chuò)学　48. 宽绰(chuò)
49. 瑕疵(cī)　50. 伺候(cì)　51. 烟囱(cōng)　52. 从(cóng)容
53. 淙淙(cóng)流水　54. 一蹴(cù)而就　55. 璀(cuǐ)璨　56. 忖度(cǔnduó)
57. 蹉跎(cuōtuó)　58. 挫(cuò)折

D

1. 呆(dāi)板　2. 答(dā)应　3. 逮(dǎi)老鼠　4. 逮(dài)捕
5. 殚(dān)精竭虑　6. 虎视眈眈(dān)　7. 肆无忌惮(dàn)　8. 档(dàng)案
9. 当(dàng)(本)年　10. 追悼(dào)　11. 提(dī)防　12. 瓜熟蒂(dì)落
13. 缔(dì)造　14. 掂掇(diānduo)　15. 玷(diàn)污　16. 装订(dìng)
17. 订(dìng)正　18. 恫吓(dònghè)　19. 句读(dòu)　20. 兑(duì)换
21. 踱步(duó)

E

1. 阿谀(ēyú)　2. 婀娜(ēnuó)　3. 扼(è)要

F

1. 菲(fěi)薄　2. 沸(fèi)点　3. 氛(fēn)围　4. 肤(fū)浅
5. 敷衍塞(fū yǎn sè)责　6. 仿佛(fú)　7. 凫(fú)水　8. 篇幅(fú)
9. 辐(fú)射　10. 果脯(fǔ)　11. 随声附和(fùhè)

G

1. 准噶(gá)尔　2. 大动干戈(gē)　3. 诸葛(gě)亮　4. 脖颈(gěng)
5. 提供(gōng)　6. 供(gōng)销　7. 供给(gōngjǐ)　8. 供(gōng)不应(yìng)求
9. 供(gòng)认　10. 口供(gòng)　11. 佝偻(gōulóu)　12. 勾(gòu)当
13. 骨(gū)朵　14. 骨(gǔ)气　15. 蛊(gǔ)惑　16. 商贾(gǔ)
17. 桎梏(gù)　18. 粗犷(guǎng)　19. 皈依(guī)　20. 瑰(guī)丽
21. 刽(guì)子手　22. 聒(guō)噪

H

1. 哈(hǎ)达　2. 尸骸(hái)　3. 稀罕(hǎn)　4. 引吭高歌(háng)
5. 沆瀣(hángxiè)一气　6. 干涸(hé)　7. 一丘之貉(hé)　8. 上颌(hé)
9. 喝(hè)采　10. 负荷(hè)　11. 蛮横(hèng)　12. 飞来横祸(hèng)

13. 发横(hèng)财 14. 一哄而散(hòng) 15. 糊口(hú) 16. 囫囵吞枣(húlún)
17. 华(huà)山 18. 怙恶不悛(hùquān) 19. 豢养(huàn) 20. 病入膏肓(huāng)
21. 讳疾(huìjí)忌医 22. 诲人不倦(huì) 23. 阴晦(huì) 24. 污秽(huì)
25. 混(hún)水摸鱼 26. 混淆(hùnxiáo) 27. 和(huó)泥 28. 搅和(huò)
29. 豁(huò)达 30. 霍(huò)乱

J

1. 茶几(jī) 2. 畸(jī)形 3. 羁(jī)绊 4. 羁(jī)旅
5. 放荡不羁(jī) 6. 无稽(jī)之谈 7. 跻(jī)身 8. 通缉(jī)令
9. 汲(jí)取 10. 即(jí)使 11. 开学在即(jí) 12. 疾(jí)恶如仇
13. 嫉(jí)妒 14. 棘(jí)手 15. 贫瘠(jí) 16. 狼藉(jí)
17. 一触即(jí)发 18. 脊(jǐ)梁 19. 人才济济(jǐ) 20. 给予(jǐyǔ)
21. 觊觎(jìyú) 22. 成绩(jì) 23. 事迹(jì) 24. 雪茄(jiā)
25. 信笺(jiān) 26. 歼灭(jiān) 27. 草菅(jiān)人命 28. 缄(jiān)默
29. 渐(jiān)染 30. 眼睑(jiǎn) 31. 间(jiàn)断 32. 矫(jiǎo)枉过正
33. 缴(jiǎo)纳 34. 校(jiào)对 35. 开花结(jiē)果 36. 事情结(jié)果
37. 结(jié)冰 38. 反诘(jié) 39. 拮据(jiéjū) 40. 攻讦(jié)
41. 桔(jié)梗 42. 押解(jiè) 43. 情不自禁(jīn) 44. 根茎(jīng)
45. 长颈(jǐng)鹿 46. 杀一儆(jǐng)百 47. 强劲(jìng) 48. 劲(jìng)敌
49. 劲(jìng)旅 50. 痉(jìng)挛 51. 抓阄(jiū) 52. 针灸(jiǔ)
53. 韭(jiǔ)菜 54. 内疚(jiù) 55. 既往不咎(jiù) 56. 狙(jū)击
57. 咀嚼(jǔ(jué) 58. 循规蹈矩(jǔ) 59. 矩(jǔ)形 60. 沮(jǔ)丧
61. 龃龉(jǔyǔ) 62. 前倨(jù)后恭 63. 镌(juān)刻 64. 隽(juàn)永
65. 角(jué)色 66. 口角(jué) 67. 角(jué)斗 68. 角(jué)逐
69. 倔强(juéjiàng) 70. 崛(jué)起 71. 猖獗(jué) 72. 一蹶(jué)不振
73. 诡谲(jué) 74. 矍(jué)铄 75. 攫(jué)取 76. 细菌(jūn)
77. 龟(jūn)裂 78. 俊杰(jùn) 79. 崇山峻(jùn)岭 80. 竣(jùn)工
81. 隽秀(jùn)

K

1. 同仇敌忾(kài) 2. 不卑不亢(kàng) 3. 坎坷(kě) 4. 可汗(kèhán)
5. 恪(kè)守 6. 倥偬(kǒngzǒng) 7. 会(kuài)计 8. 窥(kuī)探
9. 傀(kuǐ)儡

L

1. 邋遢(lāta)
2. 拉(lá)家常
3. 丢三落(là)四
4. 书声琅琅(láng)
5. 唠(láo)叨
6. 落(lào)枕
7. 奶酪(lào)
8. 勒(lè)索
9. 勒(lēi)紧
10. 擂(léi)鼓
11. 羸(léi)弱
12. 果实累累(léi)
13. 罪行累累(lěi)
14. 擂(lèi)台
15. 罹(lí)难
16. 潋(liàn)滟
17. 打量(liang)
18. 量(liàng)入为出
19. 撩(liāo)水
20. 撩(liáo)拨
21. 寂寥(liáo)
22. 瞭(liào)望
23. 趔趄(lièqie)
24. 恶劣(liè)
25. 雕镂(lòu)
26. 贿赂(lù)
27. 棕榈(lǘ)
28. 掠(lüè)夺

M

1. 抹(mā)桌子
2. 阴霾(mái)
3. 埋(mán)怨
4. 耄耋(màodié)
5. 联袂(mèi)
6. 闷(mēn)热
7. 扪(mén)心自问
8. 愤懑(mèn)
9. 蒙(mēng)头转向
10. 蒙(méng)头盖脸
11. 靡(mí)费
12. 萎靡(mǐ)不振
13. 静谧(mì)
14. 分娩(miǎn)
15. 酩酊(mǐngdǐng)
16. 荒谬(miù)
17. 脉脉(mò)
18. 抹(mò)墙
19. 蓦(mò)然回首
20. 牟(móu)取
21. 模(mú)样

N

1. 羞赧(nǎn)
2. 呶呶(náo)不休
3. 泥淖(nào)
4. 口讷(nè)
5. 气馁(něi)
6. 拟(nǐ)人
7. 隐匿(nì)
8. 拘泥(nì)
9. 亲昵(nì)
10. 拈(niān)花惹草
11. 宁(nìng)死不屈
12. 泥泞(nìng)
13. 忸怩(niǔní)
14. 执拗(niù)
15. 驽(nú)马
16. 虐(nüè)待

O

1. 偶然(ǒu)

P

1. 扒(pá)手
2. 迫(pǎi)击炮
3. 心宽体胖(pán)
4. 蹒(pán)跚
5. 滂沱(pāngtuó)
6. 彷(páng)徨
7. 炮(páo)制
8. 咆哮(páoxiào)
9. 炮烙(páoluò)
10. 胚(pēi)胎
11. 香喷喷(pēn)
12. 抨(pēng)击
13. 澎湃(péngpài)
14. 纰(pī)漏
15. 毗(pí)邻
16. 癖(pǐ)好
17. 否(pǐ)极泰来
18. 媲(pì)美
19. 扁(piān)舟
20. 大腹便便(pián)
21. 剽(piāo)窃
22. 饿殍(piǎo)
23. 乒乓(pīngpāng)
24. 湖泊(pō)
25. 居心叵(pǒ)测
26. 糟粕(pò)
27. 解剖(pōu)
28. 前仆(pū)后继
29. 奴仆(pú)
30. 风尘仆仆(pú)
31. 玉璞(pú)
32. 匍匐(púfú)
33. 瀑(pù)布
34. 一曝(pù)十寒

Q

1. 休戚(qī)与共
2. 蹊跷(qīqiāo)
3. 祈(qí)祷
4. 颀(qí)长
5. 岐(qí)途
6. 绮(qǐ)丽
7. 修葺(qì)
8. 休憩(qì)
9. 关卡(qiǎ)
10. 悭(qiān)吝
11. 掮(qián)客
12. 潜(qián)移默化
13. 虔(qián)诚
14. 天堑(qiàn)
15. 戕(qiāng)害
16. 强(qiǎng)迫
17. 勉强(qiǎng)
18. 强(qiǎng)求
19. 牵强(qiǎng)附会
20. 襁(qiǎng)褓
21. 翘(qiáo)首远望
22. 讥诮(qiào)
23. 怯(qiè)懦
24. 提纲挈(qiè)领
25. 锲(qiè)而不舍
26. 惬(qiè)意
27. 衾(qīn)枕
28. 倾(qīng)盆大雨
29. 引擎(qíng)
30. 亲(qìng)家
31. 曲(qū)折
32. 祛(qū)除
33. 黢(qū)黑
34. 水到渠(qú)成
35. 清癯(qú)
36. 瞿(qú)塘峡
37. 通衢(qú)大道
38. 龋(qǔ)齿
39. 兴趣(qù)
40. 面面相觑(qù)
41. 债券(quàn)
42. 商榷(què)
43. 逡(qūn)巡
44. 麇(qún)集

R

1. 围绕(rào)
2. 荏苒(rěnrǎn)
3. 稔知(rěn)
4. 妊娠(rènshēn)
5. 仍(réng)然
6. 冗(rǒng)长

S

1. 缫(sāo)丝
2. 稼(jiàsè)穑
3. 堵塞(sè)
4. 刹(shā)车
5. 芟(shān)除
6. 潸(shān)然泪下
7. 禅(shàn)让
8. 讪(shàn)笑
9. 赡(shàn)养
10. 折(shé)本
11. 慑(shè)服
12. 退避三舍(shè)
13. 海市蜃(shèn)楼
14. 舐(shì)犊之情
15. 教室(shì)
16. 有恃(shì)无恐
17. 狩(shòu)猎
18. 倏(shū)忽
19. 束缚(shùfù)
20. 刷(shuà)白
21. 游说(shuì)
22. 吸吮(shǔn)
23. 瞬(shùn)息万变
24. 怂恿(sǒngyǒng)
25. 塑(sù)料
26. 簌簌(sù)
27. 虽(suī)然
28. 鬼鬼祟祟(suì)
29. 婆娑(suō)

T

1. 趿(tā)拉
2. 鞭挞(tà)
3. 叨(tāo)光
4. 熏陶(táo)
5. 体(tī)己
6. 孝悌(tì)
7. 倜傥(tìtǎng)
8. 恬(tián)不知耻
9. 殄(tiǎn)灭
10. 轻佻(tiāo)
11. 调(tiáo)皮
12. 妥帖(tiē)
13. 请帖(tiě)
14. 字帖(tiè)
15. 恸(tòng)哭
16. 如火如荼(tú)
17. 湍(tuān)急
18. 颓(tuí)废
19. 蜕(tuì)化
20. 囤(tún)积

W

1. 逶迤(wēiyí) 2. 违(wéi)反 3. 崔嵬(wéi) 4. 冒天下之大不韪(wěi)
5. 为(wèi)虎作伥(chāng) 6. 龌龊(wòchuò) 7. 斡(wò)旋 8. 深恶(wù)痛绝(jué)

X

1. 膝(xī)盖 2. 檄(xí)文 3. 狡黠(xiá) 4. 厦(xià)门
5. 纤维(xiānwéi) 6. 翩跹(xiān) 7. 屡见不鲜(xiān) 8. 垂涎(xián)三尺
9. 勾股弦(xián) 10. 鲜(xiǎn)见 11. 肖(xiào)像 12. 采撷(xié)
13. 叶(xié)韵 14. 纸屑(xiè) 15. 机械(xiè) 16. 省(xǐng)亲
17. 不朽(xiǔ) 18. 铜臭(xiù) 19. 星宿(xiù) 20. 长吁(xū)短叹
21. 自诩(xǔ) 22. 抚恤(xù)金 23. 酗(xù)酒 24. 煦(xù)暖
25. 眩晕(xuànyùn) 26. 炫(xuàn)耀 27. 洞穴(xué) 28. 戏谑(xuè)
29. 驯(xùn)服 30. 徇(xùn)私舞弊

Y

1. 倾轧(yà) 2. 揠(yà)苗助长 3. 殷(yān)红 4. 湮(yān)没
5. 筵(yán)席 6. 百花争妍(yán) 7. 河沿(yán) 8. 偃(yǎn)旗息鼓
9. 奄奄(yǎn)一息 10. 赝(yàn)品 11. 佯(yáng)装 12. 怏怏(yàng)不乐
13. 安然无恙(yàng) 14. 杳(yǎo)无音信 15. 窈窕(yǎotiǎo) 16. 发疟(yào)子
17. 耀(yào)武扬威 18. 因噎(yē)废食 19. 揶揄(yéyú) 20. 陶冶(yě)
21. 呜咽(yè) 22. 摇曳(yè) 23. 拜谒(yè) 24. 笑靥(yè)
25. 甘之如饴(yí) 26. 颐(yí)和园 27. 迤逦(yǐlǐ) 28. 旖旎(yǐnǐ)
29. 自怨自艾(yì) 30. 游弋(yì) 31. 后裔(yì) 32. 奇闻轶(yì)事
33. 络绎(yì)不绝 34. 造诣(yì) 35. 友谊(yì) 36. 肄(yì)业
37. 熠熠(yì)闪光 38. 一望无垠(yín) 39. 荫(yìn)凉 40. 应(yīng)届
41. 应(yìng)承 42. 应(yìng)用文 43. 应(yìng)试教育 44. 邮(yóu)递员
45. 黑黝黝(yǒu) 46. 良莠(yǒu)不齐 47. 迂(yū)回 48. 向隅(yú)而泣
49. 愉(yú)快 50. 始终不渝(yú) 51. 逾(yú)越 52. 年逾(yú)古稀
53. 娱(yú)乐 54. 伛偻(yǔlǚ) 55. 舆(yú)论 56. 尔虞(yú)我诈
57. 囹圄(yǔ) 58. 参与(yù) 59. 驾驭(yù) 60. 家喻(yù)户晓
61. 熨(yù)帖 62. 寓(yù)情于景 63. 鹬(yù)蚌相争 64. 卖儿鬻(yù)女
65. 断壁残垣(yuán) 66. 苑囿(yuànyòu) 67. 头晕(yūn) 68. 允(yǔn)许
69. 晕(yùn)船 70. 酝酿(yùnniàng)

Z

1. 扎(zā)小辫 2. 柳荫匝(zā)地 3. 登载(zǎi) 4. 载(zài)重
5. 载(zài)歌载舞 6. 怨声载(zài)道 7. 拒载(zài) 8. 暂(zàn)时
9. 臧否(zāngpǐ) 10. 宝藏(zàng) 11. 确凿(záo) 12. 啧啧(zé)称赞
13. 谮(zèn)言 14. 憎(zēng)恶 15. 赠(zèng)送 16. 驻扎(zhā)
17. 咋(zhā)呼 18. 挣扎(zhá) 19. 札(zhá)记 20. 咋(zé)舌
21. 择(zhái)菜 22. 占(zhān)卜 23. 客栈(zhàn) 24. 破绽(zhàn)
25. 精湛(zhàn) 26. 颤(zhàn)栗 27. 高涨(zhàng) 28. 涨(zhǎng)价
29. 着(zháo)慌 30. 沼(zhǎo)泽 31. 召(zhào)开 32. 肇事(zhào)
33. 折(zhē)腾 34. 动辄(zhé)得咎(jiù) 35. 蛰(zhé)伏 36. 贬谪(zhé)
37. 铁砧(zhēn) 38. 日臻(zhēn)完善 39. 甄(zhēn)别 40. 箴(zhēn)言
41. 缜(zhěn)密 42. 赈(zhèn)灾 43. 症(zhēng)结 44. 拯(zhěng)救
45. 症(zhèng)候 46. 诤(zhèng)友 47. 挣(zhèng)脱 48. 脂(zhī)肪
49. 踯躅(zhízhú) 50. 近在咫(zhǐ)尺 51. 博闻强识(zhì) 52. 标识(zhì)
53. 质(zhì)量 54. 脍炙(zhì)人口 55. 鳞次栉(zhì)比 56. 对峙(zhì)
57. 中(zhōng)听 58. 中(zhòng)肯 59. 刀耕火种(zhòng) 60. 胡诌(zhōu)
61. 啁(zhōu)啾 62. 压轴(zhòu) 63. 贮(zhù)藏 64. 莺啼鸟啭(zhuàn)
65. 撰(zhuàn)稿 66. 谆谆(zhūn) 67. 弄巧成拙(zhuō) 68. 灼(zhuó)热
69. 卓(zhuó)越 70. 啄(zhuó)木鸟 71. 着陆(zhuó) 72. 穿着(zhuó)打扮
73. 恣(zì)意 74. 浸渍(zì) 75. 作(zuō)坊 76. 柞(zuò)蚕

附件三

易读错的成语

暴殄(tiǎn)天物
觥(gōng)筹交错
心宽体胖(pán)
徇(xùn)情枉法
不无裨(bì)益
沐风栉(zhì)雨
泥(nì)古不化
草菅(jiān)人命
排忧解难(nàn)
牵强(qiǎng)附会
锲(qiè))而不舍
乳臭(xiù)未干
数(shuò)见不鲜(xiān)
为虎作伥(chāng)
心广体胖(pán)
一丘之貉(hé)
神采奕奕(yì)
如坐针毡(zhān)
沆(hàng)瀣(xiè)一气

安步当(dàng)车(chē)
怙(hù)恶不悛(quān)
卓(zhuó)有成效
涸(hé)泽而渔
大腹便便(pián)
济济(jǐjǐ)一堂
汗流浃(jiā)背
刚愎(bì)自用
否(pǐ)极泰来
强(qiǎng)人所难
情不自禁(jīn)
色厉内荏(rěn)
挑拨离间(jiàn)
相形见绌(chù)
偃(yǎn)旗息鼓
一曝(pù)十寒
炯炯(jiǒng)有神
未雨绸缪(móu)

并行不悖(bèi)
大模(mú)大样
唾(tuò)手可得
绿(lù)林好汉
色厉内荏(rěn)
大事渲(xuàn)染
踽踽(jǔ)而行
奴颜婢(bì)膝
破绽(zhàn)百出
翘(qiǎo)首而待
如法炮(páo)制
胜券(quàn)在握
歃(shà)血为盟
相(xiàng)机行事
一唱一和(hè)
鹬(yù)蚌相争
气宇轩(xuān)昂
黔(qián)驴技穷

《现代汉语常用字表》
常用字（2500字）
笔画顺序表

一画

yī yǐ
一 乙

二画

èr shí dīng chǎng qī bǔ rén rù bā jiǔ jī ér le lì nǎi dāo yòu
二 十 丁 厂 七 卜 人 入 八 九 几 儿 了 力 乃 刀 又

三画

sān yú gàn kuī shì gōng tǔ cái cùn xià dà zhàng yǔ wàn shàng xiǎo kǒu jīn shān qiān qǐ chuān yì gè
三 于 干 亏 士 工 土 才 寸 下 大 丈 与 万 上 小 口 巾 山 千 乞 川 亿 个

sháo jiǔ fán jí xī wán yāo guǎng wáng mén yì zhī shī gōng jǐ yǐ zǐ wèi yě nǚ fēi rèn xí chā
勺 久 凡 及 夕 丸 么 广 亡 门 义 之 尸 弓 己 已 子 卫 也 女 飞 刃 习 叉

mǎ xiāng
马 乡

四画

fēng wáng jǐng kāi fu tiān wú yuán zhuān yún zā yì mù wǔ zhī tīng bù tài quǎn qū lì yóu yǒu pǐ
丰 王 井 开 夫 天 无 元 专 云 扎 艺 木 五 支 厅 不 太 犬 区 历 尤 友 匹

chē jù yá tún bǐ hù qiē wǎ zhǐ shǎo rì zhōng gāng bèi nèi shuǐ jiàn wǔ niú shǒu máo qì shēng cháng
车 巨 牙 屯 比 互 切 瓦 止 少 日 中 冈 贝 内 水 见 午 牛 手 毛 气 升 长

rén shén piàn pú huà chóu bì réng jǐn jīn zhǎo fǎn jiè fù cóng jīn xiōng fēn fá gōng cāng yuè shì wù
仁 什 片 仆 化 仇 币 仍 仅 斤 爪 反 介 父 从 今 凶 分 乏 公 仓 月 氏 勿

qiàn fēng dān yún wū fèng gōu wén liù fāng huǒ wéi dòu yì dìng jì hù rèn xīn chǐ yǐn chǒu bā kǒng duì
欠 风 丹 匀 乌 凤 勾 文 六 方 火 为 斗 忆 订 计 户 认 心 尺 引 丑 巴 孔 队

bàn yǐ yǔn yǔ quàn shuāng shū huàn
办 以 允 予 劝 双 书 幻

五画

yù kān shì mò wèi jī dǎ qiǎo zhèng pū bā gōng rēng qù gān shì gǔ jié běn shù kě bǐng zuǒ lì yòu
玉 刊 示 末 未 击 打 巧 正 扑 扒 功 扔 去 甘 世 古 节 本 术 可 丙 左 厉 右

shí bù lóng píng miè zhá dōng kǎ běi zhàn yè jiù shuài guī qiě dàn mù yè jiǎ shēn dīng diàn hào tián
石 布 龙 平 灭 轧 东 卡 北 占 业 旧 帅 归 且 旦 目 叶 甲 申 叮 电 号 田

yóu shǐ zhī yāng xiōng diāo jiào lìng dāo tàn sì shēng shī hé qiū fù zhàng dài xiān men yí bái zǎi tā
由 史 只 央 兄 叼 叫 另 叨 叹 四 生 失 禾 丘 付 仗 代 仙 们 仪 白 仔 他

chì guā hū cóng lìng yòng shuǎi yìn lè jù cōng cè fàn wài chù dōng niǎo wù bāo jī zhǔ shì lì shǎn
斥 瓜 乎 丛 令 用 甩 印 乐 句 匆 册 犯 外 处 冬 鸟 务 包 饥 主 市 立 闪

lán bàn zhī huì tóu hàn níng xué tā tǎo xiě ràng lǐ xùn bì yì xùn jì yǒng sī ní mín chū liáo nǎi
兰半汁汇头汉宁穴它讨写让礼训必议讯记永司尼民出辽奶
nú jiā zhào pí biān fā yùn shèng duì tái máo jiū mǔ yòu sī
奴加召皮边发孕圣对台矛纠母幼丝

六画

shì xíng dòng káng sì jí kòu kǎo tuō lǎo zhí gǒng jī kuò sǎo dì yáng chǎng ěr gòng máng yà zhī xiǔ pǔ jī quán guò chén
式刑动扛寺吉扣考托老执巩圾扩扫地扬场耳共芒亚芝朽朴机权过臣
zài xié xī yā yàn zài yǒu bǎi cún ér yè jiàng kuā duó huī dá liè sǐ chéng jiá guǐ xié huá mài bì zhì cǐ zhēn shī chén
再协西压厌在有百存而页匠夸夺灰达列死成夹轨邪划迈毕至此贞师尘
jiān liè guāng dāng zǎo tǔ xià chóng qǔ tuán tong diào chī yīn xī ma yǔ fān suì huí qǐ gāng zé ròu wǎng nián zhū xiān diū
尖劣光当早吐吓虫曲团同吊吃因吸吗屿帆岁回岂刚则肉网年朱先丢
shé zhú qiān qiáo wěi chuán pīng pāng xiū wǔ fú yōu fá yán jiàn rèn shāng jià fèn huá yǎng fǎng huǒ wěi zì xuè xiàng sì hòu
舌竹迁乔伟传乒乓休伍伏优伐延件任伤价份华仰仿伙伪自血向似后
háng zhōu quán huì shā hé zhào qǐ zhòng yé sǎn chuàng jī duǒ zá wēi xún zhǐ fù gè míng duō zhēng sè zhuàng chōng bīng
行舟全会杀合兆企众爷伞创肌朵杂危旬旨负各名多争色壮冲冰
zhuāng qìng yì liú qí jiāo cì yī chǎn jué chōng wàng bì wèn chuǎng yáng bìng guān mǐ dēng zhōu hàn wū jiāng chí tāng máng xìng
庄庆亦刘齐交次衣产决充妄闭问闯羊并关米灯州汗污江池汤忙兴
yǔ shǒu zhái zì ān jiǎng jūn xǔ lùn nóng fěng shè fǎng xún nà xùn jìn dǎo yì sūn zhèn yáng shōu jiē yīn fáng jiān rú fù hǎo
宇守宅字安讲军许论农讽设访寻那迅尽导异孙阵阳收阶阴防奸如妇好
tā mā xì yǔ guān huān mǎi hóng xiān jí yuē jì chí xún
她妈戏羽观欢买红纤级约纪驰巡

七画

shòu nòng mài xíng jìn jiè tūn yuǎn wéi yùn fú fǔ tán jì huài rǎo jù zhǎo pī chě zhǐ zǒu chāo bà
寿弄麦形进戒吞远违运扶抚坛技坏扰拒找批扯址走抄坝
gòng gōng chì zhé zhuā ban qiǎng xiào jūn pāo tóu fén kàng kēng fāng dǒu hù ké zhì niǔ kuài shēng bǎ bào
贡攻赤折抓扮抢孝均抛投坟抗坑坊抖护壳志扭块声把报
què jié yá huā qín fēn cāng fāng yán lú láo kè sū gān gàng dù cái cūn xìng jí lǐ yáng qiú gèng
却劫芽花芹芬苍芳严芦劳克苏杆杠杜材村杏极李杨求更
shù dòu liǎng lì yī chén lì fǒu hái jiān lái lián bù jiān hàn dīng chéng shí wú zhù xiàn li dāi yuán
束豆两丽医辰励否还歼来连步坚旱盯呈时吴助县里呆园
kuàng wéi ya dūn zú yóu nán kùn chǎo chuàn yuán tīng fēn chuī wū ba hǒu bié gǎng zhàng cái zhēn dīng gào
旷围呀吨足邮男困吵串员听吩吹呜吧吼别岗帐财针钉告
wǒ luàn lì tū xiù sī měi bīng gū tǐ hé dàn shēn zuò bó líng yōng dī nǐ zhù wèi bàn shēn zào fó
我乱利秃秀私每兵估体何但伸作伯伶佣低你住位伴身皂佛
jìn chè yì fǎn yú xī zuò yù tuǒ hán lín chà gān dù cháng guī miǎn kuáng yóu jiǎo shān tiáo luǎn dǎo
近彻役返余希坐谷妥含邻岔肝肚肠龟免狂犹角删条卵岛
yíng fàn yǐn xì yán dòng zhuàng mǔ kuàng chuáng kù liáo yìng lěng zhè xù xīn qì yě wàng xián jiān mèn
迎饭饮系言冻状亩况床库疗应冷这序辛弃冶忘闲间闷
pàn zào càn dì wāng shā qì wò fan gōu méi shěn chén huái yōu kuài wán sòng hóng láo jiū qióng zāi liáng
判灶灿弟汪沙汽沃泛沟没沈沉怀忧快完宋宏牢究穷灾良
zhèng qǐ píng bǔ chū shè shí sù zhěn cí yì jūn líng jí céng niào wěi chí jú gǎi zhāng jì jì lù
证启评补初社识诉诊词译君灵即层尿尾迟局改张忌际陆
ā chén zǔ fù miào yāo fáng nǔ rěn jìn jī qū chún shā nà gāng bó zòng fēn zhǐ wén fǎng lǘ niǔ
阿陈阻附妙妖妨努忍劲鸡驱纯纱纳纲驳纵纷纸纹纺驴纽

八画

fèng wán huán wǔ qīng zé xiàn biǎo guī mǒ lǒng bá jiǎn dān tǎn yā chōu guǎi tuō pāi zhě dǐng chāi yōng
奉玩环武青责现表规抹拢拔拣担坦押抽拐拖拍者顶拆拥

dǐ jū shì bào lā lā lán bàn xìng zhe pō pī bō zé tái qí qǔ kǔ ruò mào píng miáo yīng fàn zhí
抵 拘 势 抱 垃 拉 拦 拌 幸 招 坡 披 拨 择 抬 其 取 苦 若 茂 苹 苗 英 范 直

qié jīng máo lín zhī bēi guì xī bǎn sōng qiāng gòu jié shù zhěn sàng huò huà wò shì cì zǎo yǔ mài
茄 茎 茅 林 枝 杯 柜 析 板 松 枪 构 杰 述 枕 丧 或 画 卧 事 刺 枣 雨 卖

kuàng mǎ cè bēn qí fèn tài ōu lǒng qī hōng qǐng zhuǎn zhǎn lún ruǎn dào fēi shū kěn chǐ xiē hǔ lǔ
矿 码 厕 奔 奇 奋 态 欧 垄 妻 轰 顷 转 斩 轮 软 到 非 叔 肯 齿 些 虎 虏

shèn xián shàng wàng jù guǒ wèi kūn guó chāng chàng míng yì áng diǎn gù zhōng fù hū míng yǒng ne àn
肾 贤 尚 旺 具 果 味 昆 国 昌 畅 明 易 昂 典 固 忠 咐 呼 鸣 咏 呢 岸

yán tiē luó zhì lǐng kǎi bài fàn gòu tú diào zhì zhī chuí mù wù guāi guā gǎn hé jì wěi jiā shì gòng
岩 帖 罗 帜 岭 凯 败 贩 购 图 钓 制 知 垂 牧 物 乖 刮 秆 和 季 委 佳 侍 供

shǐ lì bǎn zhí zhēn cè píng qiáo pèi huò yī de pò zhì xīn zhēng wǎng pá bǐ jìng suǒ shè jīn mìng
使 例 版 侄 侦 侧 凭 侨 佩 货 依 的 迫 质 欣 征 往 爬 彼 径 所 舍 金 命

fǔ bà cǎi shòu rǔ tān niàn pín fū fèi zhī zhǒng zhàng péng gǔ féi fú xié zhōu hūn yú tù hú hū
斧 爸 采 受 乳 贪 念 贫 肤 肺 肢 肿 胀 朋 股 肥 服 胁 周 昏 鱼 兔 狐 忽

gǒu bèi shì bǎo sì biàn jīng xiǎng diàn yè miào fǔ dǐ jì jiāo fèi jìng máng fàng kè yù zhá nào zhèng
狗 备 饰 饱 饲 变 京 享 店 夜 庙 府 底 剂 郊 废 净 盲 放 刻 育 闸 闹 郑

quàn juǎn dān chǎo chuī kàng yán lú mò qiǎn fǎ xiè hé zhān lèi yóu bó yán pào zhù xiè yǒng ní fèi
券 卷 单 炒 炊 炕 炎 炉 沫 浅 法 泄 河 沾 泪 油 泊 沿 泡 注 泻 泳 泥 沸

bō pō zé zhì bù xìng pà lián guài xué bǎo zōng dìng yí shěn zhòu guān kōng lián shí shì láng shī jiān
波 泼 泽 治 怖 性 怕 怜 怪 学 宝 宗 定 宜 审 宙 官 空 帘 实 试 郎 诗 肩

fáng chéng chèn shān shì huà dàn xún gāi xiáng jiàn sù lù lì jū jiè shuā qū xián chéng mèng gū shǎn
房 诚 衬 衫 视 话 诞 询 该 详 建 肃 录 隶 居 届 刷 屈 弦 承 孟 孤 陕

jiàng xiàn mèi gū jiě xìng shǐ jià cān jiān xiàn liàn zǔ xì shǐ zhī zhōng zhù tuó shào jīng guàn
降 限 妹 姑 姐 姓 始 驾 参 艰 线 练 组 细 驶 织 终 驻 驼 绍 经 贯

九画

zòu chūn bāng zhēn bō dú xíng guà fēng chí xiàng kuǎ kuà chéng náo zhèng fù zhào dǎng tǐng kuò shuān shí
奏 春 帮 珍 玻 毒 型 挂 封 持 项 垮 挎 城 挠 政 赴 赵 挡 挺 括 拴 拾

tiāo zhǐ diàn zhèng jǐ pīn wā àn huī nuó mǒu shèn gé jiàn xiàng dài cǎo jiǎn chá huāng máng dàng róng gù
挑 指 垫 挣 挤 拼 挖 按 挥 挪 某 甚 革 荐 巷 带 草 茧 茶 荒 茫 荡 荣 故

hú nán yào biāo kū bǐng dòng xiāng chá bǎi liǔ zhù shì lán shù yào xián wēi wāi yán zhuān lí hòu qì
胡 南 药 标 枯 柄 栋 相 查 柏 柳 柱 柿 栏 树 要 咸 威 歪 研 砖 厘 厚 砌

kǎn miàn nài shuǎ qiān cán yāng qīng yā jiē bèi zhàn diǎn lín lǎn shù shěng xuē cháng shì pàn zhǎ hǒng xiǎn
砍 面 耐 耍 牵 残 殃 轻 鸦 皆 背 战 点 临 览 竖 省 削 尝 是 盼 眨 哄 显

yǎ mào yìng xīng zuó wèi pā wèi guì jiè hóng xiā yǐ sī mǎ suī pǐn yān mà huá zan xiǎng hā yǎo hāi
哑 冒 映 星 昨 畏 趴 胃 贵 界 虹 虾 蚁 思 蚂 虽 品 咽 骂 哗 咱 响 哈 咬 咳

nǎ tàn xiá fá jiàn tiē gǔ chāo zhōng gāng yào gōu xiè gāng bài kàn jǔ zěn shēng xuǎn shì miǎo xiāng
哪 炭 峡 罚 贱 贴 骨 钞 钟 钢 钥 钩 卸 缸 拜 看 矩 怎 牲 选 适 秒 香

zhòng qiū kē zhòng fù gān duàn biàn liǎ dài shùn xiū bǎo cù wǔ jiǎn sú fú xìn huáng quán guǐ qīn zhuī
种 秋 科 重 复 竿 段 便 俩 贷 顺 修 保 促 侮 俭 俗 俘 信 皇 泉 鬼 侵 追

jùn dùn dài lǜ hěn xū xù jiàn táo shí pén dǎn shèng bāo pàng mài miǎn xiá shī dú jiǎo yù hěn mào
俊 盾 待 律 很 须 叙 剑 逃 食 盆 胆 胜 胞 胖 脉 勉 狭 狮 独 狡 狱 狠 贸

yuàn jí ráo shí jiǎo bǐng wān jiāng jiǎng āi tíng liàng dù jì tíng chuāng fēng yì bā zī qīn yīn dì shī
怨 急 饶 蚀 饺 饼 弯 将 奖 哀 亭 亮 度 迹 庭 疮 疯 疫 疤 姿 亲 音 帝 施

wén fá gé chà yǎng měi jiāng pàn sòng lèi mí qián shǒu nì zǒng liàn zhà pào làn tì jié hóng sǎ jiāo
闻 阀 阁 差 养 美 姜 叛 送 类 迷 前 首 逆 总 炼 炸 炮 烂 剃 洁 洪 洒 浇

zhuó dòng cè xǐ huó pài qià rǎn jì yáng zhōu hún nóng jīn héng huī qià nǎo hèn jǔ jiào xuān shì gōng
浊 洞 测 洗 活 派 洽 染 济 洋 洲 浑 浓 津 恒 恢 恰 恼 恨 举 觉 宣 室 宫

xiàn tū chuān qiè kè guàn yǔ biǎn ǎo zǔ shén zhù wù yòu shuō sòng kěn tuì jì wū zhòu fèi dǒu méi
宪 突 穿 窃 客 冠 语 扁 袄 祖 神 祝 误 诱 说 诵 垦 退 既 屋 昼 费 陡 眉

hái chú xiǎn yuàn wá lǎo yí yīn jiāo nù jià hè yíng yǒng dài róu lěi bǎng róng jié rào jiāo huì gěi luò
孩 除 险 院 娃 姥 姨 姻 娇 怒 架 贺 盈 勇 怠 柔 垒 绑 绒 结 绕 骄 绘 给 络

luò jué jiǎo tǒng
骆 绝 绞 统

十画

gēng hào yàn tài zhū bān sù cán wán zhǎn fěi lāo zāi bǔ zhèn zǎi gǎn qǐ yán shāo niē mái zhuō kǔn
耕 耗 艳 泰 珠 班 素 蚕 顽 盏 匪 捞 栽 捕 振 载 赶 起 盐 捎 捏 埋 捉 捆

juān sǔn dōu zhé shì jiǎn huàn wǎn rè kǒng hú āi chǐ dān gōng lián mò hé huò jìn è zhēn kuàng guì
捐 损 都 哲 逝 捡 换 挽 热 恐 壶 挨 耻 耽 恭 莲 莫 荷 获 晋 恶 真 框 桂

dàng tóng zhū qiáo táo gé xiào hé yàng gēn suǒ gē sù dòu lì pèi chì rǔ chún xià chǔ pò yuán tào
档 桐 株 桥 桃 格 校 核 样 根 索 哥 速 逗 栗 配 翅 辱 唇 夏 础 破 原 套

zhú liè shū gù jiào jiào dùn bì zhì chái zhuō lǜ jiān jǐn dǎng shài mián xiǎo yā huǎng shǎng yùn wén shào
逐 烈 殊 顾 轿 较 顿 毙 致 柴 桌 虑 监 紧 党 晒 眠 晓 鸭 晃 晌 晕 蚊 哨

kū ēn huàn ā āi bà fēng yuán zéi huì qián qián zuàn tiě líng qiān quē yǎng tè xī zào chéng dí chèng
哭 恩 唤 啊 唉 罢 峰 圆 贼 贿 钱 钳 钻 铁 铃 铅 缺 氧 特 牺 造 乘 敌 秤

zū jī yāng zhì chēng mì tòu bǐ xiào sǔn zhài jiè zhí yǐ qīng dǎo tǎng jù chàng hòu fǔ bèi juàn jiàn
租 积 秧 秩 称 秘 透 笔 笑 笋 债 借 值 倚 倾 倒 倘 俱 倡 候 俯 倍 倦 健

chòu shè gōng xī tú xú jiàn cāng bān háng tú ná diē ài sòng wēng cuì zhī xiōng gē zāng jiāo nǎo lí
臭 射 躬 息 徒 徐 舰 舱 般 航 途 拿 爹 爱 颂 翁 脆 脂 胸 胳 脏 胶 脑 狸

láng féng liú zhòu è liàn jiǎng jiāng shuāi gāo xí zhǔn zuò jǐ zhèng bìng jí téng pí xiào lí táng zī liáng
狼 逢 留 皱 饿 恋 桨 浆 衰 高 席 准 座 脊 症 病 疾 疼 疲 效 离 唐 资 凉

zhàn pōu jìng bù páng lǚ chù yuè xiū píng quán fěn liào yì jiān kǎo hōng fán shāo zhú yān dì tāo zhè
站 剖 竞 部 旁 旅 畜 阅 羞 瓶 拳 粉 料 益 兼 烤 烘 烦 烧 烛 烟 递 涛 浙

lào jiǔ shè xiao hào hǎi tú yù fú liú rùn làng jìn zhǎng tàng yǒng wù qiāo huǐ yuè hài kuān jiā xiāo
涝 酒 涉 消 浩 海 涂 浴 浮 流 润 浪 浸 涨 烫 涌 悟 悄 悔 悦 害 宽 家 宵

yàn bīn zhǎi róng zǎi àn qǐng lǎng zhū dú shàn wà xiù páo bèi xiáng kè shuí diào yuān liàng tán yì bāo
宴 宾 窄 容 宰 案 请 朗 诸 读 扇 袜 袖 袍 被 祥 课 谁 调 冤 谅 谈 谊 剥

kěn zhǎn jù xiè ruò líng táo xiàn péi yú niáng tōng néng nán yù sāng juàn xiù yàn jì
恳 展 剧 屑 弱 陵 陶 陷 陪 娱 娘 通 能 难 预 桑 绢 绣 验 继

十一画

qiú lǐ pěng dǔ miáo yù yǎn jié pái diào duī tuī xiān shòu jiào tāo lüè péi jiē kòng tàn jù jué zhí
球 理 捧 堵 描 域 掩 捷 排 掉 堆 推 掀 授 教 掏 掠 培 接 控 探 据 掘 职

jī zhù lè huáng méng luó jūn cài táo jú píng bō yíng xiè mèng shāo méi jiǎn shū tī tǒng jiù fù piào
基 著 勒 黄 萌 萝 菌 菜 萄 菊 萍 菠 营 械 梦 梢 梅 检 梳 梯 桶 救 副 票

qī shuǎng lóng xí shèng xuě fǔ liàng xū què táng cháng shi chén zhēng mī yǎn xuán yě lā wǎn zhuó jù
戚 爽 聋 袭 盛 雪 辅 辆 虚 雀 堂 常 匙 晨 睁 眯 眼 悬 野 啦 晚 啄 距

yuè lüè shé lèi chàng huàn wéi yá zhǎn chóng quān tóng chǎn yín tián lí lí yí bèn lóng dí fú dì mǐn
跃 略 蛇 累 唱 患 唯 崖 崭 崇 圈 铜 铲 银 甜 梨 犁 移 笨 笼 笛 符 第 敏

zuò dài yōu cháng ǒu tōu nín shòu tíng piān jiǎ dé xián pán chuán xié hé gē xī yù cǎi lǐng jiǎo bó
做 袋 悠 偿 偶 偷 您 售 停 偏 假 得 衔 盘 船 斜 盒 鸽 悉 欲 彩 领 脚 脖

liǎn tuō xiàng gòu cāi zhū liè māo měng xiàn guǎn còu jiǎn háo ma yǎng hén láng kāng yōng lù dào zhāng jìng
脸 脱 象 够 猜 猪 猎 猫 猛 馅 馆 凑 减 毫 麻 痒 痕 廊 康 庸 鹿 盗 章 竟

shāng zú xuán wàng lǜ zháo gài zhān cū lì duàn jiǎn shòu qīng tiān lín yān qú jiàn hún yú táo yè dàn
商 族 旋 望 率 着 盖 粘 粗 粒 断 剪 兽 清 添 淋 淹 渠 渐 混 渔 淘 液 淡

shēn pó liáng shèn qíng xī cán dào jù tì jīng cǎn guàn kòu jì xiǔ yáo mì móu huǎng huò mí dǎi gǎn
深 婆 梁 渗 情 惜 惭 悼 惧 惕 惊 惨 惯 寇 寄 宿 窑 密 谋 谎 祸 谜 逮 敢

tú dàn suí dàn lóng yǐn hūn shěn jǐng jì xù xù qí shéng wéi mián chóu lǜ
屠 弹 随 蛋 隆 隐 婚 婶 颈 绩 绪 续 骑 绳 维 绵 绸 绿

十二画

qín bān tì kuǎn kān dā tǎ yuè chèn qū chāo tí dī bó jiē xǐ chā jiū sōu zhǔ yuán cái gē lǒu jiǎo
琴 斑 替 款 堪 搭 塔 越 趁 趋 超 提 堤 博 揭 喜 插 揪 搜 煮 援 裁 搁 搂 搅

wò róu sī qī qī lián sàn rě zàng gě dǒng pú jìng cōng luò cháo gū kuí bàng qí zhí sēn yǐ jiāo
握 揉 斯 期 欺 联 散 惹 葬 葛 董 葡 敬 葱 落 朝 辜 葵 棒 棋 植 森 椅 椒

kē gùn mián péng zōng huì huò bī chú shà yìng què yàn zhí liè xióng zàn yǎ bèi bēi zǐ huī chǎng shǎng
棵 棍 棉 棚 棕 惠 惑 逼 厨 厦 硬 确 雁 殖 裂 雄 暂 雅 辈 悲 紫 辉 敞 赏

zhǎng qíng shǔ zuì liàng pēn jīng lā yù hǎn jǐng jiàn diē pǎo yí wā zhū tíng hē wèi chuǎn hóu fú mào
掌 晴 暑 最 量 喷 晶 喇 遇 喊 景 践 跌 跑 遗 蛙 蛛 蜓 喝 喂 喘 喉 幅 帽

dǔ péi hēi zhù pū liàn xiāo suǒ chú guō xiù fēng ruì duǎn zhì tǎn é shèng shāo chéng xī shuì kuāng děng
赌 赔 黑 铸 铺 链 销 锁 锄 锅 锈 锋 锐 短 智 毯 鹅 剩 稍 程 稀 税 筐 等

zhù cè shāi tǒng dá jīn zhēng ào fù pái bǎo jí jiāo bàng chǔ ào jiē chéng yù xún tǐng shū fān shì
筑 策 筛 筒 答 筋 筝 傲 傅 牌 堡 集 焦 傍 储 奥 街 惩 御 循 艇 舒 番 释

qín là pí qiāng lǔ huá hóu rán chán zhuāng mán jiù tòng tóng kuò shàn xiàn pǔ fèn zūn dào céng yàn gǎng
禽 腊 脾 腔 鲁 猾 猴 然 馋 装 蛮 就 痛 童 阔 善 羡 普 粪 尊 道 曾 焰 港

hú zhā shī wēn kě huá wān dù yóu zī gài fèn huāng duò kuì yú kǎi gē hán fù cuàn wō chuāng biàn
湖 渣 湿 温 渴 滑 湾 渡 游 滋 溉 愤 慌 惰 愧 愉 慨 割 寒 富 窜 窝 窗 遍

yù kù qún xiè yáo qiān shǔ lǚ qiáng zhōu shū gé xì xù sǎo dēng duàn huǎn biān piàn yuán
裕 裤 裙 谢 谣 谦 属 屡 强 粥 疏 隔 隙 絮 嫂 登 缎 缓 编 骗 缘

十三画

ruì hún sì shè mō tián bó tā gǔ bǎi xié bān yáo gǎo táng tān suàn qín què lán mù mù péng xù
瑞 魂 肆 摄 摸 填 搏 塌 鼓 摆 携 搬 摇 搞 塘 摊 蒜 勤 鹊 蓝 墓 幕 蓬 蓄

měng zhēng xiàn jìn chǔ xiǎng huái yú lóu gài lài chóu gǎn ài bēi suì pèng wǎn lù léi líng wù báo shū
蒙 蒸 献 禁 楚 想 槐 榆 楼 概 赖 酬 感 碍 碑 碎 碰 碗 碌 雷 零 雾 雹 输

dū líng jiàn jīng shuì cǎi bǐ yú nuǎn méng xiē àn zhào kuà tiào guì lù gēn qiǎn é fēng sǎng zhì zuì
督 龄 鉴 睛 睡 睬 鄙 愚 暖 盟 歇 暗 照 跨 跳 跪 路 跟 遣 蛾 蜂 嗓 置 罪

zhào cuò xī luó chuí jǐn jiàn jù ǎi cí chóu chóu chóu qiān jiǎn huǐ jiù shǔ cuī shǎ xiàng duǒ wēi yù
罩 错 锡 锣 锤 锦 键 锯 矮 辞 稠 愁 筹 签 简 毁 舅 鼠 催 傻 像 躲 微 愈

yáo yāo xīng fù téng tuǐ chù jiě jiàng tán lián xīn yùn yì liáng shù jiān sù cí méi huáng mǎn mò yuán
遥 腰 腥 腹 腾 腿 触 解 酱 痰 廉 新 韵 意 粮 数 煎 塑 慈 煤 煌 满 漠 源

lǜ làn tāo xī liū gǔn bīn liáng tān shèn yù sāi jǐn fú qún diàn pì zhàng xián jià dié féng chán
滤 滥 滔 溪 溜 滚 滨 梁 滩 慎 誉 塞 谨 福 群 殿 辟 障 嫌 嫁 叠 缝 缠

十四画

jìng bì li qiáng piě jiā cuī jié shì jìng zhāi shuāi jù bì mù mù miè mó liú bǎng zhà gē zāo kù
静 碧 璃 墙 撇 嘉 摧 截 誓 境 摘 摔 聚 蔽 慕 暮 蔑 模 榴 榜 榨 歌 遭 酷

niàng suān cí yuàn xū bì shang kē sòu qīng là yíng zhī zhuàn qiāo duàn wǔ wěn suàn luó guǎn liáo bí pò
酿 酸 磁 愿 需 弊 裳 颗 嗽 蜻 蜡 蝇 蜘 赚 锹 锻 舞 稳 算 箩 管 僚 鼻 魄

mào mó bó páng xiān yí mán guǒ qiāo háo gāo zhē fǔ shòu là jié duān qí jīng qiàn xī róng qī piāo
貌 膜 膊 膀 鲜 疑 馒 裹 敲 豪 膏 遮 腐 瘦 辣 竭 端 旗 精 歉 熄 熔 漆 漂

màn dī yǎn lòu màn zhài sài chá mì pǔ nèn cuì xióng dèng luó suō
漫 滴 演 漏 慢 寨 赛 察 蜜 谱 嫩 翠 熊 凳 骡 缩

十五画

huì sī sǎ qù tàng chēng bō zhuàng chè zēng cōng xié jiāo shū héng cáo yīng xiàng piāo cù zuì zhèn méi
慧 撕 撒 趣 趟 撑 播 撞 撤 增 聪 鞋 蕉 蔬 横 槽 樱 橡 飘 醋 醉 震 霉

mán tí bào xiā yǐng tī tà cǎi zōng dié hú zhǔ mò zhèn kào dào lí gǎo jià xiāng jiàn piān jiāng tǎng
瞒 题 暴 瞎 影 踢 踏 踩 踪 蝶 蝴 嘱 墨 镇 靠 稻 黎 稿 稼 箱 箭 篇 僵 躺

pì dé sōu xī táng shú mó yán yì hú zūn qián cháo dǒng é wèi pī

僻 德 艘 膝 膛 熟 摩 颜 毅 糊 遵 潜 潮 懂 额 慰 劈

十六画

cāo yàn shǔ xīn báo diān jú zhěng róng xǐng cān zuǐ tí qì zèng mò jìng zàn lán yāo héng péng diāo mó

操 燕 薯 薪 薄 颠 橘 整 融 醒 餐 嘴 蹄 器 赠 默 镜 赞 篮 邀 衡 膨 雕 磨

níng biàn biàn táng gāo rán zǎo jī lǎn bì bì jiǎo

凝 辨 辩 糖 糕 燃 澡 激 懒 壁 避 缴

十七画

dài cā jū cáng shuāng xiá qiáo dǎo luó suì fán biàn yíng zāo kāng zào bì yì zhòu

戴 擦 鞠 藏 霜 霞 瞧 蹈 螺 穗 繁 辫 赢 糟 糠 燥 臂 翼 骤

十八画

biān fù bèng lián fān yīng

鞭 覆 蹦 镰 翻 鹰

十九画

jǐng pān dūn chàn bàn bào jiāng

警 攀 蹲 颤 瓣 爆 疆

二十画

rǎng yào zào jiáo rǎng jí mó guàn

壤 耀 躁 嚼 嚷 籍 魔 灌

二十一画

chǔn bà lù

蠢 霸 露

二十二画

náng

囊

二十三画

guàn

罐